D1640149

Ausgeschieden

POLITISCHER UMBRUCH IN ERFURT 1989/90

ANDREAS DORNHEIM

POLITISCHER UMBRUCH IN ERFURT 1989/90

1995

BÖHLAU VERLAG WEIMAR KÖLN WIEN

Gedruckt mit Unterstützung
des Thüringer Ministeriums für Wissenschaft, Forschung und Kultur,
der Kultur- und Sozialwissenschaftlichen Fakultät
der Pädagogischen Hochschule Erfurt/Mühlhausen,
der Landeszentrale für politische Bildung Thüringen
und der Stadt Erfurt.

Die Deutsche Bibliothek – CIP-Einheitsaufnahme

Dornheim, Andreas:
Politischer Umbruch in Erfurt 1989/90 / Andreas Dornheim. –
Weimar ; Köln ; Wien : Böhlau, 1995
ISBN 3-412-11293-3
NE: HST

Umschlagabbildung:
Oben: Demonstration auf dem Domplatz (Foto: Angelika Januszewski)
Unten: Kundgebung zum 1. Mai 1989 (Foto: Christine Riesterer)

© 1995 by Böhlau Verlag GmbH & Cie, Weimar/Köln

Alle Rechte vorbehalten

Satz und Lithos: Greiner & Reichel Fotosatz, Köln

Druck und buchbinderische Verarbeitung:
Druckerei Plump, Rheinbreitbach

Printed in Germany
ISBN 3-412-11293-3

Inhalt

Vorwort 7
Grußwort des Oberbürgermeisters von Erfurt 11
Politischer Umbruch in Erfurt 15

Foto-Dokumentation:

    Machtverfall 85
    Überwachung 97
    Opposition und Bürgerdialoge 113
    „Wir sind das Volk" 124
    Grenzöffnung 138
    Entmachtung der Staatssicherheit 146
    Wahlkampf und demokratische Wahlen 158
    Der politische Umbruch auf einen Blick 176

Anhang:

    Chronik der Erfurter Ereignisse 179
    Anmerkungen 211
    Abkürzungsverzeichnis 231
    Abbildungsnachweis 234
    Personenregister 235

Vorwort

Herrschende haben schon immer die Ernsthaftigkeit und Dynamik von Volksbewegungen unterschätzt. Das war so, als die Deutschen zwischen 1908 und 1910 während des preußischen Wahlrechtskampfes „demonstrieren lernten",[1] und das war nicht anders, als DDR-Bürger im Herbst 1989 für ihre friedliche „Revolution der Kerzen" auf die Straße gingen. Die DDR galt als der preußischere der beiden deutschen Staaten und nicht wenige, auch in der Bundesrepublik Deutschland, waren der Meinung, daß sich innerhalb der autoritären politischen Kultur der DDR kein Massenprotest würde entwickeln können. Sie wurden eines besseren belehrt, und bei der ‚Wiedererfindung' des Kulturmusters „friedliche Straßendemonstration" in der DDR spielte wie in Preußen das Wahlrecht eine nicht unwesentliche Rolle.

Das vorliegende Buch geht den Ereignissen der Jahre 1989 und 1990 in der ehemaligen Bezirkshauptstadt und heutigen thüringischen Landeshauptstadt nach und richtet sich sowohl an Erfurterinnen und Erfurter, die als politische Akteure dabei waren, als auch an den historischen Laien und an ein wissenschaftlich interessiertes Publikum. Der Schwerpunkt des Buches liegt bei den Fotos, die in ihrer Mehrzahl 1989 und 1990 entstanden. Diese Fotos wurden für eine Ausstellung zusammengetragen, die vom 27. Januar bis zum 6. März 1993 in der Schalterhalle der Erfurter Hauptpost am Anger gezeigt wurde und die seit Ende 1993 in der Außenstelle Erfurt der Behörde des Bundesbeauftragten für die Unterlagen des Staatssicherheitsdienstes der ehemaligen DDR zu sehen ist. Dieser Fotobestand wurde für das Buch um zwei Komplexe erweitert: erstens um Aufnahmen, die von der SED-Bezirksleitung Erfurt aus Anlaß der offiziellen Feierlichkeiten zum 40. Jahrestag der DDR in Auftrag gegeben wurden, zweitens um Fotos der Bezirksverwaltung Erfurt des Ministeriums für Staatssicherheit, die der Überwachung oppositioneller Kräfte dienten. Das Thüringische Hauptstaatsarchiv Weimar und die Abteilung Bildung und Forschung der „Gauck"-Behörde gestatteten mir freundlicherweise, diese Fotos kostenlos abzudrucken.

Der Text des Buches erhebt nicht den Anspruch, den politischen Umbruch in Erfurt in allen Einzelheiten darzustellen. Dies wird eine Dissertation von Stephan Schnitzler leisten.[2] Ziel ist es vielmehr, einen knappen Überblick über die wichtigsten Ereignisse

---

1 Als die Deutschen demonstrieren lernten. Das Kulturmuster „friedliche Straßendemonstration" im preußischen Wahlrechtskampf 1908-1910. Begleitband zur Ausstellung im Haspelturm des Tübinger Schlosses vom 24. Januar bis 9. März 1986. Hrsg. von einer Projektgruppe unter Leitung von Bernd Jürgen Warneken. Tübingen 1986.

2 Die Arbeit, die mir nicht vorliegt, trägt den Titel: „Der Umbruch in der DDR auf kommunalpolitischer Ebene. Eine empirische Studie zum Demokratisierungsprozeß von 1989/90 in der Stadt Erfurt". Sie

und eine erste Einführung in die Problematik zu geben. Vervollständigt wird das Buch durch eine Chronik, die in einer ersten Fassung von Eckehart Döbler im Auftrag der Stadt Erfurt erstellt und von mir überarbeitet wurde.

Mein Dank gilt allen Personen und Einrichtungen, die meine Arbeit unterstützt haben. Die Pädagogische Hochschule Erfurt/Mühlhausen mit ihrem Rektor, Professor Dr. Ulrich Pommer, stand meinem Vorhaben von Anfang an aufgeschlossen und interessiert gegenüber und hat die Untersuchung durch die Bereitstellung einer zeitlich befristeten Projektstelle ermöglicht. Ebenso wurde ich von der Kultur- und Sozialwissenschaftlichen Fakultät, die einen Druckkostenzuschuß zur Verfügung stellte, und ihrem Dekan, Professor Dr. Karl Heinemeyer, unterstützt. Angeregt wurde das Projekt „Politischer Umbruch" von Professor Dr. Martin Greiffenhagen, mit seiner Sachkenntnis und konstruktiven Kritik begleitet hat es Professor Dr. Gunther Mai. Die Kollegen und Kolleginnen der Institute für Geschichte, Politikwissenschaft und Philosophie waren Ansprechpartner und sorgten für eine freundschaftliche Arbeitsatmosphäre. Die Unterstützung durch die Hochschule in einer Phase der Veränderung, die in Erfurt durch die Wiedergründung der Universität besonders tiefgreifend ist, und in einer Zeit, in der Institute gegründet, Bibliotheken aufgebaut und Studienordnungen konzipiert werden, war in dieser Form keineswegs selbstverständlich.

Das Thüringer Ministerium für Wissenschaft, Forschung und Kultur und die Landeszentrale für politische Bildung Thüringen haben die Drucklegung des Buches durch großzügige Zuschüsse ermöglicht. Die Stadt Erfurt hat mein Vorhaben durch eine Garantieabnahme an Büchern gefördert. Unterstützt wurde meine Arbeit durch ein Kuratorium, dem folgende Herren angehörten: Dieter Althaus, Kultusminister des Landes Thüringen; Dr. Rudolf Benl, Leiter des Stadtarchivs Erfurt; Dr. Dr. h.c. Heino Falcke, ehemals evangelischer Propst in Erfurt; Professor Dr. Martin Greiffenhagen, von 1991 bis 1992 Gründungsbeauftragter für das Fach Politikwissenschaft an der Pädagogischen Hochschule Erfurt/Mühlhausen; Norbert Knobloch, Dezernent der Hauptverwaltung der Stadt Erfurt; Dr. Johann Komusiewicz, Leiter der Abteilung Wissenschaft des Thüringer Ministeriums für Wissenschaft, Forschung und Kultur; Peter Matheis, katholischer Pfarrer in Erfurt; Professor Dr. Ulrich Pommer, Rektor der Pädagogischen Hochschule Erfurt/Mühlhausen; Manfred O. Ruge, Oberbürgermeister der Stadt Erfurt; Michael Siegel, Direktor der Landeszentrale für politische Bildung Thüringen. Die Behörde des Bundesbeauftragten für die Unterlagen des Staatssicherheitsdienstes der ehemaligen DDR hat mir Akten und Fotobestände zugänglich gemacht. Darüber

---

wurde am Fachbereich Gesellschaftswissenschaften der Universität Frankfurt a.M. als Dissertation eingereicht und wird voraussichtlich im Herbst 1995 als Buch erscheinen.

hinaus haben mir insbesondere der Thüringer Landesbeauftragte, Jürgen Haschke, seine Mitarbeiterin Dr. Andrea Herz, und der Mitarbeiter der Außenstelle Erfurt, Christian Hofmann, mit ihrem Wissen und ihrer fachlichen Kompetenz geholfen. Das Thüringische Hauptstaatsarchiv Weimar gestattete mir, Akten und Fotos des ehemaligen SED-Bezirksparteiarchivs Erfurt zu benutzen. Bei allen inhaltlichen Fragen beriet mich kompetent Dieter Marek. Sabine Wicht hat Interviews transkribiert, Kathrin Tejkl als wissenschaftliche Hilfskraft wertvolle Arbeit geleistet, Hans Capraro das Manuskript einer kritischen Durchsicht unterzogen. Dr. Richard Breun, Dr. Alexander Thumfart, Markus Kartheininger, Diana Müller, Friedemann Neuhaus und Susanne Voigt haben Korrektur gelesen. Danken möchte ich schließlich auch allen Fotografen, die ihre Aufnahmen bereitstellten, allen Personen, die mir Interviews gaben, sowie der Deutschen Bundespost Postdienst, die ihren Schalterraum für die Fotoausstellung zur Verfügung stellte.

Erfurt, im Januar 1995   Andreas Dornheim

Grußwort des Oberbürgermeisters der thüringischen Landeshauptstadt Erfurt

Im Dezember 1994 jährte sich zum fünften Mal der Tag, an dem, nach Regierungsrücktritt und Maueröffnung, ein drittes und sicher nicht weniger wichtiges Ereignis die zwar angeschlagenen, aber im Grunde noch bestehenden Machtstrukturen unserer Stadt und mit ihr der ganzen kollabierenden DDR erschütterte: Die Erfurter Bezirksverwaltung der am meisten gefürchteten und gehaßten Behörde des Landes, der Staatssicherheit, wurde, mit deutlichem Nachdruck, aber friedlich, von aufmerksamen, couragierten Bürgern besetzt, als offenkundig wurde, daß die dort tätigen Mitarbeiter begonnen hatten, in der ihnen eigenen Art „Vergangenheitsbewältigung" zu betreiben, indem sie Akten verbrannten, deren Inhalt geeignet war, begangene Untaten und geplante Verbrechen zu offenbaren.

Die mutige Aktion wirkte ansteckend auf andere Bezirksstädte und mündete – spät aber mit unerbittlicher Konsequenz – in den Sturm auf die Stasi-Zentrale in der Berliner Normannenstraße im Januar 1990.

Viele Fakten zum Aufbau, zur Arbeitsweise und zu den Zielen des so schmählich abgetretenen Geheimdienstes kamen nach und nach ans Licht. Kürzel, die vordem nur den Sprachgebrauch der Spitzel bestimmten, wurden Allgemeingut: IM, GMS, OibE wurden faßbare Begriffe, hinter denen nach und nach auch Namen hervortraten. Schmerzlich wuchs die Erkenntnis: Es waren nicht nur einige wenige, die die furchteinflößende Schnüffel-, Horch- und Zugriffsmaschinerie in Gang gehalten hatten, sondern eben auch der Nachbar, der Kollege und – im schlimmsten Falle – der Lebenspartner, die Eltern oder das eigene Kind. Mitarbeiterzahlen bis an die Hunderttausendgrenze wurden gehandelt – jeder Zweihundertste wäre so als „Mittäter" anzusehen.

Diese bittere Erkenntnis hat sich wie eine eisige Decke auf die aufkeimende Saat der Bürgerbewegungen und neu auflebenden Parteien gelegt und vieles im Keim erstickt. In gewissem Sinne kann die Stasi damit bis in unsere Zeit hinein einen letzten, schäbigen Erfolg verbuchen. Wenn es überhaupt einen Weg gibt, dieses Kapitel unserer Biographie zumindest im Ansatz aufzuarbeiten, führt dieser ganz gewiß nicht an Offenlegung und Öffentlichkeit, und zwar in einem größtmöglichen Maß, vorbei. Allen Befürwortern einer baldigen Aktenschließung sollte Wolf Biermanns Vers von den Wunden, die unter dem „Dreckverband" nicht zugehen wollen, in den Ohren gellen.

Ich denke, daß bei allen Vorbehalten, die immer wieder zu der problematischen Täter-Opfer-Relation angemeldet werden, wenn aus den zum Teil auch recht unvollständigen Unterlagen mit ihrer erschreckend armen Sprache die Wahrheit herausgelesen werden soll, die „Gauck"-Behörde doch für sich verbuchen kann, daß der gesellschaftliche Dialog über unsere Vergangenheit in Gang bleibt und daß es – zumindest im öffentlichen Dienst – weitgehend möglich war, zu verhindern, daß hauptamtliche und inoffizielle Mitarbeiter tiefergehende Erkenntnisse und Einflußmöglichkeiten gewinnen konnten.

Viele Fragen bleiben jedoch auch weiterhin offen und dürfen gerade deshalb nicht völlig aus dem Gesichtsfeld verschwinden: In welchen Formen und wie lange haben Strukturen der Stasi weiterbestanden? Was haben sie in dieser Zeit bewirkt? Wie groß ist die gesellschaftliche Rolle der Träger ihres Gedankengutes heute?

Die Aufarbeitung der Geschichte gibt gute Gelegenheit, die Rolle, die man selbst in der Zeit der politischen Wende gespielt hat, zu reflektieren. Dabei sollten wir uns auch des Kraftimpulses erinnern, der uns – aus einer brisanten Mischung aus Wut, Verzweiflung, Verantwortung und Abenteuerlust entstanden – damals zu Entschlüssen geführt hat, die wir heute fast wieder selbst bewundern.

Ich erinnere mich noch sehr gut an den Abend des 7. Oktober 1989, des 40. und letzten Jahrestages der DDR, an dem die Kaufmännerkirche zum Bersten voll war. An diesem Tag – übrigens meinem Geburtstag – bin ich endgültig zu dem Schluß gekommen, nun selbst unmittelbar aktiv zu werden. Die geradezu physisch spürbare Bewegungs- und Orientierungslosigkeit der Staatsmacht in den Tagen danach bis zum Rücktritt der alten Machthaber und erst recht die Konfusion unter den neuen gab ein ideales Umfeld ab für die Entwicklung eigener Vorstellungen und die Schaffung erster Rahmenbedingungen für deren Durchsetzung.

Schnell war bei mir zu Hause das zentrale Thüringer Büro für das Neue Forum entstanden. Was haben wir dort nicht alles erdacht, erwogen, verworfen und wieder neu aufgegriffen! Dort erreichte mich auch am 4. Dezember, morgens um sieben, der Anruf von Frau Dr. Schön, die von der beginnenden Aktenvernichtung auf dem Stasigelände berichtete. Eine halbe Stunde später sprachen wir bei dem Interims- Oberbürgermeister vor, der auch nichts Besseres wußte, als uns an die Staatsanwaltschaft zu verweisen. Aber auch dort fühlte sich keiner kompetent, es herrschte völlige Kopflosigkeit.

So teilten wir uns mit Verbündeten in Richtung Andreasstraße und Straße der Einheit auf. Dort, in der Außenstelle, erzwangen wir – mittlerweile etwa 100 Leute – Zugang zu den Dienträumen, in denen jedoch mittlerweile Schränke ausgeräumt und Spuren verwischt waren.

Noch am Abend formierte sich das Bürgerkomitee und konnte – dann schon mitten in der Nacht – einen „Beauftragten" aus Berlin empfangen, dessen Rolle jedoch eher im Beschönigen und Verschleiern bestand.

Mit großem Aufwand gelang es den Bürgerwachen, trotz Einschüchterungsversuchen und Rückschlägen, ständig präsent zu sein und die Unterlagen zu sichern.

Ich erinnere mich auch noch an die Auflösung der Dienststelle in Gotha, drei Tage später, als wir immerhin 2 Lkw-Ladungen Waffen sicherstellten, um sie – zusammen mit der Polizei – vorläufig in der Untersuchungshaftanstalt in der Andreasstraße vor weiterem Zugriff zu schützen.

Ganz besonders eingeprägt hat sich mir jedoch die Drohung eines Stasioffiziers: „Glaubt nicht, daß das unsere letzte Aktion ist, in vierzehn Tagen hängt Ihr alle an den Bäumen!".

Fünf Jahre ist das her. Ich denke, wir sollten dankbar dafür sein, daß wir ohne Blutvergießen und meist auch ohne wirklichen Grund zu Rache und Vergeltung den Weg in eine Gesellschaft gefunden haben, in der Freiheit, Demokratie und Selbstbestimmung keine leeren Worte sind, und die bei aller Kritikwürdigkeit eben auch den Keim für Veränderungen in sich trägt.

Wir sollten uns aber auch daran erinnern, daß selbst der, der gegen den Strom geschwommen ist, immerhin im Strom schwamm. Unsere Geschichte hier im Osten und natürlich auch die vieler Menschen im Westen ist untrennbar mit dem Bestehen der Staatssicherheit, ihren Praktiken und ihrer einschüchternden Wirkung verbunden. Wir haben nur dann eine Option auf die Zukunft, wenn wir uns dieser Vergangenheit stellen.

Möge dieses Buch uns dabei helfen.

Manfred Otto Ruge
Oberbürgermeister der
Landeshauptstadt Erfurt

Politischer Umbruch in Erfurt

„Es ist nichts mehr zu retten, keine Genossen mehr"

Am 3. November 1989 verlas der 2. Sekretär der SED-Bezirksleitung Erfurt, Wolfgang Pforte, während eines öffentlichen Bürgerdialogs auf dem Erfurter Domplatz folgende Erklärung: „In unserem Land ist eine außerordentlich komplizierte Lage entstanden. Die Parteiführung ist sich des Ernstes der gegenwärtigen Situation voll bewußt. Sie ist entstanden, weil die Führung unserer Partei die kritischen Stimmen aus der Partei und de[m] ganzen Volk lange Zeit nicht zur Kenntnis genommen hat. [...] Unter dem Druck des Volkes hat die Parteiführung die Wende begonnen."[1] Pforte hatte diese Sätze als „Erklärung des Sekretariats oder meine eigene" verfaßt und insgeheim wohl gehofft, gleichzeitig den Rücktritt des 1. Sekretärs der SED-Bezirksleitung, Gerhard Müller, bekanntgeben zu können. Auch Mitglieder der SED-Stadtleitung Erfurt rechneten zu diesem Zeitpunkt mit dem Rücktritt Müllers.

Mit diesem ‚Befreiungsschlag' wollte Pforte für eine „Entspannung der Lage" im Bezirk sorgen. Der 2. Sekretär riet seinem Chef nicht nur zum Rücktritt, sondern er informierte darüber hinaus täglich das Zentralkomitee (ZK) der SED über die für die Partei immer schwieriger werdende Situation im Bezirk. Das ZK lehnte es jedoch bis zum Nachmittag des 3. November ab, sich zu einem möglichen Rücktritt Müllers zu äußern, so daß Pforte die Hände gebunden waren. Kurz vor Kundgebungsbeginn wurde der 2. Sekretär von Müller, der zu einer kurzfristig einberufenen Sitzung des ZK nach Berlin fuhr und nicht am Bürgerdialog teilnahm, angewiesen, „ihr nehmt das als meine Erklärung[,] und ich beauftrage dich, dies vorzutragen".[2]

Auf dem Domplatz hatte sich am 3. November, einem Freitag, eine „unübersehbare Menschenmenge" eingefunden. „Fast die komplette Staatsführung Erfurts, Vertreter des FDGB, der Massenorganisationen und auch der Blockparteien hatten auf der kleinen Tribüne Aufstellung genommen."[3] Die Erklärung Pfortes, die, wie er später selbst sagte, „nicht der Stein des Weisen war",[4] wirkte auf die Menschen keineswegs beruhigend: „Nun entlud sich der über Jahrzehnte angestaute Ärger über die SED- und die Staatsmacht: ‚Müller weg!' und ‚Rosi[5] weg!' hallte es minutenlang über den Platz. Die alte Macht wurde mit ohrenbetäubenden Pfeifkonzerten zum Rücktritt aufgefordert. Noch nie war in Erfurt die Stimme des Volkes so deutlich und unmißverständlich erklungen."[6]

Pfortes Erklärung muß als Versuch gewertet werden, die SED an die Spitze der ‚Wende-Bewegung' zu bringen. Nachdem im Erfurter Rathaus auf Einladung des Oberbürgermeisters[7] am 24. und 25. Oktober zwei erste Bürgerdialoge stattgefunden hatten, an denen auf Drängen von Pfarrer Helmut Hartmann auch die Opposition auf dem Podium vertreten war,[8] hatte Gerhard Müller am 28. Oktober schon einmal die Absicht gehabt, die SED-Bezirksführung als Motor der Veränderung darzustellen: Während des bis dahin größten Bürgerdialogs des Bezirkes in der Thüringenhalle verkündete Müller, er zähle sich „zu jenen, die die Wende, was die Politik unserer Partei betrifft [,] herbeigeführt haben". Es sei „kein Geheimnis" zu sagen, daß Egon Krenz „der Initiator dieser Wende war". Für diese Äußerung hatte Müller Pfiffe und Gelächter geerntet, und ihm war aus dem Publikum unter tosendem Beifall zugerufen worden: „Die Wende hier in unserem Staat haben nicht Sie eingeleitet und die Partei, sondern das Volk auf der Straße."[9] Selbst der 2. Sekretär der SED-Stadtleitung sagte später, „das Auftreten des Genossen Müller" in der Thüringenhalle habe ihn „sehr betroffen gemacht".[10] Die Bürgerdialoge, die Müller im Grunde als „Tribunal" empfand, leiteten somit innerhalb der SED-Spitze zunächst weniger einen Prozeß des Umdenkens als vielmehr der massiven Verunsicherung ein. In einer Grundsatzrede am 5. November vor der SED-Bezirksleitung, die gleichzeitig seine Abschiedsrede darstellte und von relativer Offenheit geprägt war (Müllers Lieblingsformel: „Ich sag's mal ganz offen"), erklärte der SED-Bezirkschef, es gehe den Bürgern nicht um einen „sachlichen Dialog", sondern darum, daß „Parteifunktionäre […] Staatsfunktionäre verurteilt werden". Aufgeworfen werde „die ganze Frage der Privilegien vom Westgeld für Parteifunktionäre, von besonderen Läden hier in der Bezirksleitung, anderswo, über Auslandskuren, die wir machen, und über andere Dinge bis zu den Jagdschlössern, die wir haben und was nicht alles". Es gebe „kaum einen Kreissekretär in der DDR, von den Bezirkssekretären rede ich gar nicht mehr, dessen Rücktritt nicht gefordert wird". Hier gelte das Prinzip „Feuerdrauf". Bei den Sicherheitsorganen differenzierten die Bürger, die Volkspolizei erhalte Blumen, während sich „die ganze Wucht des Gegners" auf die Organe der Staatssicherheit konzentriere. An diesem 5. November war sich Müller nicht einmal mehr der Unterstützung aus den eigenen Reihen sicher. Am Ende seiner Rede vermerkt das Protokoll folgende Reaktion. Müller: „Hindere ich die Erneuerung des Sozialismus, die Erneuerung der Partei im Bezirk Erfurt, dann sagt mir das ehrlich, dann geh' ich. Hindere ich sie nicht, dann kämpf' ich mit Euch bis zum letzten. (Beifall) Ich weiß nicht, wie ich den Beifall auffassen soll."[11]

Nach einer Krisensitzung der SED-Bezirksleitung und der SED-Stadtleitung am 9. November stellte das Sekretariat der Bezirksleitung als Ergebnis fest: „Es ist nichts mehr zu retten, keine Genossen mehr."[12] Am 11. November bat Müller die SED-Bezirksleitung, nach „reiflicher Überlegung" seinen Rücktritt entgegenzunehmen. Er appellierte an die Versammelten, dies nicht „als Flucht aus der Verantwortung" zu verstehen. Er sei sich bewußt, daß er die „Hauptschuld für die im Bezirk entstandene Lage trage".[13]

In der Bevölkerung hatte Müller jeden Bonus verspielt. In einem Bericht der Kreisdienststelle Erfurt des MfS heißt es: „Die Wahl von Prof. Herbert Kroker zum 1. Sekretär der Bezirksleitung der SED [am 11. November 1989] wurde allgemein mit Zustimmung aufgenommen. Dem gegenüber zeigt sich jedoch im Stimmungsbild unter der Bevölkerung und darunter vieler Parteimitglieder der Rücktritt von Gerhard Müller als Flucht vor Verantwortung und Unwürdigkeit, weiterhin Mitglied der SED zu sein". In dem Bericht heißt es weiter, teilweise werde sogar vermutet, Müller sei „abgängig", werde „vom MfS gesucht", habe „evt. Selbstmord begangen oder sich in die BRD abgesetzt".[14] Rosemarie Seibert, die bereits einen Tag vor Müller zurückgetreten war, wurde offenbar positiver beurteilt. Über sie heißt es in einem MfS-Bericht: „Bei der eigenen Verkündigung ihres Rücktritts der Genn. Seibert vor dem Mitarbeiterbestand des Rates der Stadt waren ca. 80 % emotional tief berührt und erregt [,] und einige brachen in Tränen aus. Durch viele wurde gesagt, daß sie von der BL, der SL [...] und dem Rat des Bezirkes ins Feuer geschickt und verheizt wurde." Ein Bürger wurde mit den Worten zitiert: „Sie [R. Seibert] hat sich mutig dem Dialog gestellt, was man von Gen. Müller und Lutz Stelzer [1. Sekretär der SED-Stadtleitung] nicht behaupten kann."[15]

Insgesamt war die Lage der SED ab Ende Oktober desolat, und sie wurde immer schlimmer. Scharenweise verließen Genossen und Genossinnen die Partei. Die Stadtparteiorganisation Erfurt verlor zwischen dem 1. Juni und dem 23. November 1989 knapp 12 % ihrer Mitglieder und Kandidaten. Es wurde geklagt: Täglich „verlassen uns in den Stadtbezirken bis zu 100 und mehr". Es sei inzwischen üblich, „daß man die Dokumente an die Wache legt und gar nicht mehr den offiziellen Weg geht".[16] Auf dem außerordentlichen Parteitag der SED am 8./9.Dezember wurde sogar die Selbstauflösung diskutiert.[17]

Gerhard Müller wurde am 2. Dezember 1989 verhaftet und saß bis zum 17. Oktober 1990 in Untersuchungshaft. Am 20. Februar 1992 wurde er wegen Betruges und Anstiftung zur Untreue zu einer Haftstrafe von 8 Monaten verurteilt, die mit der Untersuchungshaft verrechnet wurde. Das Gericht sah es als erwiesen an, daß Müller Zugriff auf ein Sonderkonto gehabt hatte und sich über den Chef der Volkspolizei in Erfurt vom Innenministerium der DDR ein 130 Jahre altes Gewehr hatte übergeben lassen, das er angeblich einer „Persönlichkeit" hatte schenken wollen, dann aber für sich selbst behalten hatte.[18]

Wie war es zu diesem erdrutschartigen Machtverlust der SED gekommen, der sich in dieser Schilderung widerspiegelt? Immerhin hatte die SED über 40 Jahre die Herrschaft behaupten können. War dieser Machtverlust die Folge einer Revolution, wie die einen meinen,[19] oder einer Implosion, wie die anderen glauben?[20] Betrachtet man die

Folgen der Ereignisse des Herbstes 1989 in der DDR, dann handelte es sich zweifellos um eine Revolution, denn selten zuvor wurde „der institutionelle, rechtliche und personelle Zusammenhang" eines politischen Systems derart fundamental verändert.[21] Einige der Ursachen dieses revolutionären Wandlungsprozesses werden in den nächsten Kapiteln dargestellt, wobei ich mich auf interne beschränke und insbesondere folgende behandle: den Legitimitätsverlust der Herrschenden unter der Jugend, die negativen Auswirkungen eines umfangreichen Privilegiensystems, die desolate wirtschaftliche Lage der DDR in den 80er Jahren und städtebauliche Prestigeobjekte der SED in Erfurt, die auch auf fehlende Partizipationsmöglichkeiten der DDR-Bevölkerung auf kommunaler Ebene hinweisen.

Der Revolutionstheoretiker Chalmers Johnson vertritt die Meinung, es gebe im eigentlichen Wortsinn keine gewaltfreien Revolutionen.[22] Dieser Einwand erscheint mir unberechtigt und die Folge einer Revolutionsromantik, die im Mittelpunkt umwälzender Prozesse noch immer den Barrikadenkämpfer des 19. oder den Guerillero der zweiten Hälfte des 20. Jahrhunderts sieht. Es stellt sich ganz im Gegenteil die Frage, ob Revolutionen in hochkomplexen, modernen Gesellschaften mit einem stark ausgebauten staatlichen Polizei- und Militärapparat überhaupt noch durch Gewalt gewonnen werden können. Gerade die Gewaltlosigkeit war der Garant des Erfolges in der DDR. Auch der Hinweis, die DDR sei unter anderem aufgrund sich verändernder äußerer Rahmenbedingungen in sich zusammengefallen, spricht keineswegs gegen den Revolutionscharakter der Ereignisse. Revolutionen waren immer Einflüssen von außen unterworfen. Beispielsweise wurden die englischen Revolutionen des 17. Jahrhunderts, die zum ersten Mal die Voraussetzungen für eine parlamentarische Regierungsform schufen, ganz entscheidend von Schottland und Holland beeinflußt.[23] Und was wäre geschehen, wenn Deutschland Lenin 1918 nicht gestattet hätte, in einem Eisenbahnwaggon nach Rußland zu fahren? Berechtigt scheint dagegen folgender Einwand: Der ‚normale' Ablauf einer Revolution wird so beschrieben, daß eine alte Elite[24] durch eine Gegenelite verdrängt und ersetzt wird. Eine systemkritische politische Gegenelite hat sich jedoch, so Hans-Ulrich Derlien, „im ancien régime der DDR nicht konstituieren können", sondern erst „nach der ‚Wende'" unter „einigermaßen demokratischen Verhältnissen" in der Bürgerbewegung und der SDP.[25] Hier ist eine Differenzierung angebracht: Viele evangelische Pfarrer, die potentielle Gegenelite der DDR, standen wohl auch deshalb nicht zur Verfügung, weil sie aus moralischen und theologischen Gründen keine politischen Führungspositionen übernehmen wollten. Bis auf wenige Ausnahmen verstanden sie sich nur als Geburtshelfer des Umbruchs.[26] Das weitgehende Fehlen einer politischen Gegenelite würde auch die programmatische Zurückhaltung der Opposition in der DDR erklären und die Entscheidung, die Macht in der DDR nicht allein übernehmen zu wollen, sondern Anfang Februar 1990 in eine „Regierung der nationalen Verantwortung" einzutreten. Es erscheint somit notwendig, die verschiedenen Oppositionskräfte genauer zu betrachten. Dargestellt werden – und dies ist die zweite Schwerpunktsetzung – die Basisgruppen, die sich zu einer Bürgerbewegung entwickelten, die Sozialdemokratische Partei in der DDR, die evangelische und die katholische Kirche. Abgerundet wird dieser Teil durch einen Exkurs zur „68er-Bewegung" in der DDR und ihren Einfluß auf die Opposition des Jahres 1989 sowie zu nonkonformen politischen Kräften in der SED. In einem dritten und letzten Teil werden in mehr oder weniger chronologischer Reihenfolge die Ereignisse in Erfurt von den manipulierten Kommunalwahlen des Jahres 1989 bis zu den demokratischen Kommunalwahlen vom 6. Mai 1990 geschildert.

Dramatischer Legitimitätsverlust der Herrschenden unter den Jugendlichen

Der Machtwechsel von Walter Ulbricht zu Erich Honecker Anfang der 70er Jahre hatte dazu geführt, daß viele Jugendliche begannen, sich stärker mit der DDR zu identifizieren. Diese Loyalität und Akzeptanz sank jedoch vor allem ab der Mitte der 80er Jahre rapide: 1975 identifizierten sich 57 Prozent der Lehrlinge „stark" mit der DDR, im September 1989 waren es nur noch 16 Prozent. Bei den jungen Arbeitern fiel der Anteil von 53 Prozent im Jahr 1975 auf 19 Prozent im Oktober 1988. Lediglich unter den Studierenden hatten die Herrschenden stärkeren Rückhalt: Innerhalb dieser Gruppe hatte der Anteil 1975 66 Prozent betragen und blieb mit 52 Prozent im Mai 1988 und 34 Prozent im Februar 1989 relativ hoch.[27] Doch auch die Studenten und Studentinnen scheinen dem politischen System der DDR mit zunehmender Skepsis begegnet zu sein. Beispielsweise berichtete die Hochschulparteileitung (HPL) der Pädagogischen Hochschule „Dr. Theodor Neubauer" Erfurt/Mühlhausen, die in der Öffentlichkeit wie alle Pädagogischen Hochschulen als ‚rote Kaderschmiede' galt, am 29. November 1988 nach dem Verbot der sowjetischen Zeitschrift „Sputnik" und der Aussetzung sowjetischer Filme an die SED-Bezirksleitung: „So gibt es bei unseren Genossen Mitarbeitern und Studenten, bei den Blickfreunden und Parteilosen relativ übereinstimmend die kritische Frage zur Verhältnismäßigkeit der Entscheidung in Sachen ‚Sputnik' und sowjetische Filme. Es dominiert die Meinung, daß damit vorhandene ideologische Probleme nicht gelöst werden." In dem Bericht heißt es weiter, daß die genannten Entscheidungen „als Ausdruck mangelnden Vertrauens in die politische Reife der übergroßen Mehrheit der Staatsbürger der DDR" empfunden würden. „Besonders die Russischstudenten, die durch ihr Teilstudium in der SU mit der Kompliziertheit der

Umgestaltung konfrontiert waren, äußern massive Kritik".[28] Die Pädagogische Hochschule war offensichtlich kein Einzelfall: Anfang November 1989, als innerhalb der SED ‚Klartext' gesprochen wurde, hieß es: „Unsere jungen Genossen in der FDJ haben es ganz schwer. Von einem ganzen Teil der Jugend werden sie ja nicht mehr angenommen, ganz zu schweigen von den FDJ-Funktionären an den Hochschulen." Innerhalb der studentischen Jugend gebe es „starke Kräfte", die einen eigenen Studentenbund wollten.[29]

Feudale Splitter in der „entwickelten sozialistischen Gesellschaft"

Der Legitimitätsverlust vor allem der DDR-Führungsschicht war auch darauf zurückzuführen, daß ein System, das mit einem starken Gleichheitsanspruch angetreten war, ein umfangreiches Privilegiensystem für verdiente Funktionäre aufgebaut hatte. Nicht immer mögen diese Privilegien allgemein bekannt gewesen sein, aber in vielen Fällen ahnte die Bevölkerung die Realität. Wandlitz ist hier nur ein Symbol und steht für andere Fälle.[30] Artur Meier ist sogar so weit gegangen, die DDR als „sozialistische Ständegesellschaft" zu charakterisieren,[31] während Sigrid Meuschel darauf insistiert, die DDR sei „gerade nicht von einer traditionalen Lebensführung" geprägt gewesen, vielmehr habe es sich um ein parteienstaatliches und bürokratisches System gehandelt, das der „instrumentellen Vernunft in noch stärkerem Maße" verpflichtet gewesen sei als westliche Systeme.[32] Sicherlich war die DDR eine industrialisierte Gesellschaft, und die These von der sozialistischen Ständegesellschaft ist insofern verwirrend. Andererseits gab es durchaus Elemente, die an Feudalgesellschaften erinnern: die Gewährung von Privilegien für verdiente Funktionäre, die teilweise absolute Stellung nicht nur der obersten Parteiführung, sondern auch der regionalen und lokalen ‚SED-Fürsten', die Jagdleidenschaft der Elite, das partielle Außerkraftsetzen des Leistungsprinzips zugunsten des Gefolgschaftsprinzips, die soziale Immobilität, die Kooptationsmechanismen bei der Rekrutierung von Führungskräften, ein System von Eingaben[33] bis hoch zum Staatsratsvorsitzenden, der als ‚milder Herrscher' agieren konnte. Weitere Belege für diese These werden insbesondere von ehemaligen Bürgern der DDR angeführt. Beispielsweise vertritt der Vorsitzende der am 4. November 1989 in Sondershausen gebildeten Unabhängigen Kommission zur Untersuchung von Korruption und Amtsmißbrauch, Dieter Strödter, die Meinung, der Zustand des Landkreises Sondershausen zu DDR-Zeiten sei am präzisesten mit dem Ausdruck „Fürstentum" zu umschreiben. Die Stellung des 1. Sekretärs der SED-Kreisleitung, Manfred Keßler, der sich auf seine Verwandtschaft zum DDR-Verteidigungsminister Heinz Keßler stützen konnte, sei unerschütterbar gewesen, egal, was Keßler gemacht habe.[34] Gregor Gysi gar beschreibt Erich Honecker als „ein[en] gottgleich dem Leben Entrückte[n]".[35] Einer der Redner beim Bürgerdialog auf dem Erfurter Domplatz sprach von der „Ignoranz einer absolutistischen Macht".[36]

Die desolate Lage der Wirtschaft – „Wunder sind in der Beziehung nicht zu erwarten"

Seit Mitte der 70er Jahre verschlechterte sich die wirtschaftliche Situation in der DDR. Aufgrund der von Honecker auf dem VIII. Parteitag der SED im Juni 1971 verkündeten „Einheit von Wirtschafts- und Sozialpolitik", die den Bürgern soziale Verbesserungen in Aussicht stellte, steigerte die DDR zwischen 1972 und 1978 die Staatsverschuldung um 10 Mrd. Valutamark (5 Mrd. Dollar). Im Jahr 1976 wurde zudem entschieden, ein Mikroelektronikprogramm ohne Hilfe von außen durchzuführen. Bereits diese beiden Programme ließen die Wirtschaftslage der DDR Ende der 70er Jahre als schwierig erscheinen. Andere Faktoren, wie der Erdölschock von 1973 bis 1979, der sowjetische Einmarsch in Afghanistan Ende 1979/Anfang 1980, der zu einer Verschärfung der Cocom-Bestimmungen und damit einem erschwerten Technologietransfer führte, die weltweite Rezession 1980 bis 1982 und damit zusammenhängend die Verknappung der Kredite auf dem Weltmarkt mit einem Anstieg der Zinssätze, verschlechterten die Lage weiter. Ungarn und Polen galten Anfang der 80er Jahre faktisch als zahlungsunfähig, die DDR als stark gefährdet. Verschärfend trat hinzu, daß die Sowjetunion 1981/82 nicht zu einer größeren Unterstützung bereit war, sondern im Gegenteil ihre Erdöllieferungen kürzte. Die beiden von Franz-Josef Strauß vermittelten und von einem westdeutschen Bankenkonsortium unter Federführung der Bayerischen Vereinsbank gewährten Kredite in Höhe von jeweils etwa einer Milliarde DM verschafften der DDR 1983/84 wieder etwas Luft – allerdings nur kurzzeitig. Eine Ausweitung des Exports in den Westen und eine gleichzeitige Einschränkung des Imports führten 1980 bis 1982 und 1984 zu einem Überschuß im innerdeutschen Handel. Ab 1985 drehte sich das Verhältnis um, die Einfuhr aus der BRD überstieg die Ausfuhr aus der DDR. Hatte die Nettoverschuldung bis Mitte der 80er Jahre auf 28 Mrd. VM gehalten werden können, so erreichte sie 1989 den Spitzenwert von 49 Mrd. VM. Die DDR-Führung soll im Herbst 1989 sogar erwogen haben, „die Mauer zur Disposition zu stellen", wenn sich die BRD zu einer umfassenden Finanzhilfe bereiterklärte.[37]

Die Rückständigkeit der Wirtschaft, die Überalterung der Industriebetriebe, das Zurückbleiben der Infrastruktur, der Verfall der Innenstädte und der Mangel an Konsumgütern waren sowohl am Arbeitsplatz als auch im öffentlichen und privaten Leben nicht zu übersehen und gehörten somit für die Menschen zur Alltagserfahrung. Im Rahmen eines „Oral-History"-Projektes stellten Lutz Niethammer und seine Mitarbeiter bereits 1987 eine starke Kritik an der späten Honecker-Ära fest und sprechen in diesem Zusammenhang von einer „Lawine der Versorgungskritik".[38] Die Einschätzungen der Abteilung Agitation/Propaganda der SED-Bezirksleitung Erfurt zur politischen Lage bestätigen diesen Eindruck. So wurde im Dezember 1988 nach der üblichen einleitenden Floskel „Die politische Lage im Bezirk Erfurt ist stabil" berichtet: „Die vergangenen Feiertage und die Jahreswende haben erneut gezeigt, wie reich der Tisch des DDR-Bürgers gedeckt ist. Anerkannt werden die Leistungen bei der Festtagsversorgung und insgesamt die Versorgung mit Lebens- und Genußmitteln (Kritiken gab es bei Lebkuchen und Sekt). Apfelsinendiskussionen wurde begegnet durch gute Organisation des Verkaufs. Jeder hatte die Möglichkeit[,] soviel zu kaufen, wie er wollte! Jedoch Unverständnis dafür, daß die Versorgung mit Unterwäsche nach wie vor noch nicht ausreichend ist. Zunehmend sind die Diskussionen zu Problemen bei der Medikamentenversorgung, insbesondere für Herz- und Kreislaufmittel."[39] Im Sommer 1989 wurde kritisiert: „Die verantwortlichen Leiter des VEB Plastina Erfurt tragen die Verantwortung dafür, daß es in der DDR zu wenig Badekappen gibt. Jedes Jahr haben wir zu Beginn des Sommers Probleme mit der Getränkeversorgung. Da fehlt das Leergut, um planmäßige Schichten durchzuführen, fallen Lieferungen aus, werden die Wochenenden zur Getränkeproduktion nur teilweise genutzt."[40] In einem Bericht zur politischen Lage im September 1989 heißt es zusammenfassend: „Kritik in der Bevölkerung bezieh[t] sich gegenwärtig vor allem auf die ungenügende Bereitstellung von Kindernahrung, besonders Säften, Unterwäsche für Damen, Herren und Kinder, auf Angebotsbreite und Qualität bei Obst und Gemüse, auf das Fehlen von Weintrauben und Südfrüchten, auf Fahrzeugersatzteile, Lücken im Sortiment der 1000 kleinen Dinge und auf Baumaterialien. Zum vermehrten Angebot an Bananen vor dem Jahrestag gibt es zwiespältige Meinungen."[41] In der Landwirtschaft beklagte man die „ungenügende Bereitstellung von Stallarbeitsmaschinen, Ersatzteilen und Ausrüstungen für die Melktechnik, Desinfektionsmittel, Arbeitsschutz und Berufskleidung sowie Reifen für Multicar", in den Kliniken fehlende Arbeitsmittel wie OP-Handschuhe.[42]

Probleme bereitete zudem die ‚zweite Währung' in Form der D-Mark: „Es gibt große Diskussionen über den Intershop. Es gibt auch große Diskussionen über Delikat und Exquisit. [...] natürlich brauchen wir jede [...] Westmark – aber das wird immer ein Stein des Anstoßes bleiben für den, der keine hat. Und der, der welche hat, der kauft die Dachrinne – es geht ja gar nicht um Schuhe oder solchen Kram – die Dachrinne in dem Intershop und macht sie an sein Haus ran, und der, der kein Geld hat, der kann sich keine kaufen."[43] Eine weitere Schwierigkeit war die nicht ausreichende Zahl der genossenschaftlichen und privaten Handwerksbetriebe. Im Juli 1989 stellte die SED-Bezirksleitung fest: „Trotz einer erstmaligen Zunahme der Zahl der Handwerks- und Gewerbetreibenden, im Jahr 1987 waren das insgesamt 101 Betriebe, haben wir auch im vergangenen Jahr auf entscheidendem Gebiet einen weiteren Rückgang zugelassen, so u.a. von 6 Bäckern, 2 Fleischern und 9 Schuhmachern. Es bleibt deshalb eine vorrangige Aufgabe der örtlichen Räte [,] durch die allseitige Förderung des genossenschaftlichen und privaten Handwerks, der Einzelhändler, Gewerbetreibenden und Gaststätten sowie eine zielgerichtete Gewerbepolitik entsprechend dem Bedarf in den Städten und Gemeinden die Leistungsarten Bäcker, Fleischer, Tischler, Polsterer, Herren- und Damenschneider, Schornsteinfeger und andere die Versorgung zielstrebig zu verbessern." Als entscheidende Kriterien bei allen Gewerbegenehmigungen galten: „Das Gewerbe muß dem Bedarf des Territoriums entsprechen, der Bewerber muß fest zur Politik unseres Staates stehen und Meister seines Faches sein."[44]

Die Defizite in den Betrieben spiegeln die Berichte der „Arbeiter-und-Bauern-Inspektion" (ABI) wider.[45] Zum Beispiel heißt es über die Unkrautbekämpfung bei der Reichsbahndirektion Erfurt im Jahr 1988: „Trotz großer Bemühungen der Reichsbahndirektion wird das Problem der Unkrautbekämpfung insgesamt nicht beherrscht. Im Jahre 1987 wurde der Umlaufplan des Spezialzuges zur chemischen Bewuchsbeseitigung nur zu etwa 66 % erfüllt. Die Ursachen hierfür waren u.a. technische Störungen am Spezialzug. Dieser Spezialzug ist veraltet, Ersatzteile sind nicht mehr beschaffbar und Reparaturen nur schwer möglich." Der Bericht vermittelt den Eindruck eines chaotischen Arbeitsablaufes, der dazu führte, daß der Plan nicht eingehalten werden konnte: Zunächst fehlten die Herbizide, danach kam es zu umfangreichen Baumaßnahmen, die die geplanten Arbeiten verhinderten, schließlich hatten verspätete „Lokgestellungen" für den Spezialzug Ausfälle zur Folge.[46] Insgesamt kann man sagen, daß nicht einmal die SED-Bezirksleitung Erfurt an entscheidende Verbesserungen innerhalb der DDR-Wirtschaft glaubte: „Wunder sind in der Beziehung nicht zu erwarten."[47] Will man Herbert Kroker[48] glauben, der am 11. November 1989 Gerhard Müller als 1. Sekretär der SED-Bezirksleitung ablöste und als ausgesprochener Wirtschaftsexperte galt, dann wußte „über die Verschuldung der Republik und über die Finanzlage in der Republik kaum eine Handvoll Bescheid [...], nicht einmal das Politbüro". Nach Kroker hatte der Sekretär des ZK der SED für Wirtschaft, Günter Mittag, „die Regierung entmachtet", „alles vergewaltigt" und „keinen anderen Mann [...] hochkommen lassen".[49]

Zu den genannten Faktoren, die das SED-System schwächten, kamen weitere, wie eine Blockade der sozialen Aufstiegschancen durch eine herrschende Elite, die sich weitgehend aus sich selbst rekrutierte, die Faszination westlicher Lebensweise vor allem für junge Menschen, die bundesdeutschen Medien als „zweite Öffentlichkeit", die offensichtliche Führungsschwäche des SED-Politbüros und die innere Erosion der SED. Seit 1985, so wird gesagt, gewannen die Reformer innerhalb der SED an Gewicht, ohne sich freilich durchsetzen zu können. Extern veränderten sich die internationalen strategischen Rahmenbedingungen: Der KSZE-Prozeß untergrub die „spezifischen ‚Fundamente' des DDR-Herrschaftssystems", und die Glasnost- und Perestroika-Politik Michail Gorbatschows führte zunehmend zu einer Isolierung der DDR, die nicht bereit war, sich dieser Herausforderung zu stellen.[50]

Städtebauliche Prestigeobjekte – „das Haus der Kultur muß gebaut werden"

In Teilen der Erfurter Bevölkerung sorgte zudem der Umstand für Verdruß, daß sowohl die SED-Bezirksleitung als auch die SED-Stadtleitung ehrgeizige städtebauliche Projekte verfolgten und jeden Gegenvorschlag als Einmischung auffaßten. Die Wohnraumpolitik besaß für die SED einen außerordentlich hohen Stellenwert. Als „wichtigste sozialpolitische Aufgabe" im Bezirk Erfurt wurde die „Lösung der Wohnraumfrage bis 1990" angesehen.[51] Hier glaubte die SED-Führung, einige Erfolge vorweisen zu können. Daneben wurden Prestigeprojekte konzipiert, etwa die Errichtung eines Hauses der Kultur und eines Karl-Marx-Denkmals auf dem Domplatz.

Grundlage für die Entscheidung, in Erfurt ein Haus der Kultur zu bauen, war der Beschluß des Sekretariats des ZK der SED vom 21. Juli 1982 zu den Aufgaben der Kulturhäuser und Klubs in der „entwickelten sozialistischen Gesellschaft". Kulturhäuser sollten „die weitere Erhöhung des Kulturniveaus der Arbeiterklasse" fördern und „zur Entwicklung sozialistischer Persönlichkeiten, ihrer Bedürfnisse und schöpferischen Fähigkeiten, ihrer gesellschaftlichen Beziehungen und ihrer kulturvollen Lebensweise" beitragen.[52] Ursprünglich war geplant, das Haus der Kultur in Erfurt bis zum 7. Oktober 1989 fertigzustellen und die Baulücken bis zur 1250-Jahr-Feier der Stadt 1992 zu schließen.[53] Schon der erste Termin wurde nicht eingehalten. Während sich der 1. Sekretär der SED-Stadtleitung Erfurt, Lutz Stelzer, in einer Sekretariatssitzung der Bezirksleitung im April 1989 dahingehend äußerte, es laufe „alles gegen die Stadt", und eine ablehnende Haltung einnahm, beharrte der 1. Sekretär der Bezirksleitung, Gerhard Müller, in barschem Ton darauf: „Kulturhaus bekommt Stadt – bring deine Brotlinie[54] in Ordnung [...] 1992 ist alles fertig! Innen und außen! Das ist die Kernfrage! [...] das Haus der Kultur muß gebaut werden! [...] Politische Wirkungen beachten! Älteste Großstadt der DDR – dann 1992 kein Kulturhaus, das ist politisch nicht möglich. [...] Mehr Aktivitäten [...] – Tag und Nacht kümmern! Ich habe in Neubrandenburg in 2 Jahren ein Kulturhaus gebaut!"[55]

Während sich im Fall des Hauses der Kultur ein starkes persönliches Engagement des 1. SED-Bezirkssekretärs nachweisen läßt, ist der Fall bei dem geplanten Karl-Marx-Denkmal nicht so eindeutig, auch wenn die Bevölkerung entsprechende Vermutungen anstellte.[56] Eine erste Konzeption der „plastisch-bildhaften Gestaltung am Monument zur Geschichte der deutschen Arbeiterbewegung" stammt aus dem Jahr 1984. Drei Varianten wurden diskutiert: Dargestellt werden sollten entweder die Begründer des Marxismus-Leninismus Karl Marx, Friedrich Engels und W.I. Lenin oder „Persönlichkeiten der revolutionären deutschen Arbeiterbewegung, die mit Erfurt in enger Verbindung stehen" (Bebel, Liebknecht) sowie Ernst Thälmann und Wilhelm Pieck, „die bei machtvollen Kampfdemonstrationen der Erfurter Arbeiterklasse auf dem Domplatz sprachen". Ein dritter Vorschlag sah die Einbeziehung von „Persönlichkeiten der revolutionären [T]hüringer Arbeiterbewegung" (Theodor Neubauer, Magnus Poser) vor. Für die letzte Variante setzte sich insbesondere Gerhard Müller ein.

Außerdem war geplant, für die „Durchführung von Demonstrationen und anderen Feierlichkeiten" auf dem Domplatz eine aus „Praktikabeln zusammensetzbare transportable Tribüne einzusetzen". Die Stadt Erfurt wollte den gesamten Domplatz neu gestalten, „eine neue Platzbefestigung, Begrünung, Beleuchtung und Beflaggung" errichten. Ein weiterer, undatierter Konzeptionsentwurf sprach von einem „Karl-Marx-Denkmal" und bemerkte, daß der Domplatz der „Demonstrationsplatz" Erfurts sei – eine Formulierung, die nicht einer gewissen Ironie entbehrt, wenn man die Ereignisse des Herbstes 1989 betrachtet. Eine Figur als Denkmal wurde abgelehnt, da es nicht möglich sei, sie städtebaulich so dominant zu gestalten, „daß sie sich behaupten könnte". Deshalb wurde vorgeschlagen, „eine Säule als Träger plastisch-figürlichen Schmucks zu konzipieren". Als plastische „Hauptzonen" waren das untere Drittel und das obere Ende der Säule vorgesehen. Im Zentrum des unteren Reliefs sollte „Marx mitten unter den Menschen" stehen. Außerdem sollten dort „Kämpfe zur Befreiung der Menschheit, [...] zur Beseitigung der Ausbeutung und die Kämpfe um den Frieden [und] gegen den Krieg (speziell den Atomkrieg)" dargestellt werden. Die Entwicklung der Menschheit wollte man durch eine Spirale symbolisieren, die sich durch beide Reliefs ziehen würde. Das obere Relief war der „Befreiung des Menschen in der Arbeit, im gesellschaftlichen Bereich, in der privaten Sphäre und im kulturellen Bereich" (Musik, Theater) gewidmet. Der Säulenfuß sollte aus vier Halbfiguren bestehen: Karl Marx, Friedrich Engels, Jenny Marx und Wilhelm Wolff (Marxens Freund, dem er das „Kapital" widmete). Schriftbänder am „Ausgangspunkt der Spirale und unter dem oberen Relief" mit wichtigen Aussagen von Marx, z.B. „Proletarier aller Länder vereinigt euch!", waren als Vervollständigung vorgesehen.[57] Durch einen Ballonversuch wurde der günstigste Standpunkt für das Denkmal ermittelt. Dabei wurde auch festgelegt,

„daß das Monument eine Höhe von 17,5 bis 20 m bekommen muß". Termin der Denkmalsübergabe sollte der 40. Jahrestag der Gründung der DDR sein.

Aus welchen Gründen das Projekt ins Stocken geriet, ist den Akten nicht zu entnehmen. In Erfurt machten Gerüchte die Runde, die Kirche und die Denkmalpflege hätten ihr Veto eingelegt.[58] In den Jahren 1986, 1987 und 1989 wandte sich der Präsident des Verbandes Bildender Künstler der DDR, Mitglied des ZK der SED und Abgeordneter der Volkskammer, Willi Sitte, an Müller. 1987 schrieb er, die „mit der künstlerischen Arbeit beauftragten Bildhauer beklagten sich in den letzten Tagen verbittert bei mir darüber, daß verbindlich getroffene Festlegungen von verantwortlichen Einrichtungen in Erfurt nicht eingehalten werden und dadurch die weitere Gestaltung der ‚Marx-Ehrung' faktisch stagnieren muß". Eine „solche unbefriedigende Zusammenarbeit zwischen staatlichen Einrichtungen und Künstlern" sei für ihn „ungewöhnlich". Wörtlich heißt es weiter: „Ich verstehe das alles nicht. Wenn sich das gegenwärtig bestehende unschöpferische Klima für das Miteinander von staatlichen Organen in Erfurt und den betroffenen Künstlern nicht aufheben läßt, sollte das Projekt abgebrochen werden."[59] Aufgrund dieser Beschwerde mußte der Oberbürgermeister der Stadt Erfurt, Rosemarie Seibert, eine vierseitige Stellungnahme an Müller formulieren, die jedoch, wie Randnotizen belegen, nicht in allen Punkten seine Zustimmung fand.[60] Nach weiteren Vorstößen Sittes versprach Müller, „in enger Zusammenarbeit mit den Künstlern alle auftretenden Fragen einer raschen Lösung" zuzuführen.[61] In einem handschriftlichen Entwurf dieses Briefes hieß es jedoch offener: „Es ist tatsächlich so, daß mit der Durchführung der Parteiwahlen und der Parteitagsvorbereitung dieses Vorhaben bei der Stadtleitung unserer Partei und beim Rat der Stadt, denen wir die weitere Verantwortung übertragen haben, etwas aus dem Blickpunkt geraten ist."[62]

Ein anderes städtebauliches Projekt, das unter der Erfurter Bevölkerung für Unruhe sorgte, war der geplante Abriß des Andreasviertels. Bereits seit dem Ende der 60er/Anfang der 70er Jahre, verstärkt seit den 80er Jahren, wollte die SED dieses alte Handwerkerviertel, das zum historischen Altstadtkern Erfurts gehört, mit modernen Plattenbauten neu entstehen lassen. Dahinter stand das Ideal der „modernen sozialistischen Großstadt".[63] Anfang der 80er Jahre entstanden in kritisch eingestellten Kreisen der Bevölkerung Arbeitsgruppen, die sich gegen den geplanten Abriß wandten. Im Mai 1987 eröffnete die Arbeitsgruppe „Stadt- und Wohnumwelt" unter dem Titel „Stadtgerechter Verkehr – verkehrsgerechte Stadt" eine Ausstellung in der Michaeliskirche, die sich für die Rettung des Andreasviertels einsetzte. Die Ausstellung wurde von etwa 12.000 Menschen besucht. Über die Reaktion des Rates der Stadt schreibt Pfarrer Helmut Hartmann: „Der Rat der Stadt reagierte mit Verboten und Drohungen gegenüber den Verantwortlichen sowie mit Entwendung der Gästebücher. Trotzdem haben wir dem Rat der Stadt eine Auswertung dieser Ausstellung in Form einer Dokumentation von 14 Seiten überreicht. Erst nachdem wir uns an den Staatsratsvorsitzenden gewandt hatten, wurden wir im Rathaus in Erfurt zu einer Aussprache empfangen."[64] 1989 kritisierte Katrin Sengewald als Vertreterin der Gruppe „Stadt- und Wohnumwelt": „Wir wollten auf bestehende Widersprüche und Ungereimtheiten in der innerstädtischen Planung in Erfurt aufmerksam machen. Es ging uns hauptsächlich um die innerstädtische Ringschließung durch die denkmalgeschützte Altstadt. [...] Wir wollten uns als betroffene Bürger zu Wort melden und eine neue Diskussion in Gang bringen. Doch die Tatbestände schienen geklärt. [...] Was ist los mit unseren Städten? [...] Das ist ein Problem, was nicht nur Erfurt betrifft. In Erfurt rollt jeden Winter der Abrißbagger."[65] Das Gefühl vieler Bürgerinnen und Bürger, dem Handeln von Staat und Partei auch auf der kommunalen Ebene vollständig ausgeliefert zu sein und keine Möglichkeit der Einflußnahme zu besitzen, hatte für die Herausbildung einer Bürgerbewegung mit politischem Anspruch im Herbst 1989 zweifellos eine große Bedeutung.

Von den Basisgruppen zur Bürgerbewegung

Der Ausdruck „Bürgerbewegung" (teilweise auch im Plural „Bürgerbewegungen" verwendet) ist eine späte Wortschöpfung und wurde erst im September 1989 durch die Gründer der Oppositionsgruppe Demokratie Jetzt eingeführt.[66] Als Vorläufer der Bürgerbewegung gelten die sogenannten Basisgruppen, die aufgrund ihres gesellschaftlich-politischen Anspruchs auch als sozialethische Gruppen bezeichnet werden. Die Basisgruppen griffen Themen auf, die in der DDR-Gesellschaft marginalisiert wurden, z.B. Rüstungsdynamik, Umweltzerstörung, Unterentwicklung, patriarchalische Strukturen in den Geschlechterbeziehungen usw. Hubertus Knabe hat die Basisgruppen als erster zu den „neuen sozialen Bewegungen" gezählt. Insgesamt, so wird gesagt, scheint „der Bezug der ostdeutschen Bürgerbewegung und ihrer Vorläufer zu den ‚neuen sozialen Bewegungen' fundamentaler zu sein als der zu den spezifisch osteuropäischen Oppositionsbewegungen".[67]

Die Mehrzahl der Basisgruppen verstand sich eher als eine „Gegenkultur" denn als eine politische Opposition, der Ausdruck Opposition war geradezu ungebräuchlich.[68] Gemeinsam war diesen Gruppen, daß sie ein kritisches Verhältnis zur Macht und einen basisdemokratischen Anspruch hatten und sich für alternative Lebensentwürfe begeisterten. Kennzeichnend war zudem ein „Netz persönlicher Verbindungen".[69] Seit Mitte der 80er Jahre, verstärkt ab 1987, setzte eine Politisierung ein – die Basisgruppen formierten sich zur politischen Opposition.

Nach einem Bericht des Ministeriums für Staatssicherheit gab es Mitte 1989 in der DDR „knapp 150 sogen. kirchliche Basisgruppen", von denen etwa 35 als Friedenskreise, 39 als Ökologie-, 23 als gemischte Friedens- und Umwelt-, 7 als Frauengruppen, 3 als Ärztekreise, 10 als Menschenrechtsgruppen und 39 als „2/3-Welt-Gruppen" und eine nicht genannte Anzahl als Regionalgruppen von Wehrdienstverweigerern organisiert gewesen sein sollen. Die Staatssicherheit stellte zudem fest, daß es „über 10 personelle Zusammenschlüsse mit spezifisch koordinierenden Funktionen und Aufgabenstellung[en]" gebe: den „Fortsetzungsausschuß – Konkret für den Frieden", den „Arbeitskreis Solidarische Kirche" mit 12 Regionalgruppen, die „Kirche von Unten" mit 4 Regionalgruppen, das „Grün-Ökologische Netzwerk Arche", die „Initiative Frieden und Menschenrechte" und den „Freundeskreis Wehrdiensttotalverweigerer". Das „Gesamtpotential" dieser Gruppen wurde (ohne „Sympathisanten oder politisch Irregeleitete") mit 2500 Personen angegeben.[70] Nach Einschätzung von Wissenschaftlern hatten die Basisgruppen einen personellen Hintergrund von etwa 10.000 bis 15.000 Personen.[71]

Pfarrer Helmut Hartmann, der 1986 von Halle nach Erfurt umzog und den Gemeindedienst sowie die Stadtmission übernahm, beschreibt den Erfurter Pfarrkonvent und die Basisgruppen wie folgt: „Ich begegnete einem Pfarrkonvent, in dem offen und verantwortlich über alle aktuellen Probleme diskutiert wurde. In nächster Nachbarschaft in der Allerheiligenstraße erlebte ich die Offene Arbeit und die Studentengemeinde, die eine heilsame Unruhe verbreiteten und Kirche und Gesellschaft herausforderten. Zusammen mit der Evangelischen Stadtjugendarbeit (ihr Zentrum ist die ‚Oase' in der Schillerstraße) trugen sie die Verantwortung für die Friedensdekaden, die jedes Jahr zusammenfassend den gesellschaftlichen Auftrag der Kirchen öffentlich bezeugten. Werkstatttreffen der Offenen Arbeit, Grüne Wochenenden, Mobil ohne Auto und viele Einzelveranstaltungen zielten ebenfalls in diese Richtung." Im Frühjahr 1987, so Hartmann weiter, kamen drei neue Basisgruppen dazu: die Arbeitsgruppen „Homosexuelle", „Albert-Schweitzer-Aktion für den Frieden" und „Stadt- und Wohnumwelt".[72] Vor allem die Umweltgruppen in der DDR wurden von der Partei und vom Staat als Bedrohung empfunden, und zwar in einem für westliche Beobachter erstaunlichem Maß. Ein guter Kenner der Umweltbewegung im Umfeld der evangelischen Kirche, der ehemalige Erfurter Stadtjugendpfarrer Aribert Rothe, vertritt die Meinung, daß man Anfang der 70er Jahre noch Kritik an der Umweltbelastung der DDR üben konnte, während dies Ende der 70er Jahre nicht mehr möglich gewesen sei.[73] In Erfurt konzentrierte sich die Kritik auf zwei Problembereiche: die Qualität der Luft, die sich 1984 nach dem Bau neuer Wohngebiete dramatisch verschlechtert hatte, und, wie bereits geschildert, die Stadtplanung.

Weitere Gruppen wurden in Erfurt gegründet: die Arbeitsgruppe „Gewaltfrei leben", die das „Gorbatschow-Zimmer" in der Michaeliskirche einrichtete, die Gruppe „Gesellschaftliche Verantwortung", in der sich kirchlich engagierte CDU-Mitglieder trafen, und nicht zuletzt eine (ursprünglich aus vier Einzelgruppen bestehende) Frauengruppe, die sich seit 1989 „Frauen für Veränderung" nannte und den Umbruch in Erfurt maßgeblich mitgestaltete.[74] Insgesamt hat Erfurt zweifellos davon profitiert, daß mit dem evangelischen Propst Heino Falcke nicht nur ein Vordenker der Wende zur Verfügung stand, sondern auch eine Person, die sich immer wieder für die Basisgruppen einsetzte, wenn es, was häufig geschah, zu Spannungen zwischen Kirche und Basisgruppen kam. Dies war nicht in allen Städten so: In Erfurt gab es „Partnerschaft", in Jena suchte die Superintendentur das Gespräch, in Weimar war die Kommunikation zwischen Basisgruppen und Kirchenleitung gestört.[75]

Im Herbst 1989 formierte sich aus diesen Basisgruppen die Bürgerbewegung der DDR, verstanden als „Handlungs- und Kommunikationszusammenhang der Gesamtheit individueller und kollektiver Akteure, die außerhalb der Organisations- und Kommunikationsstrukturen der SED, der Blockparteien und anderer staatstragender Institutionen über bloße Protestartikulation hinaus an der demokratischen Umgestaltung der politischen Machtstrukturen aktiv teilgenommen haben".[76] Zur Bürgerbewegung werden die acht politischen Organisationen gezählt, die die Opposition an den Runden Tischen vertraten und später an den ersten freien Volkskammerwahlen teilnahmen (Neues Forum, Demokratischer Aufbruch, Demokratie Jetzt, Initiative Frieden und Menschenrechte, Sozialdemokratische Partei, Grüne Partei, Unabhängiger Frauenverband, Vereinigte Linke), „Single-issue"-Organisationen wie die Grüne Liga und die Vielzahl regionaler und lokaler Bürgerinitiativen und Bürgerkomitees.[77] Die wichtigsten politischen und wirtschaftlichen Ziele der Bürgerbewegung waren – bei allen Unterschieden, die es zwischen den einzelnen Gruppen gab – die Demokratisierung der DDR (Herstellung demokratischer und liberaler Grundrechte), die Brechung des Machtmonopols der SED, wirtschaftlich ein ‚dritter Weg' zwischen Kapitalismus und Sozialismus sowie die Eigenstaatlichkeit der DDR – die Vereinigung mit der BRD stand bei den meisten Vertretern der Bürgerbewegung zunächst nicht auf der Tagesordnung.[78] Aussagekräftig ist in diesem Zusammenhang eine Äußerung von Ilse Neumeister, die die Erfurter Friedensgebete gestaltete: „Und es ist doch nicht so – also wer Ihnen das heute erzählt, da bin ich mißtrauisch – es ist doch nicht so, daß wir die DDR stürzen wollten. Also auf die Idee sind wir doch überhaupt nicht gekommen, wir konnten uns alles vorstellen, wir konnten uns Löcher in der Mauer vorstellen oder im Zaun, und wir konnten uns ein menschlicheres Leben hier vorstellen, und wir konnten uns auch vorstellen, daß die alte Politikerriege mal auf ganz natürliche Weise abtreten würde oder abgetreten würde, aber es hat von uns keiner an eine Einheit gedacht. Also ich hab' zum Beispiel nicht ein einziges Mal dafür gebetet."[79] Allerdings muß man an dieser

Stelle auch der Legendenbildung entgegentreten: Es gab durchaus Vertreter der Bürgerbewegung, die sehr früh für die deutsche Einheit eintraten; sie waren jedoch deutlich in der Minderheit. In Erfurt sind beispielsweise Edelbert Richter und Hans Capraro als Vertreter dieser Richtung zu nennen.[80]

Für die soziale und demographische Zusammensetzung der Bürgerbewegung interessierte sich im Herbst 1989 das Ministerium für Staatssicherheit. Im Bezirk Erfurt kam das MfS dabei für die Gruppen Neues Forum und Demokratischer Aufbruch zu folgendem Ergebnis: „Die diesbezügliche Analyse der Teilnehmer an Veranstaltungen des ‚Neuen Forums' und der Initiative ‚Demokratischer Aufbruch' im Bezirk Erfurt ergab, daß sich unter ihnen ca. 30 % Pfarrer und kirchliche Mitarbeiter, ca. 30 % Angehörige der Intelligenz, ca. 13 % Arbeiter, ca. 10 % Studenten und ca. 8 % Angestellte befinden. Zahlreiche Personen sind Mitglieder der SED bzw. der befreundeten Parteien. Von der altersmäßigen Zusammensetzung befinden sich bisher ca. 50 % der Teilnehmer im Alter von 25 bis 40 Jahren, ca. 30 % im Alter zwischen 16 und 25 Jahren und ca. 20 % im Alter über 40 Jahren. Dabei ist festzustellen, daß sich der Anteil von Personen über 25 Jahren weiter erhöht. Inoffiziell wurde festgestellt, daß zunehmend mehrere Mitglieder von Arbeitskollektiven an den Veranstaltungen oppositioneller Sammlungsbewegungen teilnehmen. Die zunehmende Resonanz der oppositionellen Sammlungsbewegungen unter Teilen der Bevölkerung resultiert vor allem daraus, daß durch deren Initiatoren und Organisatoren Probleme angesprochen und Forderungen erhoben werden, die große Teile der Bevölkerung bewegen."[81]

„‚Ho-Ho-Ho-Chi-Mhin' war hier nicht drin" – gab es in der DDR eine 68er-Bewegung?

Die gängige Meinung der Literatur ist, daß die Basisgruppen der DDR Ende der 70er/Anfang der 80er Jahre entstanden. Auch die Berichte der Staatssicherheit vermitteln dieses Bild.[82] Westdeutsche Forscher vertreten die Ansicht, in der DDR habe es „keinen 68er Protest" gegeben. Als Ursachen werden das „Repressionspotential eines totalitären Staates" und vor allem obrigkeitlich-totalitäre Strukturen genannt, die im Bewußtsein der Bevölkerung traditionell so fest verankert gewesen sein sollen, „daß der Wunsch nach Befreiung seinen Ausweg nicht in Oppositionsstrategien finden konnte, sondern nur in Fluchtbewegungen suchte".[83] Es erscheint fraglich, ob diese These einer empirischen Untersuchung standhält. Auch wenn das Jahr 1968 in der DDR keine Studentenunruhen hervorbrachte, so ist es in der Folgezeit doch zu einer Formierung jugendlicher Protestgruppen unter dem Dach der evangelischen Kirche gekommen. Für Thüringen läßt sich dies an Hand der übergemeindlich organisierten Gruppen der sogenannten Offenen Arbeit der evangelischen Kirche nachweisen, in denen sich Jugendliche und junge Erwachsene trafen, „die teilweise nicht zur Kirche gehörten, aber sich der Disziplinierung durch die FDJ nicht unterwerfen wollten".[84] In Erfurt wurde und wird die Offene Arbeit von Diakon Wolfgang Musigmann geleitet. Nach einer Selbstdefinition verbindet die Offene Arbeit formale mit inhaltlicher Offenheit: Jeder und jede kann mitmachen und trifft auf ein „Konzept der Konzeptlosigkeit". Als drittes Element kommt dazu, daß überzeugte Mitarbeiter für eine „Utopie", eine „Vision" eintreten, nämlich für eine gerechtere Ordnung, die theologisch auch als „Reich Gottes" bezeichnet werden kann.[85] Gruppen der späteren Offenen Arbeit wurden 1968/69 in Zella-Mehlis und Saalfeld/Rudolstadt gegründet, die sich zu Zentren dieser Bewegung in Thüringen entwickelten. 1970 kam Jena dazu, Eisenach, Gotha, Erfurt und Weimar sowie „in Ansätzen" auch Gera folgten.[86] Weiter heißt es über diese Gruppen: „Zum Kirchentag 1970 in Erfurt trat diese sich nun ‚Offene Arbeit' nennende Bewegung deutlich in Erscheinung und brachte Kirche und Staatsmacht gründlich durcheinander."[87]

Der ‚Vater' dieser Bewegung in Thüringen, der 1930 geborene Pfarrer Walter Schilling, berichtet über die 68er-Bewegung in der DDR: „In der DDR lief diese 68er-Bewegung anders. Diese Unruhe in der Jugend war ganz genauso vorhanden, und zwar quer durch alle Schichten. Sicher nicht [in] alle[n], aber [sie] war einfach da. Es lief insofern anders, als das studentische Element weitgehend fehlte, was im Westen geprägt hatte, weil Studenten in der DDR fast automatisch die Angepaßteren waren. Die konnten nicht die Aufmüpfigen sein, sonst wären sie geflogen. Dadurch war es stärker ein proletarisches Element. Die haben von Anfang an eine andere Sprache gehabt."[88] Und noch zwei Dinge waren anders als in der Bundesrepublik. Die evangelische Kirche war die einzige öffentliche Institution, die diesen Jugendlichen ein Forum bot: „Wir konnten ja nicht auf die Straße gehen, ‚Ho-Ho-Ho-Chi-Minh' war hier nicht drin, und in irgendeiner Art und Weise mußten die Leute einen Platz finden. Wohin denn nur? Überall, wo die Kirche offen genug war, zu sagen: ‚Bitteschön, bei uns könnt Ihr rein!', ohne diese Schwelle, ohne einen Bekenntniszwang, ohne sich vorher taufen lassen zu müssen oder so ähnlich. ‚Wir sind offen.' Überall da hat sich im Grunde genommen diese etwas aufmüpfige Jugend quasi mit der Kirche verbunden. Ich denke, das ist eine ganz wesentliche Geschichte gewesen."[89] Außerdem muß man davon ausgehen, daß die ‚68er' der DDR anders als die der Bundesrepublik und anderer westlicher Staaten nicht in Führungspositionen gelangten und stärker eine Subkultur blieben. Der lange Marsch durch die Institutionen, den Rudi Dutschke gefordert hatte, war in der DDR nicht möglich, so daß man zwar durchaus von einem 68er-Protest und einer 68er-Bewegung, nicht aber von einem durch die 68er-Generation erzwungenen gesamtgesellschaftlichen Wandel sprechen kann. Dieser Wandel erfolgte erst 1989 während der ersten Phase des politischen Umbruchs.

Man kann weitere Indizien dafür nennen, daß die 68er-Bewegung in der DDR mit einer geringen zeitlichen Verzögerung eine Rolle gespielt hat. Auffallend ist zum Beispiel, daß die Staatssicherheit in Erfurt im Jahr 1969 damit begann, Gruppen von Jugendlichen, die sich am Angereck trafen, zu fotografieren.[90] Es ist (noch) nicht bekannt, was der Anlaß für diese Überwachung war, aber es ist anzunehmen, daß sie mit der von Schilling beschriebenen Unruhe unter der Jugend zusammenhing. Die Tatsache, daß viele Oppositionelle des Jahres 1989 zwischen 25 und 40 Jahre alt waren, deutet ebenfalls auf den beschriebenen Zusammenhang hin. Zu bedenken ist schließlich auch, daß der „Prager Frühling" und der darauf folgende Einmarsch der Roten Armee in die ČSSR 1968 auf Teile der Bevölkerung in den sozialistischen Staaten politisierend wirkte.

Unterbrochene sozialdemokratische Tradition

Die Analyse der kollektiven Biographie der Gründer der „Sozialdemokratischen Partei in der DDR" (SDP) ergab, daß über zwei Drittel der etwa 30 Befragten über einen „evangelisch-christlichen biographischen Hintergrund" verfügen, die meisten in den 50er Jahre geboren wurden (Durchschnittsalter 1989: 38 Jahre) und nur gut ein Zehntel der Väter vor der Gründung der SED bereits SPD-Mitglieder gewesen waren. Zudem war die Mehrheit der Väter nicht sozialistisch eingestellt, wenn auch einige zunächst mit dem Versuch sympathisiert hatten, „ein besseres, antifaschistisches und sozialistisches Deutschland' mitaufzubauen". Die kritische Einstellung zur DDR überwog, ohne daß es allerdings zu „direktem politischen Widerstand" kam.[91] Diese Ergebnisse verdeutlichen: Auch in der SDP war der Anteil derjenigen, die Ende der 60er/Anfang der 70er Jahre politisch, sozial und kulturell prägende Erfahrungen gesammelt haben, groß. Martin Gutzeit, zunächst eine der wichtigsten Personen der neuen Partei, schreibt der Gegenkultur der 60er Jahre für seine Sozialisation „eine entscheidende Rolle" zu.[92] Der Protestantismus und nicht der ‚Restbestand' eines sozialdemokratischen Milieus hatte auf die Gründung der SDP einen herausragenden Einfluß. So ist Markus Meckel eher die Ausnahme, wenn er sagt, Sozialdemokratie und Bekennende Kirche seien die Bezüge gewesen, „die vom Elternhaus her ständig präsent waren".[93] Der Befund, der uns von den Wahlergebnissen in einigen der neuen Bundesländer vertraut ist, bestätigt sich hier: Die DDR zerstörte nicht nur den Neubeginn der SPD als

Partei, sondern unterbrach auch, und zwar weitaus stärker als die 12 Jahre nationalsozialistischer Herrschaft, sozialdemokratische Traditionen.[94]

Nur vereinzelt gab es Menschen, die die Erinnerung an die alte Sozialdemokratie bewahrten. Dies läßt sich gerade für Erfurt zeigen, wo bei zwei von sechs Angehörigen der „Initiativgruppe zur Gründung eines Ortsverbandes der Sozialdemokratischen Partei in Erfurt"[95] ein ausgesprochen sozialdemokratischer Hintergrund feststellbar ist. Allerdings hatten diese Personen – und dies ist wiederum aussagekräftig – bis auf eine Ausnahme[96] bis Anfang November 1989 keinen Kontakt zueinander. Ein Angehöriger der Erfurter Initiativgruppe, der 1927 geborene Winfried Bornemann, stammt aus einer sozialdemokratischen Erfurter Arbeiterfamilie. Sein Vater (Jahrgang 1898) war um 1920/21 in die SPD eingetreten. Seine Frau, Marilene Bornemann, die der Initiativgruppe ebenfalls angehörte, bezeichnet ihre Familie dagegen als „unparteiisch". Winfried und Marilene Bornemann standen bereits Anfang der 50er Jahre in Opposition zur DDR: Sie wurden am 17. Oktober 1953 verhaftet, nachdem sie mit einem befreundeten Ehepaar illegal Flugblätter gedruckt und verteilt hatten, die sich gegen die Vorherrschaft der SED richteten. Bornemanns wurden zunächst in das Untersuchungsgefängnis der Staatssicherheit in der Andreasstraße gebracht. Die Zustände schildert Marilene Bornemann mit folgenden Worten: „Ich war in einer Zelle, wo eigentlich nur zwei Personen hätten unterkommen können. Die Zelle war 2 Meter breit und 3 1/2 Meter lang. Und da waren wir zu viert. Zu dritt haben wir auf der Pritsche gelegen, und die vierte hat sich unten quer auf den Fußboden legen müssen. Kein Stuhl weiter, sondern da war gerade noch Platz für einen Kübel. […] Keine Bettwäsche, nichts, so wie wir waren, Tag und Nacht, in der gleichen Garderobe. Ich habe erst nach vier Wochen den ersten Wäschewechsel gehabt, denn vier Wochen hat es gedauert, bis meine Schwiegereltern erfahren haben, wo wir uns befinden."[97] Die Verurteilung erfolgte im Februar 1954. Marilene Bornemann erhielt eine „milde" Strafe in Höhe von 4 Jahren, da sie „in anderen Umständen" war. Winfried Bornemann sollte für 10 Jahre hinter Gitter, wurde aber 1960 vorzeitig entlassen. Auch nach der Haftentlassung blieb die Distanz zum System, die sich in nonkonformen Handlungen manifestierte. Beispielsweise stellten Bornemanns in der Nacht nach der Ermordung John F. Kennedys Kerzen auf die Fensterbank. Als am nächsten Tag der Abschnittsbevollmächtigte der Volkspolizei kam und fragte, ob bei ihnen „Stromsperre" gewesen sei, antwortete Winfried Bornemann, ob er nicht im Radio gehört habe, daß man zum Gedenken an Kennedy Kerzen ins Fenster stellen sollte. Ein Foto Kennedys, das sich Bornemanns von einem Freund aus Saarbrücken hatten schicken lassen, erhielt einen Ehrenplatz und wurde im Wohnzimmer aufgehängt. Eines Tages erschien überraschend der Vorgesetzte von Marilene Bornemann, ein „Dreihundertprozentiger", und wunderte sich: „Sag' mal, wer ist denn das, den kenn' ich doch!" Marilene Bornemann, inzwischen vorsichtig geworden, behauptete keß, das könne kaum sein, da es sich um ein Foto ihres Onkels handle. Als Winfried Bornemann nach seiner Haftentlassung wählen gehen mußte und gemaßregelt wurde, weil er erst am Nachmittag erschien, konnte er nicht an sich halten und sagte: „Ich dachte, jeder Milchladen hat bis 18 Uhr offen!" Er zerknüllte die Wahlzettel, und seine Frau versuchte, die peinliche Situation dadurch zu retten, daß sie das Papierknäuel durch den Schlitz in die Wahlurne stopfte. Die Wahlkommission stand schweigend dabei, und Marilene Bornemann hatte in den folgenden Wochen Angst, „wenn's klingelte", weil sie glaubte, dies müsse ein Nachspiel haben.

1989 besorgten sich Bornemanns Gorbatschow-Plaketten und demonstrierten öffentlich ihre Sympathie. Schon vor der offiziellen Gründung der SDP wurde der Trabant mit der Losung „SDP in der DDR – wir sind da" geschmückt. Einige Tage nach dem 7. Oktober erhielten sie einen Anruf, und es wurde ihnen ein Blatt mit Kontaktadressen der SDP zugeschickt. Sie telefonierten und baten darum, man möge ihnen „eine Person von diesen Gründungsmitgliedern nach Erfurt" schicken. Am 2. November 1989 erschien Markus Meckel und verlas im Anschluß an die Donnerstagsdemonstration auf dem Domplatz den „Brief aus Schwante" und stellte die SDP vor.[98] Meckel sagte unter anderem: Wir brauchen „einen grundlegenden Umbau von Staat und Gesellschaft. […] Unser Ziel ist eine ökologisch orientierte soziale Demokratie. […] Wir wollen einen Rechtsstaat, in dem alle Menschenrechte verwirklicht sind. Menschenrechte müssen das Ziel staatlicher Politik sein, um den Bürger zu schützen. […] Wir wollen den Umbau unserer desolaten Wirtschaft. […] Initiative muß sich lohnen, deshalb wollen wir eine soziale Marktwirtschaft mit ökologischer Orientierung. […] Das heißt für uns nicht ein sogenanntes Zurück zum Kapitalismus. […] Wirtschaft[,] auch jede Marktwirtschaft[,] muß sozial begrenzt sein und ökologisch begrenzt sein. […] Wir wollen die Zweistaatlichkeit Deutschlands in der einen Nation. […] Wir glauben, daß wir einen selbstbestimmten Weg in der DDR brauchen, [der] nicht einfach nur eine Angliederung oder Wiedervereinigung an den Kapitalismus ist. […] Unsere Gesellschaft muß gründlich entmilitarisiert werden. […] Wir wollen eine freie Jugend-, Schul- und Bildungspolitik."[99]

Der evangelische Pfarrer Hans Capraro, der ebenfalls zur Erfurter Initiativgruppe gehörte, ergänzt und präzisiert den Auftritt Meckels folgendermaßen: „Markus Meckel war am 2. November 1989 als Mitglied der Synode der Kirchenprovinz Sachsen, die in Erfurt tagte, in Erfurt. Er war nicht zufällig in Erfurt, aber auch nicht geschickt worden. […] Sie [die sechs Angehörigen der Initiativgruppe zur Gründung der SDP in Erfurt] hatten sich vorher nicht gekannt; aber sie hatten alle seit Ende September/Anfang Oktober Kontakt mit den DDR-Gründungsmitgliedern der SDP. Genannt werden müssen vor allem Mathias Herbst, ein junger Mitarbeiter im Evangelischen Kreiskirchenamt Erfurt und dessen Ehefrau. Mathias Herbst besaß fünf Matrizen ‚Sozialdemokratische Partei in der Deutschen Demokratischen Republik', diese enthielten: den Brief vom 14.10.1989 aus Berlin (meist Brief aus Schwante genannt), in dem die Gründung der SDP vom 7. Oktober mitgeteilt wird, das Statut, den Anhang zum Statut, das Verzeichnis der SDP-Vorstandsmitglieder sowie ein Verzeichnis von Kontaktadressen. Mathias Herbst hatte ständige Verbindung zu Dr. Konrad Elmer in Berlin und vor allem zu dessen Schwester, Käte Elmer, in Bleicherode. Mathias Herbst und ich standen in regelmäßigem Kontakt miteinander. Wir hatten bereits verabredet, anläßlich einer der nächsten Donnerstagsdemonstrationen zur Gründung einer SDP in Erfurt aufzurufen, warteten aber ebenso wie Winfried Bornemann auf Unterstützung vom SDP-Vorstand. Der Auftritt von Markus Meckel kam für uns wie gerufen".[100]

Mit Meckel vereinbarte die Erfurter Initiativgruppe, daß am 3. November, dem Termin des Bürgerdialogs mit Wolfgang Pforte und Rosemarie Seibert auf dem Domplatz, zur Gründung der SDP in Erfurt aufgerufen werden solle. Capraro, der bereits am 1. November in der Erfurter Reglergemeinde das Programm der SDP in einer Auflage von 1000 Exemplaren hatte drucken lassen, wurde beauftragt, die Rede am 3. November zu halten. Er sagte dort unter anderem, die „Initiativgruppe zur Gründung eines Ortsverbandes der Sozialdemokratischen Partei in Erfurt" habe sich am 2. November konstituiert und suche „die Zusammenarbeit mit allen demokratischen Kräften, insbesondere mit dem Neuen Forum, mit dem Demokratischen Aufbruch, mit den Frauen für Veränderung". Außerdem forderte er einen „sofortigen Baustopp" des „Kulturpalast[es]" (Haus der Kultur) und eine Untersuchung über die „Ingangsetzung dieses Baues".[101] Anschließend wurde das Programm vor den Domstufen verteilt. Capraro beschreibt den 3. November und die darauf folgenden Tage so: „Unsere Programme [...] – 1000 Stück, das waren 5000 Blatt Papier; niemand aus der alten Bundesrepublik kann sich vorstellen, was damals 5000 Blatt Druckpapier für uns bedeuteten. Wir haben dann am Abend des 3. November aufgerufen, unter großem Anklang, unsere 1000 Programme wurden uns aus den Händen gerissen. [...] Wir hätten auch 50.000 haben können, so viele waren an diesem Abend auf dem Domplatz. Wir gaben unsere Anschriften bekannt und wurden am Wochenende in unseren Privatwohnungen überstürmt von Besuchern, die mehr wissen wollten. Bald mußten wir Informationsveranstaltungen durchführen. Am 9. November waren wir abends im Reglergemeindehaus, zusammen mit dem evangelischen Pfarrer Rainer Hartmann aus Beutnitz bei Jena, der auch zu den Gründungsmitgliedern der DDR-SDP gehörte[,] und haben drei Sprecher gewählt. Dieser 9. November ist das eigentliche Gründungsdatum der Sozialdemokraten in Erfurt.[102] [...] In meinen Terminkalender habe ich folgendes eingetragen: ‚Am 9. November gründen wir die SDP im Reglergemeindehaus, an einem historischen Tag. Um 23.30 Uhr komme ich nach Hause und erfahre, daß die Grenzen wieder offen sind. ... Was für ein Tag!'"[103] Hans Capraro stammte wie Winfried Bornemann aus einer sozialdemokratisch eingestellten Familie: Sein Vater hatte 1918/19 einem Soldatenrat angehört und war ebenso wie ein Onkel in der Weimarer Republik Mitglied der SPD gewesen. Ein Bruder war 1945 einer der Gründer der SPD im Eichsfeld.[104]

Zwischen Anpassung und Systemkritik – die evangelische Kirche

Zur Rolle der evangelischen Kirche in der DDR und während des Umbruchs 1989/90 gibt es zwei Einschätzungen, die in völligem Gegensatz zu stehen scheinen. So werfen einige Wissenschaftler kirchenleitenden Persönlichkeiten eine „Kumpanei" mit SED-Funktionären vor, betonen, die „Pufferfunktion" der Kirchen habe systemstabilisierend gewirkt,[105] oder wenden sich zumindest gegen eine Überschätzung der Rolle, die die Kirche 1989/90 gespielt habe.[106] Zu diesem Urteil hat nicht zuletzt die Tatsache beigetragen, daß das Ministerium für Staatssicherheit außerordentlich viele Inoffizielle Mitarbeiter (IM) auf Einrichtungen und Vertreter der evangelischen Kirche ansetzte und daß es gelang, nicht wenige IM in teilweise wichtigen Positionen zu plazieren. Diese Argumentation ist jedoch ambivalent: Eine Institution nämlich, die in so starkem Maß das Interesse des Überwachungsapparates auf sich zog, wurde offensichtlich als gefährlich für Partei und Staat eingestuft.

Die scheinbar entgegengesetzte Position nehmen die Autoren ein, die von einer „protestantischen Revolution" sprechen und somit die Rolle der evangelischen Kirche als zentral einschätzen. Allerdings ist festzuhalten, daß einer der Protagonisten dieser These, Ehrhart Neubert, ebenfalls die Meinung vertritt, die offizielle Kirche habe keineswegs aktiv auf den Sturz der SED hingearbeitet, sondern das politische System der DDR stabilisiert. So verweist Neubert zwar auf die „dominierende Rolle" von Protestanten während der Herbstereignisse 1989, die er als bemerkenswert einstuft, da die DDR eine „durchaus säkularisierte Gesellschaft" gewesen sei. Er vertritt jedoch an anderer Stelle in Anlehnung an Max Webers berühmte Schrift „Die protestantische Ethik und der Geist des Kapitalismus" die Meinung, die Kirchen hätten „sicher unbewußt mit ihrer Moral und ihrer Ethik das Bedürfnis nach dem Umbau der Wirtschaft im Sinne einer kapitalistischen Struktur wachgehalten". Genau diese kapitalistische Struktur erscheint Neubert kritikwürdig, und er bezeichnet den Umbruch 1989/90 als „eine ‚vorletzte' Revolution".[107] Es erscheint fraglich, ob diese Urteile der Rolle der evangelischen

Kirche und ihrer Vertreter gerecht werden. Vielmehr ist mit Christoph Kleßmann darauf hinzuweisen, daß zur „adäquate[n] Erfassung der Rolle der Kirche" weniger das moralische Urteil gefragt ist als vielmehr die Aufarbeitung des protestantischen Milieus, wozu auch die Beantwortung der Frage gehört, warum dieser Protestantismus „eine so enorme politische Wirkung entfalten" konnte.[108]

Für den Umbruch 1989/90 war die evangelische Kirche insofern sehr wichtig, als sie die einzige Institution gesamtgesellschaftlicher Reichweite war, die Andersdenkenden ein Forum zur Verfügung stellte. Darüber hinaus konnten sich allein innerhalb der evangelischen und katholischen Kirche so etwas wie Bürgerlichkeit und ein Bildungsbürgertum und damit konkurrierende gesellschaftliche Vorstellungen halten,[109] die auch Vertretern einer alternativen Gegenkultur Halt boten. Wie bereits gezeigt wurde, war der Anteil der Pfarrer bzw. evangelisch-christlich gebundenen Personen sowohl an der Bürgerbewegung der DDR als auch in der SDP hoch. Sie wurden teilweise zu Vordenkern des Umbruchs und haben diesen entscheidend beeinflußt und geprägt. Schließlich arbeiteten die kirchlichen Gremien nach demokratischen Regeln. Auf diese Erfahrungen konnte 1989 zurückgegriffen werden. „Ihre Synoden", so schreibt ein evangelischer Christ aus Leinefelde über die evangelische Kirche, „waren Parlamente, die streng nach demokratischen Spielregeln arbeiteten, Institutionen ausgesprochen demokratischen Charakters – ein Aha-Erlebnis für DDR-Bürger".[110] Von einem anderen Autor werden die Synoden als „Schulen der Demokratie" bezeichnet.[111] Man kann auf eine Vielzahl von Merkmalen hinweisen, die die Bedeutung des Protestantismus im Herbst 1989 belegen. Da diese jedoch in vielen Veröffentlichungen bereits genannt wurden, sollen sie hier nur stichwortartig Erwähnung finden: die Friedensgebete in den Kirchen waren oftmals die Ausgangspunkte der Demonstrationen; die Kerze wurde zum Symbol der friedlichen Revolution des Herbstes 1989; die Betonung des Mottos „Keine Gewalt!" und die damit verbundene fehlende physische Auseinandersetzung ist vor allem auf das Wirken von Kirchenvertretern zurückzuführen.

Die politische Handlungsfähigkeit der evangelischen Kirche in der DDR hatte jedoch, und dies soll keineswegs verschwiegen werden, ihren Preis. Die evangelische Kirche machte vor allem in den 70er Jahren politische Zugeständnisse an die SED. Wenn man die Gründe dafür verstehen will, muß man einen kurzen Blick auf die kirchenpolitische Entwicklung in der SBZ und in der DDR werfen: Während die sowjetische Besatzungsmacht gegenüber den Kirchen relativ großzügig gewesen war und auch die SED zunächst eine „ausgesprochen kirchenfreundliche politische Strategie" verfolgt hatte, kam es seit Anfang der 50er Jahre zu einem „Kirchenkampf". Die Repressalien nahmen zu, 1954 wurde die Jugendweihe eingeführt, 1956 die Erhebung der Kirchensteuern unterbunden, 1958 die „verfassungsmäßig garantierte Erteilung des

Religionsunterrichtes in den Räumen der Schulen praktisch unmöglich gemacht".[112] Diese Entwicklung hatte zur Folge, daß in den 50er Jahren die Mehrheit der Kirchenleitungen und Pfarrer eine „konsequente Frontstellung" praktizierte, die von den Kirchengemeinden weitgehend mitgetragen wurde.[113] Ende der 50er Jahre jedoch erschien „das Ende der Volkskirche offenkundig".[114] Organisatorisch waren die evangelischen Landeskirchen sowohl der BRD als auch der DDR zu diesem Zeitpunkt noch immer in der Evangelischen Kirche in Deutschland (EKD) zusammengeschlossen. Es stellte für die DDR-Führung ein „Ärgernis ersten Ranges" dar, daß DDR-Bürger kirchenrechtlichen Verträgen mit der Bundesregierung zustimmen konnten, z.B. dem Militärseelsorgevertrag aus dem Jahr 1957. Die neue DDR-Verfassung des Jahres 1968 engte den Handlungsspielraum der Kirchen weiter ein. Der Artikel 39 der Verfassung, der das Verhältnis zu den Kirchen behandelte, wurde so interpretiert, daß Christen, die an der EKD festhielten, sich des Vorwurfs der „Illegalität, ja des Verfassungsbruchs" aussetzten und mit entsprechenden Sanktionen zu rechnen hatten. Damit war nicht mehr gewährleistet, daß die evangelische Kirche ihren Aufgaben würde nachkommen können. In dieser „gleichermaßen weltlichen und geistlichen Notlage" wurde 1969 der Bund der Evangelischen Kirchen in der DDR gegründet, der eine Annäherung zwischen Staat und Kirche zur Folge hatte, die einen ersten Höhepunkt 1971 in der Aufnahme förmlicher Beziehungen erlebte.[115] Die evangelischen Kirchen in der DDR drückten diese Annäherung in der Formel „Kirche in der sozialistischen Gesellschaft" aus. Kritische Köpfe, wie der Erfurter Propst Heino Falcke, stellten jedoch von Anfang an klar, daß es sich in ihren Augen um einen „verbesserlichen Sozialismus" handelte.[116] 1989 waren die evangelischen Kirchen in der DDR sicherlich in die Gesellschaft eingebunden, sie hatten sich jedoch, so paradox dies klingen mag, gerade dadurch ihre politische Handlungsfähigkeit bewahrt. Diese wird man ihnen nur dann absprechen können, wenn man die These vertritt, das MfS habe letztlich die Kirchenpolitik bestimmt.[117]

Von der SED wurden die Führungskräfte der evangelischen Kirche, die nicht korrumpierbar waren, 1989 als Feinde angesehen und gebrandmarkt. Zum Beispiel hieß es in einer Sitzung der SED-Bezirksleitung Erfurt im Juli 1989: „Vor unseren Kommunalwahlen hagelte es nur so Voraussagen aus der BRD über Boykott und Widerstand. Als sich diese Prognosen nicht bewahrheiteten und das Wahlergebnis vor aller Welt das enge Vertrauensverhältnis der Bürger zur Partei, ihrer Politik und zu unserem Staat manifestierte, gefiel das diesen Propheten, unseren Feinden und bestimmten reaktionären Kräften in unserem Lande nicht. Man mußte die Wahrheit zur Kenntnis nehmen und konnte nur mit billigen Lügen und Verleumdungen antworten. Allen voran Propst Falcke, der mit einigen seiner Getreuen seine Kirche für Feinde der

DDR öffnet. Falcke forderte auf der Synodaltagung vom 16.–18. Juni 1989 in Halle dazu auf, Gruppen, die öffentlichkeitswirksam gegen das Wahlergebnis demonstrieren, zu bestärken. Falcke betonte, daß die Kirche zwar gegen Gewalt sei, räumte jedoch eine Zulässigkeit von Demonstrationen ein. In der Springerschen ‚Welt' ließ er am 20. Juni demagogisch veröffentlichen: ‚Was sollen wir denn noch tun, wenn auf Briefe, auf Bitten keine Antwort erfolgt, wenn staatliche Stellen und die Regierung keine Auskunft geben, Antworten verweigern, wenn sie stattdessen mit Staatssicherheit und Polizei antworten?' Was er tun soll, können wir ihm sagen: Er kann das Evangelium predigen, [...] und Begräbnisse durchführen, die Glückseligkeit im Himmel verkünden. Er soll aber endlich aufhören, gegen unseren sozialistischen Staat zu hetzen. Für das Wohl des Volkes sorgen wir uns auf Erden. Wir sagen ganz deutlich, mit aller Konsequenz werden wir gegen Feinde der Arbeiter-und-Bauern-Macht vorgehen. Eine innere Opposition in der DDR wird es nicht geben. [...] Die Reaktion der KP Chinas auf die Konterrevolution war absolut richtig."[118]

Wer waren nun diese Pfarrer und Personen des evangelisch-kirchlichen Umfeldes, die im Herbst 1989 politisch aktiv waren? Kann man sie beschreiben, in typologisierende Gruppen einteilen? Auffallend an vielen ist das große soziale Engagement, das sie entweder im Elternhaus oder später, zum Beispiel in Pfarrstellen in Industrierevieren der DDR, erworben hatten. Hier wird deutlich, wie stark diese Pfarrer von der DDR bzw. den sozialen Problemen, die sich in der DDR stellten, geprägt wurden. Nicht wenige der in der Wende aktiven Pfarrer waren zudem mit kirchlicher Jugendarbeit befaßt. Der Versuch, die Pfarrer in Generationsgruppen einzuteilen, muß von mindestens drei Gruppen ausgehen, die einer je spezifischen Sozialisation unterlagen:[119] Zur ersten Gruppe gehören die Pfarrer, die in den 20er und 30er Jahren geboren wurden. Sie haben den Nationalsozialismus noch bewußt wahrgenommen und nach dem Krieg ein Studium aufgenommen, das sie nicht selten zum Teil außerhalb der DDR absolvierten. Die Rückkehr in die DDR nach Beendigung des Studiums war kein Zufall, sondern eine bewußte Entscheidung.[120] Die innovativen Köpfe dieser Theologen-Generation waren nicht traditionell-lutherisch-volkskirchlich geprägt, sondern stark von der Traditionslinie Bonhoeffer-Barth-Bekennende Kirche beeinflußt. Die zweite Gruppe, die in den 40er Jahren Geborenen, gehörte zur ersten Generation der DDR-Jugend. Für sie wurde vor allem die Auseinandersetzung mit Karl Barth und der Bekennenden Kirche, aber auch mit der marxistisch-leninistischen Weltanschauung prägend.[121] Die dritte Gruppe wurde in den 50er Jahren, vor allem in der ersten Hälfte, geboren. Sie studierte zwischen 1968 und Mitte der 70er Jahre und wurde stark durch diese Jahre geformt. Natürlich gibt es innerhalb dieser Gruppen fließende Übergänge, und man muß jeweils die individuellen Sozialisationsbedingungen berücksichtigen, beispielsweise ob die Person aus einer ‚Pfarrerdynastie' stammt oder nicht. Neben diesen Pfarrern gab es das breite Feld der Personen, die in der Kirche arbeiteten, aber sozial deutlich unter den Pfarrern standen. Zu nennen sind insbesondere die Diakone und Katecheten.[122] Gerade die Katecheten, für die Unterrichtung der Christenlehre außerhalb der Schule zuständig, waren eine nicht unbedeutende Gruppe, da es in der DDR keinen Religionsunterricht gab. Neben den evangelischen Geistlichen spielten diese Gruppen 1989/90 eine nicht unbedeutende Rolle, weil sie oftmals eine Vermittlerfunktion zwischen Kirche und Basisgruppen einnahmen.

Die Überwinterungsstrategie der katholischen Kirche

Die katholische Kirche hat nicht in dem Maß auf die Veränderung der DDR eingewirkt wie die evangelische Kirche, obwohl sie sich stärker von Partei und Staat fernhielt. Die Distanz drückte sich auch in der Organisationsstruktur aus: Um die DDR außenpolitisch nicht aufzuwerten, richtete der Vatikan keine Diözesen, sondern nur Apostolische Administraturen ein, die formal Teile der westdeutschen Bistümer blieben. Erst 1994 wurden die drei neuen Diözesen Erfurt, Görlitz und Magdeburg gebildet.[123]

Im Herbst 1989 nahm die katholische Kirche, insbesondere die Kirchenleitung, zunächst eine stark abwartende Haltung ein. So schreibt der evangelische Pfarrer Bernd Winkelmann: „Die katholische Kirche trat in ihrer Mehrheit in das politische Wendegeschehen erst Ende Oktober/Anfang November ein, als es nicht mehr viel zu riskieren gab."[124] Klaus Schulze berichtet: „Von der ökumenischen Versammlung abgesehen, bei der die katholische Kirche auch vertreten war, waren die deutlichen systemkritischen Äußerungen und Aktivitäten aus der evangelischen Kirche gekommen. Die katholische Kirche hielt sich deutlich zurück."[125]

So zutreffend diese Urteile auch sein mögen, sie greifen doch zu kurz, da sie zwei Aspekte nicht berücksichtigen: Erstens ist es notwendig, gerade innerhalb der katholischen Kirche zwischen Kirchenleitung und Kirchenvolk zu differenzieren. Hans Donat, einer der Organisatoren der Erfurter Donnerstagsdemonstrationen und ehemaliger Leiter der katholischen Medienarbeit in der DDR, vertritt die Meinung, daß in der evangelischen Kirche die Kirchenleitung selbst die „aktive Schicht" gewesen sei, während diesen Part in der katholischen Kirche das Kirchenvolk übernommen habe. Die Anzahl der in der Umbruchzeit politisch aktiven katholischen Laienchristen sei keineswegs so gering gewesen, wie aufgrund des geringen Anteils der Katholiken an der Bevölkerung der DDR zu erwarten gewesen wäre. Prozentual gesehen hätte der Anteil der politisch aktiven Katholiken sogar den der politisch aktiven Protestanten übertroffen.[126] Ein Indiz, das zumindest teilweise gegen Donats These spricht, ist, daß das Kirchenvolk im katholischen Eichsfeld relativ spät demonstrierte. Die SED-Bezirksleitung verstand es dann allerdings als deutliches Warnsignal, als das katholische Kirchenvolk Anfang November 1989 aktiv wurde: „[...] große öffentliche Demonstrationen. Wir können eigentlich sagen, in fast allen Kreisstädten des Bezirkes, mehr oder weniger umfangreich. In letzter Zeit auch verstärkt im Eichsfeld, wo ja bis vor acht Tagen, ich möcht' mal sagen, was die Massendemonstrationen anbetraf, verhältnismäßig Ruhe herrschte. Durch diese Tatsache, daß auch die katholische Kirche sich dieser Entwicklung nicht länger verschlossen hat, haben wir eben zu verzeichnen, daß in Heiligenstadt, Worbis, Leinefelde große Demonstrationen stattgefunden haben und stattfinden."[127]

Zweitens muß man berücksichtigen, daß die Leitung der katholischen Kirche eine nicht ungeschickte Doppelstrategie verfolgte, indem sie sich selbst in politische Fragen nicht einmischte, ihre Mitarbeiter aber auch nicht zurückhielt, so daß es letztlich die Entscheidung jedes Einzelnen war, ob er sich politisch betätigte. Die Erkenntnis, daß die Leitung der katholischen Kirche sich politisch nicht exponieren wollte, führte dazu, daß zum Beispiel Donat selten den offiziellen Weg wählte und den Bischof um Erlaubnis fragte. Er handelte vielmehr nach der Devise: „Lieber jetzt nicht die oberste Ebene anfragen, sondern was tun." Auch bei Veröffentlichung und Vervielfältigung brisanter Themen ging er in der Regel eigenständig vor, gab seine Telefonnummer an und schrieb auf das Blatt: „Nur für den innerkirchlichen Dienstgebrauch!". Diese „herrliche Formulierung", die auch innerhalb der evangelischen Kirche verwendet wurde, sollte Staat und Partei die Bereitschaft der Kirche signalisieren, sich auf ihren Raum zu beschränken.[128] Natürlich hatten diese Blätter oftmals eine Wirkung, die weit über den kirchlichen Raum hinausging.

Die Doppelstrategie der katholischen Kirchenleitung blieb auch der Bezirksverwaltung der Staatssicherheit nicht verborgen, die am 22. Oktober 1989 berichtete: „Durch die Leitung der katholischen Kirche wird bisher offiziell an ihrer grundsätzlichen Linie festgehalten, sich als Kirche insgesamt von politischen Aktivitäten fernzuhalten. Gleichzeitig wird betont, daß es jedoch eine persönliche Entscheidung jedes Amtsträgers und Mitarbeiters der katholischen Kirche sei, sich an politischen Aktivitäten zu beteiligen, da auch sie als Bürger der DDR von vorhandenen Problemen betroffen seien und damit auch das Recht hätten, hierzu Positionen zu beziehen. Diese Orientierung gilt auch für eine Teilnahme katholischer Amtsträger und Mitarbeiter an Aktivitäten oppositioneller Bewegungen, gegen die die Leitung der katholischen Kirche nichts unternehmen werde. Als Auswirkung dieser Position ist, insbesondere in der Stadt Erfurt, eine zunehmende aktive Teilnahme der katholischen Kirche an Aktivitäten der oppositionellen Sammlungsbewegungen ‚Neues Forum' und ‚Demokratischer Aufbruch' zu betrachten, was sich vor allem in der Bereitstellung von Räumlichkeiten und in der Übernahme von Leitungsfunktionen in einzelnen Arbeitsgruppen dieser Bewegung widerspiegelt."[129]

Über die Bewertung der Rolle der katholischen Kirche mag man unterschiedlicher Meinung sein. Man kann von einer Lebensklugheit sprechen, die oberen Instanzen nicht zu fragen und damit politisch zu entlasten, man kann aber ebenso das mangelnde politische Engagement der Kirchenleitung und den Wunsch, sich auf die kirchlichen Belange zurückzuziehen, bedauern. Die Unterschiede zur evangelischen Kirche müssen sicherlich auch historisch erklärt werden: Der katholischen Kirche fehlte einerseits die staatskirchliche Tradition der evangelischen Kirche, und sie verfügte andererseits über die Erfahrung des Kulturkampfes im 19. Jahrhundert, die es ihr zweifellos erleichterte, im Sozialismus zu ‚überwintern'. Ein Vorwurf läßt sich allerdings nur schwer entkräften: Während der Evangelische Kreiskirchenrat in Erfurt am 25. September 1989 einstimmig beschloß, „den im Entstehen begriffenen Demokratiegruppen das Gastrecht in kirchlichen Räumen zu gewähren",[130] und damit den Prozeß der politischen Emanzipation ermöglichte, konnte sich die Leitung der katholischen Kirche zu diesem Schritt nicht entschließen. Es blieb dem einzelnen Pfarrer überlassen, ob er seine Kirche öffnete. Noch Ende Oktober 1989 wurde dem MfS berichtet, der Bischof habe dem Neuen Forum zu verstehen gegeben, „daß die Nutzung des Domes oder der Severi-Kirche nicht infrage kommen kann".[131]

Nonkonformes politisches Verhalten innerhalb der SED

Nicht selten wird übersehen, daß es zumindest während der letzten Jahre der DDR auch einen innerparteilichen Protest in der SED gab. Diese nonkonformen Kräfte kritisierten Politik und Gesellschaft der DDR in scharfer Form, traten für eine Demokratisierung des Sozialismus ein und lassen sich somit von jenen SED-Kräften unterscheiden, die sich im Herbst lediglich aus machtpolitischen und taktischen Erwägungen an die Spitze des Umbruchs setzen wollten. Aufschluß über den innerparteilichen Protest geben die Unterlagen der Parteikontrollkommissionen der SED.

Nicht alle Fälle, die durch diese Kommissionen untersucht wurden, stehen für nonkonformes politisches Verhalten. Beispielsweise ergab eine Untersuchung der Stadtparteikontrollkommission (SPKK) Erfurt in der Parteiorganisation Kriminalpolizei – Kommissariat I des Volkspolizeikreisamtes im April 1988, daß Parteimitglieder gegen „devisenrechtliche Bestimmungen der DDR" verstoßen hatten (Tausch von D-Mark zum „Schwindelkurs gegen Mark der DDR"), daß während der Dienstzeit Möbel,

PKW-Reifen und verschiedene andere Konsumgüter für private Zwecke besorgt worden waren und daß eine Führungsperson nicht nur einen autoritären Führungsstil praktiziert und Kritik unterbunden, sondern darüber hinaus Arbeitsergebnisse manipuliert hatte (Fälschung von Statistiken). Einer der Volkspolizisten unterhielt „Kontakte zu einer Person, die über intensive Verbindungen zum kapitalistischen Ausland" verfügte. Die SPKK sprach insgesamt zwei Parteiausschlüsse, eine strenge Rüge, eine Rüge und fünf Verwarnungen aus.[132]

Einen eindeutig politischen Charakter hatte dagegen ein anderer Fall, bei dem im Juli 1989 eine Schulklasse aus Cloppenburg, die vom damaligen Kultusminister des Landes Niedersachsen, Horst Horrmann (CDU), und von zwei Redakteuren der Frankfurter Allgemeinen Zeitung und der Hannoverschen Allgemeinen Zeitung begleitet wurde, im Rahmen eines Jugendtouristprogramms das Jugendclubhaus „Fritz Noack" (genannt „Fritzer") in Erfurt besuchte. Der Clubhausleiter, Mitglied der SED und FDJ-Sekretär, engagierte einen Erfurter Liedermacher (Mitglied der SED seit 1977), der das kulturelle Programm des Abends bestreiten sollte. Dessen Lieder, unter anderem zu den Themen eingeschränkte Reisemöglichkeiten für DDR-Bürger, Afghanistan, „Vergleich zwischen Genossen Gorbatschow und Don Quichotte", wurden von der Stadtparteikontrollkommission als „Verunglimpfung" der DDR eingestuft. Außerdem wurde dem Liedermacher vorgeworfen, er habe nach der Veranstaltung „Westgeld" angenommen und mit dem Kultusminister ein Gespräch geführt. Die SPKK schloß ihn wegen „Verunglimpfung der DDR" aus der Partei aus und erteilte dem Jugendhausleiter wegen „politisch prinzipienlosem Verhalten und Verletzung der revolutionären Wachsamkeit" eine „strenge Rüge". In einer Aussprache betonte der Liedermacher, er wolle Mitglied der SED bleiben und „als Künstler mithelfen, den Sozialismus in der DDR weiterzuentwickeln". Kunst dürfe jedoch nicht zensiert werden. Besondere Brisanz erhielt der Fall dadurch, daß sich sowohl der Jugendhausleiter als auch der Liedermacher an das ZK und die Zentrale Parteikontrollkommission (ZPKK, angesiedelt beim ZK der SED in Berlin) wandten. Die Abteilung Jugend des ZK schrieb in einer SED-Hausmitteilung an die ZPKK, daß man „starke Zweifel an der Berechtigung des durchgeführten Parteiverfahrens hege". Schließlich habe der Liedermacher „ein Programm zur Aufführung gebracht, mit dem er sich bereits erfolgreich am Pfingsttreffen der FDJ beteiligte". Sicher könne man über einige Lieder „geteilter Auffassung" sein, es sei aber unverständlich, wenn damit ein Parteiausschluß begründet werden solle. In einem Gedächtnisprotokoll der Abteilung Jugend, das ebenfalls der ZPKK vorgelegt wurde, wurde zudem Kritik an dem „Genossen Gerhard Müller" geäußert, den der Liedermacher eines abends ohne vorherige Anmeldung in dessen Wohnung aufgesucht hatte. Dort sei ein Termin für eine „freundschaftliche Aussprache" vereinbart worden. Am vereinbarten Tag sei der Liedermacher jedoch von einem Genossen der Bezirksparteikontrollkommission empfangen worden, der ihm „die gleichen Vorwürfe" wie die SPKK gemacht habe, „einschließlich den der Ignoranz gegenüber führenden Persönlichkeiten, da er in Jeans und Turnschuhen gekommen sei".[133]

Der vielleicht interessanteste Fall innerparteilichen Protests in Erfurt in den Jahren 1988/89 ereignete sich in der Grundorganisation der SED der Städtischen Bühnen Erfurt. Bei den Städtischen Bühnen arbeiteten Ende 1988 530 Künstler, Techniker, Arbeiter und Angestellte, von denen 59 (11,1 %) Mitglied der SED waren. Die Grundorganisation war in fünf Parteigruppen untergliedert, der Parteileitung gehörten sieben Genossen und Genossinnen an. Ende November 1988 trat ein Mitglied des Kabaretts „Die Arche" der Städtischen Bühnen im Kultur- und Freizeitzentrum Erfurt am Moskauer Platz im „Erfurt-Journal", einer Veranstaltungsreihe zur Vorbereitung des 1250jährigen Stadtjubiläums, als „Burgwart" auf. In dem von ihm selbst geschriebenen Stück karikierte er unter anderem die Qualität der Erfurter Luft, die Dopingpraktiken im DDR-Sport, die verordnete Kritiklosigkeit in der DDR, die Angst vor der russischen Reformpolitik Gorbatschows, das Ausmaß an Ordensverleihungen und Bestechungspraktiken in der DDR-Medizin. Aus Gründen der Anschaulichkeit seien an dieser Stelle drei Passagen wiedergegeben:

- „Dr Umweltminister Reichelt hat in aller Weltöffentlichkeit von Senkung des Stickoxidausstoßes in der DDR gesprochen. Der kennt Erfurt nich. Die Jungs vom Protokoll hamm den Reichelt bestimmt immer weiträumig um Erfurt rumgeführt."
- „Aber wir wolln zufrieden sein. Das Wichdichsde is: Mir lebn hier in Frieden. Nur nix kritisieren. Reißte in unserm Schlaraffenland s Maul auf, wirds Dir mit gebratnen Friedenstauben gestopft. Manchma möcht mr dem entfliehen. Abr mr kommt ja nich weit. De Sportler hamms gut. Je schneller un je höher, desto weiter dürfen die weg. Erich ruft ihnen nochn ‚Sport frei!' hinterher und – ffft! – weg sind sie! Sport frei! Jetzt fällts mir wie Schuppen ausdn Haarn. Sport – frei! Sport macht frei!"
- „Heutzutage isses sowieso leichter nach drühm zu kommen als nach drühm. 'n Bekannten von mir, Juchndfunktienär, der sollte off Parteischule – nach Moskau. Er durfte dann abr nich – weschn Ansteckungsgefahr – russische Röteln oder so."

Diese Aufführung war jedoch nicht der einzige Vorfall, der die Parteikontrollkommission der SED auf den Plan rief. Am 2. Dezember 1988 sollte ein neues Kabarettprogramm mit dem Titel „Ganz offen Genossen, wir bleiben geschlossen" aufgeführt werden. Da es nach Meinung der SED „Züge feindlichen Charakters" trug, wurde es einen Tag vor der Premiere durch den Intendanten abgesetzt. Zudem unterschrieben acht Mitglieder der Partei, darunter ein Mitglied der Parteileitung, eine Eingabe an den

Vorsitzenden des Ministerrats der DDR, Willi Stoph, in der sie sich gegen die Entscheidung der SED wandten, „die Zeitschrift ‚Sputnik' von der Liste des Postzeitungsvertriebes zu streichen". In der dazu geführten Aussprache, so wurde im „Bericht über die Untersuchung der Stadtparteikontrollkommission in der Grundorganisation der Städtischen Bühnen Erfurt" vom 6. Februar 1989 festgehalten, „traten einzelne Genossen aggressiv auf". Unter anderem sei gefordert worden, „diejenigen zu bestrafen, die den ‚Sputnik' verboten haben". Wegen „feindlichen Auftretens" wurde ein Kabarettist aus der SED ausgeschlossen, ein zweiter erhielt „wegen politisch prinzipienlosem Verhalten und Verletzung der Parteidisziplin" eine Rüge, ein Dritter wegen „Vernachlässigung der Kontrolle" eine Verwarnung.[134] Im November 1989 trat der Vorsitzende der SPKK zurück, und die Urteile in beiden hier geschilderten Fällen wurden zum Teil aufgehoben.[135]

Bei der Lektüre dieser Untersuchungsberichte, aber auch bei Berichten von Parteileitungen anderer Betriebe und der Abteilung für Agitation und Propaganda bei der SED-Bezirksleitung stellt sich dem Leser heute die Frage, ob die SED nicht gewußt hat, was in ihrem Land passierte und wie die Einstellung der Bevölkerung zur DDR war. Hierzu ist zu sagen, daß viele dieser Berichte durchaus offen waren und die Lage keineswegs geschönt darstellten. Der Gesamttenor und die Schlußfolgerungen mußten jedoch positiv ausfallen, da es nach Ansicht der SED aufgrund der historischen Rolle, die sie zu spielen glaubte, nicht sein konnte, daß die Partei eine falsche Linie einnahm oder auch nur vor unüberwindliche Probleme gestellt wurde. In der Regel wurden in den Berichten Erklärungen abgegeben, die wie folgt lauteten: Kritiker der SED hätten sich so entwickeln können, weil sie von ihrem „Parteikollektiv vernachlässigt" worden seien und ihr „arrogantes Verhalten geduldet" worden sei. Die „politisch-ideologische Arbeit" sei durch die Leitung der Grundorganisation vernachlässigt worden. Ein Teil der Parteileitungsmitglieder habe eine „liberale Haltung" in der „Bewertung der feindlichen Handlung" eingenommen und sei vor der „notwendigen parteilichen Konsequenz" zurückgewichen. Am Ende des Berichts über das Parteiausschlußverfahren in den Städtischen Bühnen Erfurt wurde dargelegt, wie diese ‚Mißstände' behoben wurden: Durch „Einzel- und Kollektivaussprachen während der Untersuchung" sei „bei den Genossen ein Prozeß des Umdenkens" eingeleitet worden. Ein persönliches Gespräch des „Kandidaten des Politbüros und 1. Sekretärs der Bezirksleitung, Genossen Gerhard Müller", mit dem Intendanten habe „wesentlich dazu beigetragen", daß dieser „klare politische Positionen bezog und Schlußfolgerungen für seine Arbeit als Mitglied der Bezirksleitung und Intendant ableitete". Der Bericht endet mit den Worten, die politische Führung beginne, sich „im Sinne der Beschlüsse der Partei zu verändern".[136]

Im Grunde handelte es sich nicht bei den Informationen, die die einzelnen Berichte enthielten, wohl aber bei den abschließenden Beurteilungen und Schlußfolgerungen um Selbsttäuschungen der SED. Diese waren jedoch keine Auswüchse der marxistisch-leninistischen Praxis, sondern in der marxistischen Ideologie begründet, da dialektische Weiterentwicklung der Gesellschaft im marxistischen Sinn immer als Höherentwicklung verstanden wurde und werden mußte.

Das manipulierte Akklamationsritual – die Kommunal-„Wahlen" 1989 und ihre Bedeutung

Man kann darüber diskutieren, wann der politische Umbruch im engeren Sinn begann; es steht aber außer Zweifel, daß die Kommunalwahlen am 7. Mai 1989 eine große Bedeutung für die Formierung der politischen Opposition hatten. Durch die Kontrolle der Auszählungen gelang der eindeutige Nachweis, daß Wahlergebnisse gefälscht worden waren. Obwohl es sich nicht um demokratische Wahlen handelte, wog diese Fälschung keineswegs weniger schwer. Die Perfidie eines Systems, das sich nicht mit 80- oder 90prozentigen Ergebnissen zufrieden gab, die es aufgrund des Wahlverfahrens erreicht hätte, wurde überdeutlich.[137] Die Aussage Honeckers, für ihn und die SED-Führung wäre „ein Ergebnis von 65 Prozent ein großer Erfolg" gewesen, und er wisse nicht, wer die „Losung, daß dies die besten Wahlen sein müßten," ausgegeben habe, ist wenig glaubhaft.[138]

Es gab im Vorfeld der Kommunalwahlen zweifellos Absprachen der Opposition. Diese Kommunikationsstränge sind bisher jedoch noch wenig erforscht. Die Regionalgruppe Thüringen des DDR-weit organisierten Arbeitskreises Solidarische Kirche bildete bereits im Spätherbst 1988 eine kleine „Arbeitsgruppe Wahlen", in der die „unter DDR-Verhältnissen möglichen Verhaltensvarianten" besprochen wurden. Am 16. März 1989 ging diese Regionalgruppe einen „in der DDR-Geschichte bis dahin wohl noch nicht praktizierten Schritt" und verabschiedete eine öffentliche Erklärung, in der sich die Unterzeichner dazu bekannten, sich nicht an den Kommunalwahlen zu beteiligen.[139]

Auch in Erfurt bildeten sich Wahlgruppen, vor allem in der Umweltgruppe der „Oase", einem übergemeindlichen Jugendkreis der evangelischen Kirche, die der Erfurter Stadtjugendpfarrer Aribert Rothe aufgebaut hatte. Diese „Untergruppe ‚Wahlen'" traf sich seit November 1988 und hatte zunächst das Ziel, sich die Gesetzeslage zu erarbeiten, um die Möglichkeiten von Kontrollen einschätzen zu können. Es bestanden Kontakte zu anderen Gruppen in Erfurt, etwa zur Studentengemeinde, zur Offenen Arbeit und zu verschiedenen Kirchengemeinden, in denen auch Informationsveranstaltungen durchgeführt wurden. Wie die Kommunalwahlen konkret kontrolliert werden sollten, wurde dann recht kurzfristig entschieden. Wie Rothe heute meint, war diese Spontaneität ein Glücksfall, da sich die Staats- und Sicherheitsorgane nicht darauf hätten einstellen können.

Als Treffpunkt wurde am 7. Mai abends die Studentengemeinde vereinbart. Dort kamen etwa 60 bis 70 Leute zusammen, die zuvor die offizielle und öffentliche Stimmenauszählung in den Wahllokalen verfolgt und die dort bekanntgegebenen Nein-Stimmen notiert hatten. Dieses Verfahren war mit großen Schwierigkeiten verbunden, da die Überwachung der Stimmauszählung in einigen Wahllokalen behindert, in anderen sogar verweigert wurde. Ein Beobachter ging davon aus, daß die Auszählung nicht überall, aber doch in „vielen Fällen" korrekt verlief.[140] Die Auszählung wurde in 36 von insgesamt 213 Wahllokalen verfolgt. „Nach den dort öffentlich bekanntgegebenen Wahlergebnissen gab es allein in diesen 36 Wahllokalen 638 gültige Neinstimmen bei der Wahl für die Stadtverordnetenversammlung und 649 gültige Neinstimmen bei der Wahl für die Stadtbezirksversammlungen." Dieses Ergebnis stand in einem offensichtlichen Widerspruch zu dem später „offiziell veröffentlichte[n] Ergebnis [...], demzufolge es in Erfurt-Stadt[141] 413 gültige Neinstimmen gegeben hat". Nun erklärten die evangelischen Pfarrer Erfurts die Sache zu ihrem Anliegen und erhoben im Namen des Evangelischen Ministeriums am 11. Mai 1989 beim Nationalrat der Nationalen Front „Einspruch gegen das offiziell veröffentlichte Ergebnis der Kommunalwahlen vom 7.05.1989". Mit Blick auf die Gesamtzahl der Wahllokale sei es „offenkundig, daß die Anzahl der abgegebenen Neinstimmen in Erfurt-Stadt ein Mehrfaches der in den 36 Wahllokalen bekanntgegebenen Zahlen beträgt". Das Evangelische Ministerium, bis 1975 „eine Kollegialsuperintendentur mit bestimmten kirchenleitenden Befugnissen",[142] danach ein Konvent der festangestellten Pfarrer des Kirchenkreises Erfurt, forderte den Nationalrat der Nationalen Front „zu einer sofortigen Überprüfung des Wahlergebnisses in Erfurt-Stadt" auf und „gegebenenfalls zur Durchführung von Neuwahlen".[143] Der Einspruch wurde vom Erfurter Pfarrer Hans-Jörg Dost persönlich nach Berlin gebracht und abgegeben.[144]

Der Nationalrat der Nationalen Front leitete das Schreiben „zuständigkeitshalber an die Stadtwahlkommission Erfurt" weiter,[145] die Vertretern des Evangelischen Ministeriums am 25. Mai durch den Beauftragten des Oberbürgermeisters, Stadtrat Helmuth Beuthe, eine mündliche Stellungnahme vortragen ließ. Nach Darstellung des Evangelischen Ministerium ging Beuthe in dieser Erklärung auf die vorgelegten Zahlen „überhaupt nicht" ein, sondern bezeichnete die Eingabe als „Diskriminierung und Beleidigung der Mitglieder der Wahlvorstände". Das offizielle Ergebnis beruhe auf „exakten Wahlniederschriften".[146] In einer Kanzelabkündigung, die am Sonntag, dem 28. Mai 1989, in den Gottesdiensten vorgelesen wurde, faßte das Evangelische Ministerium den Stand seiner Eingabe zusammen und bestand darauf, „daß der Widerspruch zwischen den offiziell bekanntgegebenen und den von uns vorgelegten Zahlen aufgeklärt" werden muß. Solange dies nicht geschehen sei, „ist unser Einspruch nicht erledigt". Man erwarte, „daß durch eine zufriedenstellende Antwort Vertrauen und Wahrhaftigkeit im gesellschaftlichen Leben unserer Stadt wiederhergestellt werden".[147]

Welche Bedeutung der Nachweis der Fälschung der Wahlergebnisse für den weiteren Verlauf der Ereignisse des Herbstes 1989 hatte, verdeutlicht ein Brief der Offenen Arbeit vom 27. Juli 1989, in dem die „Dialogfeindliche Zurückweisung" der Eingabe des Evangelischen Ministeriums kritisiert und auf die Enttäuschung hingewiesen wurde, daß auch andere Eingaben „zurückgewiesen, bzw. durch Ignoranz totgeschwiegen werden". In dieser und anderen Formulierungen wird der Ausdruck „Dialog" benutzt, der im Herbst 1989 immer massiver gefordert wurde. Die Offene Arbeit machte Michail Gorbatschow zu ihrem Kronzeugen, den sie mit den Worten zitierte: „Wenn die Staatsorgane die Probleme, an denen sich die Gemüter erhitzen, nicht lösen, dann versucht das Volk[,] das selbst zu tun."[148]

Bis zum November 1989 ruhte der „Vorgang Wahlfälschung", wurde dann aber wieder aufgegriffen, als die Stadtverordnetenversammlung am 27. November 1989 beschloß, eine „Untersuchungskommission zum Ergebnis der Kommunalwahlen am 07. Mai 1989" zu bilden, der 5 Abgeordnete der Stadtverordnetenversammlung und 5 „Vertreter der demokratischen Vereinigungen" angehören sollten.[149] Am 16. Februar 1990 erstattete der „Wahluntersuchungsausschuß der Stadtverordnetenversammlung" Anzeige gegen Unbekannt wegen des „dringenden Verdachts der Fälschung der Ergebnisse der Kommunalwahlen". Später erstattete auch das Evangelische Ministerium Anzeige gegen Unbekannt „mit dem ausdrücklichen Wunsch, daß die Hauptverantwortlichen und nicht die kleinen Befehlsempfänger zur Rechenschaft gezogen werden".[150] Anfang 1992 zogen die „drei Koalitionsfraktionen im Erfurter Rat" (CDU, SPD, FDP) nach.[151] Noch im September 1989 hatte Pfarrer Helmut Hartmann bei einem „Gespräch unter vier Augen" in der Bezirksleitung der CDU vergeblich um „Unterstützung bei der Aufklärung der Wahlfälschungen" gebeten. Die CDU zeigte damals „große Zurückhaltung gegenüber den Aktivitäten der Gruppen unter dem Dach der Kirche".[152]

Wie die Technik des Wahlfälschens in der DDR betrieben wurde, verdeutlichte der Strafprozeß gegen Gerhard Müller vor dem Landgericht Erfurt wegen Anstiftung zur Wahlfälschung im Oktober 1994.[153] Dieser Prozeß, der vom Vorsitzenden Richter, Ekkehard Appl, hervorragend geleitet wurde, behandelte die Vorgänge in Weimar; man kann aber davon ausgehen, daß in anderen Städten in ähnlicher Weise gefälscht wurde. Durch den Prozeß wurde deutlich, daß das Wahlsystem der DDR insgesamt durch einige „Grauzonen" gekennzeichnet war: Ausreisewillige wurden von den Wählerlisten gestrichen. Die Wahlvorstände hatten einen großen Auslegungsspielraum, welche Stimmen sie als Ja-Stimmen zählen konnten. Das MfS kontrollierte die Stimmabgabe und registrierte das Wahlverhalten und die Benutzung der Wahlkabinen. Nichtwähler wurden operativ bearbeitet. Die Wahlergebnisse der einzelnen Wahllokale wurden nicht veröffentlicht, die Wahlunterlagen nach kurzer Zeit vernichtet. Der „Trick mit dem Wahlschein" konnte in einzelnen Wahllokalen zu absurden Wahlbeteiligungen von über 100 % führen: Ließ sich ein Wähler einen Wahlschein ausstellen, um in einem anderen Wahllokal zu wählen, wurde er aus der Wählerliste des für ihn ursprünglich zuständigen Wahllokals gestrichen. In dem anderen Wahllokal wurde er jedoch nicht unbedingt in die Wählerliste aufgenommen; vielmehr wurde seine Stimme dem Wahllokal ‚gutgeschrieben'. In Weimar erreichte ein Wahllokal auf diese Art eine mathematisch unmögliche Wahlbeteiligung von 107 %.

Im Vorfeld der Kommunalwahlen des Jahres 1989 hatte Krenz Honecker einen Brief zukommen lassen, in dem er reale Ergebnisse forderte und sich gegen eine Konkurrenz der Wahlkreise aussprach. Honecker quittierte diese Anregung mit „Einverstanden", ein, wie Richter Appl völlig zu Recht bemerkte, „ungeheuerlicher Vorgang", da er beweist, daß auch unreale, sprich gefälschte Ergebnisse in Erwägung gezogen wurden. Der Vorschlag, reale Ergebnisse auszuweisen, konnte sich jedoch nicht durchsetzen; vielmehr wurde die Parole ausgegeben, im Jahr des 40jährigen Bestehens müsse „das beste Ergebnis in der Geschichte der DDR" erzielt werden.

Weimar, an dessen Spitze zu DDR-Zeiten traditionell ein CDU-Oberbürgermeister stand, der einen SED-Bürgermeister als Stellvertreter und Aufpasser an seiner Seite hatte, galt aufgrund seiner Alternativszene für die SED als schwieriges Pflaster. Schon die Auszählung der beiden, vom 15. April bis zum 6. Mai geöffneten, Sonderwahllokale zeigte, daß das Ergebnis nicht so gut ausfallen würde, wie die SED geplant hatte: Das tatsächliche Ergebnis der Sonderwahllokale, die bereits am 6. Mai ausgezählt wurden, lag bei 90 %. Am Wahltag selbst verhandelte Oberbürgermeister Gerhard Baumgärtel, der Vorsitzender der Stadtwahlkommission war, mehrfach mit dem 1. Sekretär der SED-Kreisleitung, Peter Damaschke, über das zu erzielende Wahlergebnis.[154] Vor den Wahlen waren sämtliche Vorsitzende der Wahlkommissionen im Bezirk Erfurt in Beratungen beim Vorsitzenden des Rates des Bezirkes, Arthur Swatek, angewiesen worden, es dürfe keine Zahl, kein Gesamtergebnis und kein Ereignis an den Bezirk weitergegeben werden, ohne daß zuvor die SED-Kreisleitung informiert worden sei. Somit war keine staatliche Stelle befugt, eigenständig, ohne das Einverständnis der Partei zu handeln. Baumgärtel rechnete mit 10 % Nein-Stimmen und vertrat die Meinung, man bleibe nur glaubwürdig, wenn man dieses Ergebnis ausweise. Damaschke, der erst relativ kurze Zeit 1. Sekretär der SED-Kreisleitung und von Müller für diese Position vorgeschlagen worden war, stimmte zwar im Prinzip zu, wies aber Baumgärtel auf den „politischen Auftrag" hin. Die Führung erwarte ein Ergebnis von 99 %. Baumgärtel antwortete nach eigener Darstellung: „Das ist unmöglich." Schließlich einigten sich Baumgärtel und Damaschke darauf, drei Modelle durchrechnen zu lassen: 93, 95 und 97 %. Am 7. Mai zwischen 16 und 17 Uhr kamen Baumgärtel und Damaschke überein, ein Ergebnis um die 97 % auszuweisen. Damaschke, der am 7. Mai dreimal mit Gerhard Müller telefonierte und am späten Nachmittag von dem für Weimar zuständigen Mitglied der SED-Bezirksleitung, Veronika Bräutigam, ‚besucht' wurde, stand jedoch unter erheblichem Druck. Müller wies ihn mit den Worten zurecht: „Du kennst euern politischen Auftrag und weißt, was wir von euch erwarten!" Nach Baumgärtels Aussage hatte Müller Damaschke deutlich gemacht, daß er die 97 % nicht akzeptieren werde. Der „politische Auftrag" lautete: 99 + x %. Baumgärtel weigerte sich jedoch, ein besseres Ergebnis als 97 + x % auszuweisen, so daß schließlich 97,85 % (etwa 1000 Gegenstimmen) als offizielles Ergebnis bekanntgegeben wurden. Der eigentliche Akt der Fälschung stellte sich für die Beteiligten im Wahlbüro des Rathauses nur noch als „mathematisches Problem" dar: Die Ergebnisse der einzelnen Wahllokale mußten so frisiert werden, daß der Zielwert erreicht wurde. Das reale Ergebis in Weimar lag bei 92 % (etwa 3000 Gegenstimmen). Das gefälschte Weimarer Ergebnis war offiziell das schlechteste im Bezirk, und Damaschke wurde nach Baumgärtel „fürchterlich" von Müller kritisiert. Es sei „kein guter Faden an ihm geblieben".

Der Prozeß gegen Gerhard Müller machte nicht nur die Wahlfälschung transparent, sondern verdeutlichte darüber hinaus den noch immer bestehenden Korpsgeist der ehemaligen Führungsspitze der SED im Bezirk Erfurt. Mit Ausnahme von Gerhard Baumgärtel und (mit Abstrichen) seinem ehemaligen Stellvertreter, Volkhardt Germer, litten alle Zeugen mehr oder weniger stark an ‚Gedächtnisschwund' und machten nichtssagende Aussagen. Richter Appl erklärte bei der Urteilsverkündung, er habe bisher nur wenige Verfahren erlebt, in denen er so „umfangreich belogen" worden sei. Die Zeugen hätten den Eindruck erwecken wollen, der Bezirk Erfurt sei von einer „Clique von Schwachköpfen" regiert worden. Die Situation sei jedoch eine andere gewesen: „Der Angeklagte Müller hatte seinen Laden in Ordnung." Müller selbst machte auf der Anklagebank den Eindruck des netten Rentners von nebenan und war in einigen Fällen durchaus bereit, ‚Aufklärungsarbeit' zu leisten: Wenn dem Vorsitzenden Richter oder dem Staatsanwalt, beides Westdeutsche, nicht sofort das richtige Wort für eine SED-Institution einfiel, ergänzte er gutmütig und bereitwillig den fehlenden Ausdruck. Als ein Zeuge, der Müller im Frühjahr 1990 zu den Vorgängen in Weimar verhört hatte, auf die Frage, ob dieser bei der Vernehmung auf ihn einen normalen Eindruck gemacht habe, antwortete, der Angeklagte habe gesundheitlich „etwas angeschlagen" gewirkt, stellte Müller richtig: Er sei „sichtlich nicht der schlankeste" und habe in der U-Haft 30 kg abgenommen und deshalb vielleicht etwas mitgenommen ausgesehen. Psychologische Unterstützung erhielt Müller durch ehemalige SED-Genossen, die den Prozeß im Sitzungssaal verfolgten, und ihrem ehemaligen Chef auch mal die Autotür aufhielten, wenn ein anstrengender Verhandlungstag zu Ende gegangen war. Wurde es für ihn gefährlich, dann verschleierte der ehemalige 1. Sekretär der SED-Bezirksleitung Erfurt die Wahrheit jedoch ebenso wie die meisten Zeugen. Beispielsweise wurde ihm vorgehalten, daß die Staatssicherheit unter dem Decknamen „Symbol '89" alle Wahllokale im Bezirk Erfurt durch ein Netz von Spitzeln habe überwachen lassen. In einem Bericht, der am 6. Mai 1989, einen Tag vor der Wahl, angefertigt wurde, meldete das MfS für den Erfurter Wahlbezirk „Roter Berg" ein Wahlergebnis von 99,24 % Ja-Stimmen. In anderen Städten wurden, laut Berichten des MfS, die Wahlergebnisse ebenfalls vorher festgelegt. Von all diesen Vorgängen will Müller nichts gewußt haben; er sehe, so seine Darstellung während der Verhandlung, diese Berichte „heute zum ersten Mal" und habe „keinen Einblick in operative Vorgänge" der Staatssicherheit gehabt.

Müller wurde am 3. November 1994 wegen Anstiftung zur Wahlfälschung zu einer Freiheitsstrafe von acht Monaten verurteilt, die für drei Jahre zur Bewährung ausgesetzt wurde. Das Gericht, das mit drei Berufsrichtern und zwei Schöffen besetzt war, blieb damit nur um einen Monat unter dem Antrag der Staatsanwaltschaft. Müller muß die Kosten des Verfahrens tragen und jeden Wohnungswechsel anzeigen. Er wurde nach dem „milderen" BRD-Recht verurteilt, das für Wahlfälschung im Unterschied zu den Gesetzen der ehemaligen DDR die Möglichkeit von Bewährungsstrafen vorsieht. Die Staatsanwaltschaft erwog Ende 1994, auch gegen die Verantwortlichen der Wahlfälschung in der Stadt Erfurt Anklage zu erheben.

Zwei wichtige Gottesdienste

Es gab in Erfurt zwei regelmäßige Gottesdienste, die für Staat und Partei eine Herausforderung darstellten: den sogenannten „Mittwochsgottesdienst", zu dem Frauen und Männer erschienen, die in die Bundesrepublik Deutschland ausreisen wollten,[155] und das Friedensgebet, das 1989 zum Ausgangspunkt der Erfurter Donnerstagsdemonstrationen wurde. Die Mittwochsgottesdienste, an denen sich bis zu 200 Besucher beteiligten, die danach oftmals „stundenlange Gespräche" führen wollten, fanden seit April 1988 statt.[156] Die ‚Ausreisewilligen' wurden allerdings von vielen Oppositionellen mit kritischen Augen betrachtet, da man befürchtete, diese wollten lediglich mit spektakulären Aktionen auf sich aufmerksam machen, um so ihrem Antrag den nötigen Nachdruck zu verleihen.

Das Erfurter Friedensgebet, das noch einige Jahre älter als das Leipziger ist, war die Antwort überzeugter Christen auf die Einführung des Faches Wehrkunde in den Schulen der DDR im Jahr 1978 oder, allgemeiner ausgedrückt, auf die Militarisierung des Lebens. Die Initiative ging von einem „Jungakademikerkreis" aus und darin wiederum besonders von der Frau eines Arztes, die im Evangelischen Jungmännerwerk für ihre Idee warb. Nachdem zunächst „eine Menge Eingaben" verschickt worden waren, unter anderem auch – ergebnislos – an Margot und Erich Honecker, entstand die Idee, in einer Kirche wöchentlich einen kurzen Gottesdienst, ein Friedensgebet, durchzuführen. Der Initiativkreis bestand sowohl aus Protestanten als auch aus Katholiken, so daß das Friedensgebet von Anfang an als ökumenische Veranstaltung konzipiert war. Und weil den Katholiken in den protestantischen Kirchen „immer ihr Tabernakel fehlte", beschloß man, sich um ein katholisches Gotteshaus zu bemühen. Den Initiatoren kam dabei zugute, daß die Ökumene in Erfurt „schon immer etwas leichter zu leben [war] als in mancher anderen Stadt der ehemaligen DDR". Ein katholischer Geistlicher bot schließlich die katholische Lorenzkirche am Anger an, in der in der ersten Adventswoche des Jahres 1978 das erste Erfurter Friedensgebet stattfand.[157]

Das Erfurter Friedensgebet fiel bis zum Herbst 1989 kein einziges Mal aus – nur an den Gründonnerstagen wurde es abgesetzt, „weil man da in seine Gemeinde geht" – und besteht auch nach der Wende 1989/90 weiter. Als „ungeschriebenes Gesetz" galt, daß es nicht länger als eine halbe Stunde dauern durfte, besser waren 20 Minuten. Bewußt wurde es auf 17 Uhr gelegt, weil man so hoffte, möglichst viele Leute, die von der Arbeit kamen, zu erreichen. Vorgeschrieben war, daß das Vaterunser, das Franziskusgebet „Herr, mache mich zum Werkzeug deines Friedens" und der Kanon „Herr, gib uns deinen Frieden" vorkommen mußten. Freigestellt war, ob man für die kurze Predigt einen Bibeltext, ein Märchen oder einen eigenen Text verwendete. Gepredigt wurde entweder von Geistlichen oder von Laien. Enttäuschend für die Initiatoren war die Teilnehmerzahl: Am Anfang zählte man 12 oder 13 Leute, etwas „Besonderes" war es, wenn 30 zusammenkamen, der Schnitt lag zwischen 8 und 15. Der harte Kern bestand aus vier Personen, darunter Ilse Neumeister, die viele Erfurter und Erfurterinnen als Organisatorin und Gestalterin des Friedensgebets kennen. Getragen wurde es vor allem von älteren Frauen, die es die ganze Zeit über am Leben hielten.[158]

Der erste Anstoß, in Erfurt zu demonstrieren und das Friedensgebet zum Ausgangspunkt dieser Demonstrationen zu machen, erfolgte am 14. Oktober 1989, als ein Jugendlicher ins Evangelische Jungmännerwerk kam und ankündigte, er werde nach dem nächsten Friedensgebet am 19. Oktober einen „Marsch der Betroffenheit" von der Lorenzkirche durch die Altstadt zur Andreaskirche durchführen.[159] Von diesem „erste[n] zaghafte[n] Ansatz einer Demonstration" wird berichtet, daß „eine kleine Gruppe von Theologiestudenten" in die Andreasstraße zog, „um dort mit Kerzen in den Händen das Kirchenlied ‚Sonne der Gerechtigkeit' zu singen". Brisant war, daß sich gegenüber der Andreaskirche die Bezirksverwaltung des Ministeriums für Staatssicherheit befand.[160] Aber der Durchbruch war geschafft: Eine Woche später wurde das Friedensgebet in zwei, zwei Wochen später in vier Kirchen (zwei katholischen und zwei evangelischen) veranstaltet. Die Donnerstagsdemonstration wurde vom 26. Oktober an zur festen Einrichtung, und der Aufruf zur Demonstration, zuerst hinter vorgehaltener Hand, später in der Lokalpresse, erfolgte immer mit dem Hinweis: „im Anschluß an das Friedensgebet".[161]

Die ersten großen politischen Versammlungen

„Am 26. September", schreibt Edelbert Richter, „begann die Wende in Erfurt." An diesem Tag sollten sich die neuen politischen Gruppen im Kapitelsaal des Augustinerklosters vorstellen. Als Richter kurz vor Versammlungsbeginn eintraf, fand er den Kapitelsaal dunkel und leer, und ihn ergriff eine maßlose Enttäuschung, bis er plötzlich sah, daß die Kirche hell erleuchtet war. Es waren nach seiner Einschätzung über 1000 Menschen erschienen, so daß die Versammlung in einen sehr viel größeren Raum hatte verlegt werden müssen. Richter stellte den Demokratischen Aufbruch vor, Matthias Büchner das Neue Forum.[162]

Dieser ersten großen politischen Versammlung im Bezirk Erfurt waren einige kleinere Treffen vorangegangen, über die die Bezirksverwaltung Erfurt der Staatssicherheit ebenso wie über die Versammlung vom 26. September 1989 bereits einen Tag später einen umfassenden Bericht vorlegte. Darin wurde erwähnt, daß Richter „in den Abendstunden" des 14. September, im „unmittelbaren Vorfeld" der 5. Tagung der V. Synode des Bundes der Evangelischen Kirchen in der DDR in Eisenach ein Telefoninterview mit der Westberliner „taz" geführt habe, in dem er sich „erstmals öffentlich über eine in der DDR sich herausbildende politische Opposition unter der Bezeichnung ‚Demokratischer Aufbruch'" geäußert habe. Im evangelischen Wichernheim Weimar sei von Richter und „unter maßgeblicher Beteiligung" anderer „operativ bekannte[r] Personen" am 20. September 1989 eine „Zusammenkunft von ca. 100 Personen aus den Bezirken Erfurt und Gera" organisiert worden, „darunter überwiegend Mitglieder sogenannter Basisgruppen". Die Mehrzahl der Teilnehmer habe sich „für einen Beitritt zum ‚Neuen Forum'" ausgesprochen. Am 21. September habe Richter „eine Zusammenkunft des von ihm geführten Erfurter Arbeitskreises ‚Kirche und Gesellschaft' durchgeführt". Besondere Erwähnung fand in dem Bericht der Staatssicherheit, „daß in diese[m] Arbeitskreis mehrere Angehörige der wissenschaftlich-technischen Intelligenz, darunter aus dem VEB Kombinat Mikroelektronik ‚Karl Marx' Erfurt integriert sind". Auf einem vom 22. bis 24. September in der Erfurter Michaeliskirche unter Leitung des Erfurter Stadtjugendpfarrers Aribert Rothe durchgeführten „sogenannten 2. Ökumenischen Luftseminar" sei „von den 156 teilnehmenden Vertretern sog. kirchlicher Umweltgruppen aus mehreren Bezirken der DDR nach kontrovers geführter Diskussion mit Stimmenmehrheit eine Protestresolution an den Minister des Innern" verabschiedet worden. In diesem „Pamphlet" werde gefordert, „das ‚Neue Forum' zuzulassen, um oppositionell eingestellten Personen ‚mehr Freiheit' in der DDR zu gewähren und diese nicht zu zwingen, die DDR zu verlassen". Hervorgehoben wurde „die Tatsache, daß sich die oppositionell eingestellten Kräfte im wesentlichen der Unterstützung durch reaktionäre kirchliche Amtsträger sicher sein können". Namentlich genannt wurden in diesem Zusammenhang der Thüringer Landesbischof Werner Leich und der Erfurter Propst Heino Falcke.[163]

Neues Forum und Demokratischer Aufbruch verstanden sich bereits in dieser Gründungsphase als Konkurrenten, und Richter beschreibt das Verhältnis mit folgenden Worten: „Ich muß gestehen, daß ich damals das Neue Forum als Konkurrenzunternehmen erlebte. Seine lautstarke Präsenz in den Medien schien mir inhaltlich nicht wirklich begründet, und als am Ende der Veranstaltung [am 26. September] seine Vertreter flink Unterschriften für ihren Aufruf sammelten, die zugleich als Bereitschaftserklärung zur Mitarbeit galten, empfand ich das als unlauteren Wettbewerb. Ich hatte keine entsprechenden Papierbögen mitgebracht und mußte nun zusehen, wie dem Demokratischen Aufbruch die Leute weggeschnappt wurden. Wie wichtig solche Tricks im politischen Geschäft sind, hatte ich noch nicht begriffen."[164]

Trotzdem versuchten beide Gruppen zunächst, weiter zusammenzuarbeiten. Am 4. Oktober kam es in der Herderkirche in Weimar zu einem großen gemeinsamen Treffen.[165] Das MfS schätzte die Teilnehmerzahl auf „insgesamt ca. 1800 Personen [...], von denen sich etwa 600 Personen außerhalb der Kirche aufhielten". Es berichtete, die Veranstaltung sei von Edelbert Richter geleitet worden, der den Aufruf „Aufbruch 89 – Neues Forum" vorgelesen habe. Danach sei die Stellungnahme von Mitgliedern des Schriftstellerverbandes „zur gegenwärtigen innenpolitischen Situation" und die Resolution von DDR-Unterhaltungskünstlern „zur Unterstützung des ‚Neuen Forums'" bekanntgegeben worden. Anschließend habe Richter die Gruppierung „Demokratischer Aufbruch – ökologisch und sozial" vorgestellt sowie darauf verwiesen, daß es jedem selbst überlassen bliebe, welcher Gruppierung er sich anschließe. Bei den Volkskammerwahlen wolle man eine „gemeinsame Alternative Liste" erreichen.[166]

Zwischen dem 4. und dem 6. Oktober suchten Staatssicherheit und Volkspolizei Matthias Büchner und andere Personen aus dem Umfeld des Neuen Forum auf und versuchten, sie von weiteren oppositionellen Handlungen abzuhalten. Eine kurze handschriftliche Notiz über das Gespräch mit Büchner lautete: „Gespräch am 6.10.89/10 Uhr durch VP u. MfS KD-Erfurt[,] Gespräch eingeleitet durch KD-Erfurt[,] Aussprache am 6.10.89 VP Ef[.] Muß sich erst mit Rechtsbeistand konsultieren. Bürgerinitiative nicht strafbar."[167]

Proteste zum 40. Jahrestag der DDR

Insgesamt war es zu diesem Zeitpunkt, kurz vor den Feierlichkeiten zum 40. Jahrestag der DDR, im Bezirk Erfurt noch relativ ruhig. Am 4. Oktober fand in Nordhausen in der Altendorfer Kirche „im Zusammenhang mit dem ‚Neuen Forum'" eine Veranstaltung statt, an der nach Angaben des MfS etwa 560 Personen teilnahmen. In Erfurt kam es am 4. Oktober im Anschluß an den „bekannten Mittwochsgottesdienst in der Michaeliskirche", an dem etwa 120 Personen teilgenommen hatten, zu einer „Gesprächsrunde" im Johannes-Lang-Haus, bei der nach Darstellung des MfS Pfarrer Hartmann sagte, die kommenden Tage stellten die Kirche „auf eine harte Probe". Er hoffe, es komme „nicht zu solchen Unruhen [...] wie in China". Die Anwesenden seien dazu aufgefordert worden, so der Bericht des MfS weiter, „jeder Gewalt aus dem Wege zu gehen bzw. keinen Anlaß dazu zu geben". Vom Besuch Gorbatschows erwarteten die Teilnehmer, „daß er seinen Einfluß auf die DDR-Regierung zur Durchführung von Reformen geltend macht". In der Kreisdienststelle des MfS in Apolda gingen zwei anonyme Anrufe ein, „in denen sich negativ zum Ministerium für Staatssicherheit geäußert und Veränderungen in der DDR verlangt wurden". „Aufgrund eingeleiteter Maßnahmen" wurde eine 43jährige „Konfektionärin" ermittelt, gegen die ein „Ordnungsstrafverfahren in Höhe von 1500,- Mark [...] sowie eine Auswertung der Straftat in ihrem Arbeitskollektiv" verhängt wurde. In Erfurt machte das MfS drei Jugendliche (16 bis 19 Jahre) ausfindig, die in Erfurt-Süd „Wir wollen raus" an eine Wand geschrieben hatten. Gegen den „Haupttäter" erfolgte „die Einleitung eines Ermittlungsverfahrens gemäß § 220 StGB (öffentliche Herabwürdigung)".[168]

Am „Tag der Republik" meldete das MfS insgesamt einen Rückgang „im Vorkommnisgeschehen mit Schmierereien, Auffinden von Handzetteln und anonymen Anrufen". Die „territorialen Schwerpunkte" seien beim „Auffinden von Handzetteln" Erfurt, Sömmerda und Eisenach, „bei Schmierereien" Erfurt, Eisenach, Weimar und Bad Langensalza gewesen. Daneben sei es zu einigen schwerwiegenderen Vorfällen gekommen, die hätten aufgeklärt werden können. In einer Gaststätte in Bad Berka habe ein 42jähriger Apparateanlagenfahrer geäußert: „Kommunisten an die Wand." „Mit einer Bombe die Kreisleitung hochjagen." „Erich gehört nach Buchenwald." Gegen ihn sei ein „EV gem. § 220 StGB mit Haft" eingeleitet worden. Weitere „bedeutsame Vorkommnisse" wurden aus Bad Langensalza („Schmiererei an der Wandzeitung der Schuhfabrik"), Nohra („5 Schmierereien [...] Verkaufsstelle, Bushaltestelle, Zäune"), Bad Tennstedt („öffentlichkeitswirksame Schmierereien" u.a. am Rathaus), Eisenach (Versuch, ein Plakat mit der Aufschrift „Neues Forum" am Gerüst des Rathauses anzubringen) und Kerspleben (Plakat) gemeldet.[169]

In Erfurt kam es ebenfalls am 7. Oktober zu einer gefährlichen Situation: Wenige Tage zuvor hatten die oppositionellen Kräfte zu einem Gottesdienst zum 40. Jahrestag der DDR in der Kaufmannskirche, einer Gegenveranstaltung zu den offiziellen Feierlichkeiten, aufgerufen. Aufgrund der hohen Teilnehmerzahl mußte die Veranstaltung zweimal durchgeführt werden. Während ein Teil der Menschen vor der Kirche im strömenden Regen wartete, wurden in den Nebenstraßen mehrere „Hundertschaften von Sicherheitskräften" zusammengezogen.[170] Wie aus Unterlagen des MfS hervorgeht, war es das Hauptanliegen der Staatssicherheit, keine Demonstrationen zuzulassen. „Durch vorbeugende Maßnahmen", so heißt es verharmlosend, „konnte verhindert werden, daß die am 7.10.1989 zur Profilierung des ‚Neuen Forums' gedachten Gottesdienste in der Kaufmannskirche in Erfurt sich zu öffentlichkeitswirksamen Massendemonstrationen außerhalb der kirchlichen Räume entwickelten." Nach Angaben der Staatssicherheit nahmen an beiden Gottesdiensten jeweils etwa 800 Personen teil. „Insgesamt", so wurde geurteilt, „richteten sich die Gottesdienste gegen die Politik unseres Staates". Als „Hauptakteure" seien in Erscheinung getreten: Diakon Musigmann, Pastorin Sydow (Kirche Melchendorf), Pfarrer Wild (Erfurt-Marbach), Studentenpfarrer Staemmler und Pfarrer Genthe (Kaufmannskirche).[171] Für Pfarrer Hartmann und die Erfurter Kirchenkreisleitung hatten die Gottesdienste ein Nachspiel: Hartmann wurde am Montag, dem 9. Oktober, zu Stadtrat Beuthe zitiert, „bedroht und wie der schlimmste Dreck behandelt".[172] Der evangelischen Kirche wurden die „härtesten Maßnahmen" angedroht.[173]

Was in Erfurt hatte vermieden werden können, geschah in Arnstadt: Gegen 14 Uhr hatten sich „im westlichen Bereich des Holzmarktes, Nähe Gaststätte ‚Waffelstübchen'" ungefähr 35 Personen, vor allem Jugendliche, versammelt. Um 14.25 Uhr war die Zahl auf etwa 300 Personen gestiegen. Ein Kinderbettlaken, auf das mit rotem Kugelschreiber der Text „Wir wollen Reformen" geschrieben worden war, wurde als Plakat benutzt. Nachdem sich die Gruppe zu einem Zug formiert und in Sprechchören die Losung „Gorbi, Gorbi!!!" gerufen hatte, wurde gegen 15.40 Uhr durch den Leiter des Volkspolizeikreisamtes der „Befehl zur Räumung" gegeben. „Insgesamt", so heißt es im MfS-Bericht lapidar, „wurden 32 Personen zugeführt."[174] DDR-weit wurden während der Feiern zum 40. Jahrestag insgesamt 3456 Personen vorläufig festgenommen.[175]

Neues Forum und Demokratischer Aufbruch

Wenige Tage nach diesen Ereignissen, am 12. Oktober 1989, meldete die „Bürgerinitiative zur Gründung einer Vereinigung ‚Neues Forum', vertreten durch ihre Sprecher, die Vereinigung ‚Neues Forum' für den Bezirk Erfurt" an. Die beiden „Sprecher", Matthias Büchner und Werner Brunnengräber, beriefen sich auf Artikel 29 der DDR-Verfassung, der Bürgern der DDR das „Recht auf Vereinigung" garantierte, „um durch gemeinsames Handeln in politischen Parteien, gesellschaftlichen Organisationen, Vereinigungen und Kollektiven ihre Interessen in Übereinstimmung mit den Grundsätzen und Zielen der Verfassung zu verwirklichen".[176] Mit der (aus heutiger Sicht umständlichen) Unterscheidung zwischen Bürgerinitiative und Vereinigung verband Büchner die Hoffnung, die staatlichen Stellen ausmanövrieren zu können. Da die Anmeldung des Neuen Forum als Vereinigung DDR-weit vom Innenministerium abgelehnt worden sei, ziehe er die Bezeichnung „Bürgerinitiative Neues Forum" vor, „wofür seinem Rechtsverständnis nach keine staatliche Genehmigung erforderlich sei".[177] Diese Meinung hatte Büchner bereits vertreten, als ihn Staatssicherheit und Volkspolizei am 6. Oktober aufgesucht hatten. Büchners Absicht drückt sich auch darin aus, daß er keine Genehmigung beantragte, sondern nur eine Anmeldung vornahm. Allerdings gingen Büchner und Brunnengräber im Schlußsatz ihrer Anmeldung wieder einen Schritt zurück, als sie schrieben: „Die Gründungshandlungen und die entsprechende Antragstellung werden nach Bestätigung dieser Anmeldung vorgenommen."[178] Die Bezirksverwaltung des MfS vermerkte dazu am 17. Oktober: „Am 20.10.1989 erfolgt durch verantwortliche Mitarbeiter des Rates des Bezirkes auf der Grundlage einer von der BVfS Erfurt erarbeiteten Gesprächskonzeption die entsprechende Gesprächsführung."[179] In einem Bericht vom 22. Oktober heißt es, der „Antrag auf Zulassung" sei abgelehnt worden. Man gehe jedoch davon aus, „daß trotz dieser Ablehnung die Aktivitäten der feindlich-negativen Kräfte zur Propagierung und Formierung des ‚Neuen Forums' fortgesetzt werden und die Bereitschaft zunimmt, die Forderungen nach Zulassung der beantragten Vereinigung im Rahmen von Demonstrationen in der Öffentlichkeit durchzusetzen".[180] Die Ablehnung der Anträge durch staatliche Stellen war mit dem MfS abgesprochen, der Ablauf vom MfS bis ins Detail vorgegeben worden. Ende September legte die Bezirksverwaltung der Staatssicherheit fest, daß bei Anträgen auf „Zulassung oppositioneller Vereinigungen" im Bezirk Erfurt wie folgt zu verfahren sei: „Die betreffenden Anträge sind durch den Staatsapparat entgegenzunehmen. Dabei ist eine Prüfung des Antrages durch die zuständigen staatlichen Stellen zuzusagen. Auf die Partner des POZW [Politisch-operatives Zusammenwirken] ist Einfluß zu nehmen, daß diese sofort das MfS informieren. Durch die Kreisdienststellen und operativen Diensteinheiten ist die Abteilung XX [der Bezirksverwaltung Erfurt des MfS] zu informieren sowie die territoriale Parteiführung. Die Bearbeitung dieser Anträge erfolgt auf gesetzlicher Grundlage durch die DVP und bei Bezirksüberschreitung durch das Ministerium des Innern. Die Abteilung XX hat die Hauptabteilung XX zu informieren. Nach Entscheidung der Hauptabteilung wird den Antragstellern in persönlichen Gesprächen mitgeteilt, daß dem Antrag nicht entsprochen wird, da kein gesellschaftliches Bedürfnis hierfür besteht." Die Anweisung sah weiter vor, die Antragsteller seien „über die Ungesetzlichkeit und die Rechtsfolgen weiterer Gründungshandlungen und anderer Aktivitäten zur Formierung nichtgenehmigter Vereinigungen zu belehren", alle „Inspiratoren, Organisatoren, Sympathisanten" müßten zweifelsfrei identifiziert werden, „Inspiratoren und Organisatoren" seien „in OV/OPK zu bearbeiten", gegebenenfalls müßten „Ordnungsstrafverfahren" vorgeschlagen werden, die jedoch „in jedem Fall" vorher mit der Abteilung XX abzustimmen seien.[181]

Wie gering die programmatische Entwicklung des Neuen Forum in Erfurt Mitte Oktober war, zeigt ein Brief Büchners an die Thüringische Landeszeitung und das Präsidium der LDPD. Darin heißt es: „Man wird immer wieder nach den Zielen und Konzeptionen des Neuen Forums gefragt. Hierzu muß bemerkt werden, daß wir uns immer noch in der Identifikations- und Sammelphase befinden. Wir wollen basisdemokratisch arbeiten, also auf breiter Basis diskutieren, sachkundig werden, Sorgen benennen, Anregungen aufnehmen und Arbeitsvorschläge untersuchen, um mit anderen gesellschaftlichen Organisationen und den in politischer Verantwortung Stehenden die erkannten Probleme zu bewältigen. Dazu mußten und müssen weiterhin Arbeitsgruppen gebildet werden, konzeptionell sehen wir einer Dreiteilung des sozialen Organismus ins Auge: Wirtschaft und Ökologie[;] Kultur, Bildung, Wissenschaft[;] Rechts- und Staatswesen". Darauf folgte eine Aufzählung verschiedener Problembereiche. Klarheit bestand hinsichtlich folgender Punkte: „So wünschen wir z.B. keineswegs eine restaurative Rückentwicklung zum Kapitalismus, sondern einen reformfreudigen sozialistischen Rechtsstaat. Daß wir von der Zweistaatlichkeit Deutschlands ausgehen und daß wir uns [von] rechtsradikalen und antikommunistischen Tendenzen distanzieren, dürf[t]e inzwischen hinlänglich bekannt sein." Äußerst geschickt argumentierte Büchner gegenüber der SED: „Bei dieser Gelegenheit soll auch betont werden, daß der Macht- und Führungsanspruch der SED innerhalb des Neuen Forum hier und heute als objektive Realität betrachtet wird."[182] Diesen Satz konnte die SED als Verhandlungsangebot interpretieren, sie mußte sich jedoch im Grunde darüber im klaren sein, was passieren würde, wenn sich die „objektive Realität" ändern sollte.

Das Ministerium für Staatssicherheit schätzte die fachlich-inhaltliche Kompetenz des Neuen Forum im Bezirk Erfurt als relativ gering ein: Die „Tätigkeit der feindlich-negativen Personen" sei bisher „im Rahmen sogenannter Vollversammlungen sowie mehrerer thematischer Arbeitsgruppen" erfolgt. „In den Arbeitsgruppen wurde sichtbar, daß die Mehrzahl der teilnehmenden Personen lediglich erscheinen, um ihren Unmut über sie bewegende Probleme in der sozialistischen Gesellschaft zu äußern und Forderungen nach Veränderung zu formulieren, ohne konkrete Vorstellungen über das ‚Wie' und die Realisierbarkeit dieser Forderungen zu besitzen. Aus diesem Grund besteht das Hauptanliegen der Inspiratoren/Organisatoren des ‚Neuen Forums' gegenwärtig darin, fachlich kompetente Personen für die Mitwirkung in den einzelnen Arbeitsgruppen zu gewinnen." Dabei versuche man, vor allem Juristen, Wirtschaftsexperten und „Leitungskader aus den gesellschaftlichen Bereichen (Gesundheitswesen, Staatsapparat, Umweltschutz u.a.)" anzusprechen. Den personellen Hintergrund schätzte das MfS auf 1000 bis 1800 Personen, wobei es aber darauf hinwies, daß auch Personen aus anderen Kreisen und Bezirken der DDR an den Veranstaltungen teilnähmen. „Selbsternannter Leiter des ‚Neuen Forums' Erfurt" sei die „operativ bekannte Person" Matthias Büchner. In seiner Beurteilung hob das MfS die Gesprächsbereitschaft des Neuen Forum Erfurt hervor: „Insgesamt ist unter den Mitgliedern und Sympathisanten des ‚Neuen Forums' eine grundsätzliche Dialogbereitschaft für Gespräche mit Vertretern des Partei- und Staatsapparates über die anstehenden Probleme vorhanden. Man befürchtet jedoch gegenwärtig aufgrund fehlender Sach- und Fachkenntnisse der Mehrheit der mitwirkenden Personen, in entsprechenden Gesprächen nicht bestehen zu können."[183]

Die programmatische Entwicklung des Demokratischen Aufbruch war weiter vorangeschritten als die des Neuen Forum, da Edelbert Richter bereits am 23. September 1989 einen Programmentwurf fertiggestellt hatte.[184] Die Ziele des Demokratischen Aufbruch waren nach Richter zu diesem Zeitpunkt: „Er wollte in *innenpolitischer* Hinsicht, daß die SED ihre ‚führende Rolle' aufgibt, Öffentlichkeit hergestellt wird, über eine Pluralität von Parteien und Vereinigungen freie Willensbildung möglich wird, die Prinzipien der Rechtsstaatlichkeit und der Gewaltenteilung durchgesetzt werden. Er wollte in *ökonomischer* Hinsicht, daß an die Stelle der Fiktion des Volkseigentums Formen von real-verantwortlichem Eigentum treten, daß die Realität des Marktes anerkannt wird und daß die Gesellschaft selber (nicht mehr der Parteistaat) zwischen ökonomischer Effektivität einerseits und sozialer Gerechtigkeit und ökologischer Verträglichkeit andererseits den Ausgleich herstellt. Er wollte in *außenpolitischer* Hinsicht den Anschluß der DDR an die europäische Entwicklung, die Einheit Deutschlands,[185] seine Blockfreiheit, weitestgehende Abrüstung und den Einsatz der damit freiwerdenden Mittel für die Zweidrittelwelt."[186] Die Staatssicherheit notierte zum Demokratischen Aufbruch unter anderem: Die Initiatoren hätten gefordert, die „Partei sei nicht mehr ‚der Doktor Allwissend und Hans Dampf in allen Gassen'". Über das Programm als Ganzes wurde geurteilt: „Insgesamt trägt der Programmentwurf demagogischen Charakter und gründet sich auf bürgerliche Wertvorstellungen bei starker Orientierung an programmatische[n] Vorstellungen der Partei ‚Die Grünen'."[187]

Weiter schrieb das MfS: „Im Gegensatz zum ‚Neuen Forum' besteht seitens der Inspiratoren/Organisatoren des ‚Demokratischen Aufbruchs' zum gegenwärtigen Zeitpunkt kaum Dialogbereitschaft mit Vertretern der Partei und des Staates. Ihr erklärtes Ziel ist es vielmehr, die bestehenden gesellschaftlichen Verhältnisse radikal zu verändern und dabei vorrangig den sogenannten Machtanspruch der SED zu beseitigen und Bedingungen in der DDR für die Errichtung einer parlamentarischen Demokratie analog der Vorstellungen der ‚SDP' zu schaffen. Diesen Personen geht es damit zweifelsfrei nicht um die Lösung bestehender Fragen und Probleme im Rahmen der sozialistischen Staats- und Gesellschaftsordnung, sondern um die ‚Lösung dieser Probleme' durch Beseitigung des Sozialismus in der DDR. Das widerspiegelt sich in einer größeren Militanz im Auftreten der Teilnehmer an Veranstaltungen des ‚Demokratischen Aufbruchs' sowie in den einzelnen Arbeitsgruppen." Das MfS bescheinigte dem Demokratischen Aufbruch „unter maßgeblicher Leitung des Pfarrers und Dozenten an der Erfurter Predigerschule", Edelbert Richter, daß er im Gegensatz zum Neuen Forum „konkrete Aktivitäten zum Aufbau fester Organisationsstrukturen sowie eines Programms und einer Satzung" entwickelt habe. Der Demokratische Aufbruch versuche, „die Voraussetzungen für die spätere Bildung einer Partei zu schaffen". Darüber hinaus bestünden „konkrete Vorstellungen und Pläne zur Erzielung der angestrebten Öffentlichkeitswirksamkeit durch Nutzung kirchlicher Publikationsorgane, kirchlicher Schaukästen, die Einbeziehung westlicher Medien über bestehende Kontakte in die BRD, die Herstellung und Verbreitung von Aufklebern und Symbolen sowie die Durchführung regelmäßiger Demonstrationen in der Öffentlichkeit unter Einbeziehung [von] immer mehr Teilen der Bevölkerung." Unter anderem sei geplant, das „Neue Forum' und die Kunst- und Kulturschaffenden in öffentlichkeitswirksame Demonstrativhandlungen einzubeziehen".[188]

Unterschiede zwischen Neuem Forum und Demokratischem Aufbruch zeigten sich nach Darstellung des MfS auch hinsichtlich „der sozialen und altersmäßigen Zusammensetzung der Inspiratoren/Organisatoren, Arbeitsgruppenleiter und Teilnehmer an Zusammenkünften". Im Gegensatz zum Neuen Forum wirkten im Demokratischen Aufbruch „zahlreiche katholische Amtsträger und Mitarbeiter sowie ein großer Teil der

Studenten des Priesterseminars". Die Leitung der Arbeitsgruppen erfolge durch „kirchliche Amtsträger und Mitarbeiter sowie durch Personen mit den einzelnen Themenkomplexen entsprechenden Fach- und Sachkenntnissen". „Das Durchschnittsalter der Mitglieder und Sympathisanten des Demokratischen Aufbruchs liegt höher als bei denen des ‚Neuen Forums'." Es sei davon auszugehen, daß der Demokratische Aufbruch „aufgrund seiner strafferen Führung und konkreteren Zielausrichtung weiter an Zulauf gewinnen und damit seine Wirksamkeit unter Teilen der Bevölkerung erhöhen wird".[189]

Eine der Strategien des MfS – „Qualifizierung der inoffiziellen Basis"

Ende September 1989 stellte der Leiter der Bezirksverwaltung Erfurt des MfS vier Maßnahmen in den Vordergrund, durch die „Formierungsbestrebungen oppositioneller Kräfte in DDR-weiten Sammlungsbewegungen bzw. Vereinigungen" unterbunden werden sollten:[190] Erstens müsse die „politisch-operative Abwehrarbeit" so ausgerichtet werden, daß die „Lage im Verantwortungsbereich" genau bekannt sei, „um auf Lageveränderungen sofort in erforderlicher Form reagieren zu können". Zweitens müßten die Leiter der Kreisdienststellen der „territoriale[n] Parteiführung aktuell und objektiv über die Lageentwicklung" berichten und der Partei „personenbezogene Vorschläge zur politisch-ideologischen Auseinandersetzung" unterbreiten. Drittens müßten alle Anträge auf Zulassung oppositioneller Vereinigungen abgelehnt werden. Viertens müßten alle operativen Diensteinheiten „die Anstrengungen zur Qualifizierung der inoffiziellen Basis" in ihrem Verantwortungsbereich „spürbar" erhöhen. Es seien Voraussetzungen zu schaffen, „ausreichend inoffiziell präsent zu sein, wenn es trotz Verboten und Sanktionen zur Bildung oppositioneller Sammlungsbewegungen" komme. Dabei müsse vor allem mit solchen IMB gearbeitet werden, „die in Führungsgremien der feindlich-negativen Kräfte eingeschleust werden können, ohne selbst zu Inspiratoren/Organisatoren feindlich-negativer Aktivitäten zu werden".[191]

Hinter dieser Strategie stand die Angst des MfS, es könne innerhalb der Opposition zu „einer einheitlichen Organisationsstruktur bzw. ‚Dachorganisation'" kommen. Als „Potential für derartige Sammlungsbewegungen" wurden neben den Oppositionsgruppen insbesondere angesehen: Antragsteller auf ständige Ausreise, ehemalige SED-Mitglieder, „negativ-dekadente Jugendliche", die „Kunst- und Kulturschaffenden", die „medizinisch-technische Intelligenz" und die „befreundeten Parteien". Insbesondere an der „Basis der LDPD und der CDU" gebe es zunehmend „Bestrebungen einer Neuprofilierung".[192]

In einer Instruktion für IM, „die zur Durchdringung der Arbeitsgruppen oppositioneller Sammlungsbewegungen eingesetzt werden", legte die Bezirksverwaltung Erfurt der Staatssicherheit fest, daß die Inoffiziellen Mitarbeiter nicht nur Einfluß auf Inhalt und Form der Tätigkeit der Arbeitsgruppen der Oppositionsgruppen nehmen, sondern sogar „Führungspositionen" übernehmen sollten. Die Bezirksverwaltung bestimmte exakt, über welche „subjektive[n] und objektive[n] Grundvoraussetzungen" diese IM verfügen,[193] wie sie bei der „Übernahme von Führungspositionen" vorgehen und wie sie sich „nach der Übernahme von Führungspositionen" verhalten sollten.[194] Im folgenden soll auf die Tätigkeit einiger IMB im Neuen Forum eingegangen und gezeigt werden, wie das MfS versuchte, über diese IMB Entscheidungen zu beeinflussen.

Das MfS hatte ins Neue Forum den IMB „Schubert", den IMB „Andre Wagner", den IMB „Stephan", den IMB „M. [?] Schmidt" sowie den operativen Kontakt „Carsten" eingeschleust. Ein IMB (Inoffizieller Mitarbeiter zur Bearbeitung im Verdacht der Feindtätigkeit stehender Personen) war ein Spitzel mit „Feindberührung", das heißt, er war in der Regel auf Kirchenleute, Jugendliche, Künstler, Intellektuelle oder Personen aus dem Westen angesetzt und hatte den Auftrag, ihr Vertrauen zu erwerben.[195] Insgesamt verfügte die BV Erfurt des MfS am 30. Juni 1989 über 162 IMB. Davon waren 116 den Kreisdienststellen zugeteilt (KD Erfurt: 15) und 46 der BV (davon allein 17 bei der Diensteinheit II [Spionageabwehr] und 21 bei der Diensteinheit XX [Überwachung der Opposition]). Den Wirkungsgrad der IMB schätzte die Bezirksverwaltung des MfS als relativ hoch ein: Etwa 25 % des „Informationsaufkommen[s]" ging auf diesen Typus des Inoffiziellen Mitarbeiters zurück.[196] Der IMB stellte die „Elite" des IM-Bestandes dar, Ende 1988 waren nur 3,6 % aller IM sogenannte IMB.[197]

Die genannten IMB wurden instruiert, „ein echtes dauerhaftes Vertrauensverhältnis zu den Inspiratoren/Organisatoren Büchner und Brunnengräber herzustellen". Ziel des MfS war es, sich so die Möglichkeit „disziplinierender, verunsichernder und weiterer Einflußmaßnahmen zu erarbeiten" und die Inoffiziellen Mitarbeiter „in das Verbindungssystem nach Berlin und in die überregionalen Vernetzungsbestrebungen einzubauen". Besondere Brisanz erhielt der Auftrag dadurch, daß das MfS vermutete, Büchner habe Maßnahmen getroffen, „die zum Ziel haben, evt. Quellen der Sicherheitsorgane zu enttarnen".[198]

Bei den nun folgenden Schilderungen ist zu beachten, daß es sich um eine Darstellung des MfS handelt, die nicht unbedingt vollständig mit der Realität übereinstimmen mußte.[199] Bereits am 21. September war in der Wohnung von Matthias Büchner eine „Gründungsversammlung" des Neuen Forum durchgeführt worden, an der „ca. 30 Personen, überwiegend Basisgruppenmitglieder aus Erfurt und Jena, teilnahmen". Durch „zielgerichtete Einflußnahme über IM der Abteilung XX und der KD Erfurt", so heißt es in dem Bericht weiter, sei es gelungen, „diese beabsichtigte Gründungsversammlung zu einer Diskussion über zu erwartende strafrechtliche Sanktionen bei bekanntwerdenden Aktivitäten zur Unterstützung des ‚Neuen Forums' umzufunktionieren". Daraufhin sei der Beschluß gefaßt worden, „vorerst von weiteren Aktionen Abstand zu nehmen und erst nach entsprechender Rücksprache mit den ‚Berliner Freunden' zu einer Beratung über die weitere Vorgehensweise zusammenzukommen". An diesem zweiten Treffen am 24. September 1989 hätten „lediglich drei Personen teilgenommen, so daß es zu keinen Entschlußfassungen kam". Auch in der Offenen Arbeit Erfurt wurde das MfS aktiv. Durch einen „zielgerichteten IMB-Einsatz der Abteilung XX und der KD Erfurt" sei eine „massive Verunsicherung des Leitungskreises der ‚offenen Arbeit' herbeigeführt" worden, „in deren Ergebnis dieser von einem ursprünglich geplanten geschlossenen Beitritt der Mitglieder der ‚offenen Arbeit' zum ‚Neuen Forum' Abstand" genommen habe.[200]

Vor allem der IMB „Schubert" lieferte in den nächsten Tagen aus der Sicht des MfS wertvolle Informationen. Am 19. Oktober berichtete er von einer „Zusammenkunft von Mitgliedern des ‚Neuen Forum'" im Kleinen Saal des Johannes-Lang-Hauses, an der „ca. 30 Personen im Durchschnittsalter von 25–35 Jahren" teilnahmen. Themen der Veranstaltung waren nach „Schubert" die Teilnahme von Erfurtern an einer überregionalen Tagung des Neuen Forum in Berlin und Tätigkeitsberichte der Arbeitsgruppen Wirtschaft, Kultur, Presse, Ökologie, Strafvollzug, Denkmalschutz, Gesundheitswesen und Ausländerrecht sowie Fragen struktureller Art. Die vier Sprecher, ein überregionaler (Büchner) und drei lokale (Börner, Ritter, Brunnengräber), sollten um einen fünften erweitert werden, den die Gruppe „Frauen für Veränderung" stellen sollte; als aussichtsreichste Kandidatin galt die Ärztin Kerstin Schön. Matthias Büchner wollte zudem sein Amt als überregionaler Sprecher zur Verfügung stellen, das eine zweite Frau einnehmen sollte. Am Ende seines Berichts erwähnte „Schubert", es gebe aus seiner Sicht „keine Anzeichen, die zu einer öffentlichen Demo am 20.10. führen könnten". Eine an diesem Tag geplante Veranstaltung sei so organisiert, daß alles „innerhalb der kirchlichen Räume stattfindet".[201]

Aufgrund dieses Berichts muß man schlußfolgern, daß das Neue Forum in Erfurt offensichtlich nicht über die erste, noch sehr kleine Demonstration informiert war, die am Abend des 19. Oktober in der Hauptsache von Theologiestudenten des Priesterseminars durchgeführt wurde. Nach diesem ersten Ansatz einer Demonstration wurde jedoch die Frage, ob man an Demonstrationen teilnehmen solle, in den folgenden Tagen auch in Kreisen des Neuen Forum diskutiert. Über eine Sitzung der „Strukturgruppe der Bürgerinitiative ‚Neues Forum' unter Leitung von M. Büchner" vom 22. Oktober berichtete wiederum IMB „Schubert": „Es gab eine längere Diskussion über die offizielle Teilnahme des ‚Neuen Forums' an dem Schweigemarsch kommenden Donnerstag, 17.00 Uhr [26. Oktober] von der Reglerkirche zur Andreaskirche. In diesem

Zusammenhang wurde dann zu einer Wahl abgestimmt, zu der 9 Personen für eine Teilnahme an diesem Schweigemarsch waren und 4 Personen mit ‚nein' stimmten. Die 4 Gegenstimmen waren: M. Büchner, Dr. Wünschmann, Jens Fröbel und Leo Gräser. Diese positionierten sich eindeutig gegen zu zeitige Demonstrationen mit der Begründung, […] im Moment [bestünde] das Angebot des Staates[,] [vertreten] durch [den] Rat des Bezirkes, Abt. Inneres, den Dialog zu führen […]. Besonder[s] hartnäckig für die Demonstration oder Schweigemarsch sprach[en] sich Mathias La[d]stätter und Michael Nüsslein aus." Zu den Organisatoren der Demonstrationen äußerte sich „Schubert" wie folgt: „In diesem Zusammenhang wurde bekannt, […] daß die geplante Demo sprich Schweigemarsch kommenden Donnerstag im wesentlichen von Einzelpersonen vorbereitet wird, die mitunter Studenten im Predigerseminar sind, und zum anderen Mitglieder bzw. Sympathisanten des ‚Demokratischen Aufbruchs' darstellen. Dazu muß man bemerken, daß im Hintergrund Pater Frank eine wesentliche organisatorische Rolle spielt und hier im wesentlichen auch als Inspirator auftritt, bei der Verknüpfung von ‚Demokratische[m] Aufbruch' und ‚Neue[m] Forum'."[202]

In einer ergänzenden Aktennotiz vom 24. Oktober 1989 hielt der Leiter der Kreisdienststelle Erfurt des MfS, Oberst Schneeberg, fest, Büchner habe im Neuen Forum innerhalb „eines kleinen Kreises von ‚vertraulichen' Personen" den Standpunkt vertreten, daß er in dem Gespräch vom 20. Oktober zwischen Vertretern des Neuen Forum und Vertretern des Rates des Bezirkes über die Zulassung des Neuen Forum „erste Signale einer Dialogbereitschaft beider Seiten" sehe. Büchner schlußfolgere daraus, das Neue Forum in Erfurt habe erreicht, „daß Gespräche mit dem Staatsapparat auf Bezirksebene stattfanden, was eine Aufwertung der Arbeit des ‚Neuen Forums' in Erfurt bedeutet. Dieses Ziel wurde ohne Schweigemärsche oder Demonstration wie in anderen Städten der DDR erreicht. Damit sei das ‚Neue Forum' in Erfurt beispielgebend für die DDR und den anderen Gruppen des ‚Neuen Forums' voraus." Schneeberg führte weiter aus, Büchner wolle die Vertreter des Rates des Bezirkes zu weiteren Dialogen mit dem Neuen Forum „zwingen", da sie „kompetentere Gesprächspartner" als die Vertreter des Rates der Stadt seien und mehr „Entscheidungsfähigkeit" besäßen. Weiter heißt es: „Durch die eingesetzten IMB wird eindeutig eingeschätzt, daß bei Dialogen mit ‚nur' Vertretern örtlicher Organe dies sofort dazu führen würde, daß die Vertreter der Auslösung sog. Demonstrationen in der Strukturgruppe des ‚Neuen Forums' ihre auf Konfrontation ausgerichtete Linie durchsetzen und der bisher disziplinierende Faktor Büchner nicht mehr gewährleistet ist."[203]

Die Strategie des MfS, über eine „Qualifizierung der inoffiziellen Basis" die Lage im Herbst 1989 unter Kontrolle zu halten, war letztlich zum Scheitern verurteilt. Das MfS erreichte bestenfalls einen zeitlichen Aufschub, konnte aber den politischen und gesellschaftlichen Wandel nicht grundsätzlich verhindern. Es gehört zu den Widersprüchen, spricht aber auch für die Hilflosigkeit dieses Machtapparates, daß das Scheitern zwar erkannt, die Strategie gleichwohl nicht geändert wurde. So stellte der Leiter der BV Erfurt bereits im September 1989 fest: „Die inoffiziellen Kräfte sind aber objektiv nicht in der Lage, diese Aktivitäten zur Formierung oppositioneller Sammlungsbewegungen und zur Propagierung ihrer antisozialistischen Plattformen zu unterbinden."[204] Daß das MfS im Herbst 1989 so lange an dieser Strategie festhielt, muß unter anderem damit erklärt werden, daß es bis dahin erfolgreich mit ihr operiert hatte. Wenn beispielsweise kritische Pfarrer der evangelischen Kirche gemaßregelt werden sollten, dann geschah die Reglementierung nicht unbedingt durch das MfS direkt, sondern das MfS beeinflußte, unter anderem durch Inoffizielle Mitarbeiter, die Kirchenleitung, entsprechende Sanktionen auszusprechen.[205]

Demonstrationen

Nach der Darstellung von Hans Donat gab es im Bischöflichen Amt einen Mittagstisch, zu dem sich „bestimmte Leute" trafen, „die sehr viel [...] mit der Wende in Erfurt zu tun hatten und die wiederum die Verbindung auch hatten zur evangelischen Kirche". Zu diesem Tisch gehörten Donat, der bereits erwähnte Pater Günter Frank (ein Pallottiner aus Gispersleben) und „zwei, drei andere Leute aus dem kirchlichen Bereich, die dann auch ihre Ideen mit einbrachten". In diesem Kreis wurde über die Demonstrationen diskutiert, und Donat selbst setzte sich für den Montag als Demonstrationstermin ein, da er eine „konzertierte Aktion in der ganzen DDR" für die beste Lösung hielt. Über Pastorin Pabel, die Donat sehr gut kannte, wurde der Kontakt zur evangelischen Kirche hergestellt, und es stellte sich heraus, daß der Montag aus einem „innerkirchlichen Grund heraus" nicht möglich war. So einigte man sich auf den Donnerstag, weil die Demonstrationen im Anschluß an das Friedensgebet durchgeführt werden konnten.[206]

Nach der ersten kleinen Demonstration am 19. Oktober kam es am 26. Oktober zur ersten großen Demonstration, die folgendermaßen beschrieben wird: „Am 26.10.89 waren die Lorenz- und die Predigerkirche zu den Friedensgebeten überfüllt. Anschließend formierten sich die Demonstrationszüge, die sich am Wenigemarkt vereinigten und immer größer wurden. Mit brennenden Kerzen in den Händen erreichte der Zug den Domplatz. Zunächst erst zaghaft und vereinzelt, dann aber immer lauter und sicherer ertönten die Sprechchöre über den Platz. ‚Wir sind das Volk!' und ‚Stasi raus!' waren die Rufe, die noch sooft über den Domplatz hallen sollten."[207] Diese Demonstration wurde ohne technische Hilfsmittel durchgeführt. Am 2. November wurde die Tontechnik wahrscheinlich durch die Stadt gestellt, da die Initiativgruppe zur Durchführung dieser Demonstration Vertreter der Stadt um Teilnahme an dem anschließenden Dialog gebeten hatte.[208] Danach entschlossen sich die Organisatoren dazu, selbst für eine „Beschallung" zu sorgen. Die katholische Kirche verfügte über die „beste Beschallungsanlage", da sie zur Durchführung ihrer Wallfahrten von ihren Patendiözesen „westliche Geräte" erhalten hatte. Donat ging zum Bischof, und nachdem dieser grünes Licht gegeben und gesagt hatte „Jawohl, mach's!", übernahm er zusammen mit seinem Sohn, einem ausgebildeten Toningenieur, diese Aufgabe. Zudem wurde eine Demonstrations-Vorbereitungsgruppe (Koordinierungsgruppe) gebildet, die sich im Wigbert-Pfarrhaus traf, wo auch diejenigen zusammenkamen, die das Friedensgebet vorbereiteten. Der Tagungsraum ließ sich durch eine Schiebetür teilen, so daß beide Gruppen ungestört arbeiten konnten.

Wer sich an Demonstrationen im Herbst 1989 in der DDR beteiligte, zeigte Präsenz, stand für seine politische Überzeugung ein und erwarb mit der Zeit Selbstbewußtsein. Am Anfang war dieses Selbstbewußtsein noch nicht so ausgeprägt, und Hans Donat glaubt, sich zu erinnern, daß man sich den Weg des Demonstrationszuges zunächst noch im Rathaus genehmigen ließ. Für solche Aufgaben war Pfarrer Hartmann zuständig, der diese Verbindung besaß, da er in der Vergangenheit aufgrund seiner Arbeit in der evangelischen Kirche und mit den Basisgruppen oft vor den Rat der Stadt zitiert worden war. Später legte die Koordinierungsgruppe ihre Scheu ab und suchte den Weg selbst aus. Hans Donat beschreibt diesen Prozeß des Selbstbewußt-Werdens so: „Und ich weiß nicht mehr, ob es das zweite Mal oder das dritte Mal war, daß wir gesagt haben: ‚Wir nehmen überhaupt keine Rücksicht mehr. Wir gehen dort, wo wir's für richtig erachten.' Und so haben wir unterschiedliche Wege gemacht. Wir sind auf den Ring gezogen [Juri-Gagarin-Ring], den Ring zu sperren, das hätten wir uns nie gewagt vorher. Dann haben wir an Sicherheit gewonnen. [...] Wir haben aber auch andere Wege genommen [...] und immer kam alles zusammen am Domplatz. [...] Das war ein herrliches Gefühl, dieses Erleben, wie wir uns nichts mehr draus machten und wie die anderen unsicher wurden. Unvergessen für mich, als ich bei der einen Demonstration zufällig mitging, dann bin ich ja gar nicht mehr mitgegangen, dann bin ich schnell vorausgegangen, weil ich hier das organisiert habe. [...] Die Polizei hat ja unsere Dinge abgesichert, die waren ja selber hilflos!" Donat erinnert sich auch, daß man am Anfang nicht gewagt habe, durch die Marktstraße zu ziehen, weil damit der Verkehr zum Erliegen kam. Wenn die Straßenbahnen stehenbleiben mußten, reagierten viele Fahrgäste ärgerlich, wurden aber von den Demonstranten aufgefordert: „Macht mit!"

Relativ bald wurde deutlich, daß die Kundgebungen im Anschluß an die Demonstrationen besser organisiert werden mußten. Ziel war nach Donat keine Reglementierung und keine Zensierung, aber eine Organisation. Folgende Richtlinien wurden erarbeitet: Nur diejenigen sollten sprechen dürfen, deren Anliegen von einem allgemeinen und nicht nur von einem persönlichen Interesse waren. Die Redezeit wurde auf fünf Minuten beschränkt. Das Kuckuck-Rufen einer zu schnell gehenden Kuckucksuhr wurde aufgenommen und eingespielt, wenn die Redezeit vorbei war. Vorgeschrieben war außerdem, daß sich alle, die reden wollten, bei der Koordinierungsgruppe anmelden mußten. Sprechen durften alle, von den Punks bis zu den Blockparteien, nur die SED nicht.

Die Teilnehmerzahlen schwankten. Nach Schätzungen nahmen an der Demonstration von 26. Oktober 10.000 bis 15.000 Personen teil, die SED-Stadtleitung hatte nur mit 3000 bis 5000 Teilnehmern gerechnet.[209] Am 2. November sollen es 30.000 bis 40.000,[210] am 7. Dezember 15.000 Menschen gewesen sein.[211] Zur Demonstration der Künstler und Kulturschaffenden am 19. November erschienen etwa 20.000. Vor allem Anfang November waren die Teilnehmerzahlen hoch. Mit dem Einbruch einer grimmigen Kälte wurden die Zahlen deutlich kleiner, so daß die Koordinierungsgruppe im Dezember bereits überlegte, ob sie die Demonstrationen einstellen sollte. Sie wurden aber doch fortgeführt, die letzte vor der Volkskammerwahl am 15. Februar 1990.[212] Seit Januar 1990 wurden sie jedoch nicht mehr von der Koordinierungsgruppe, sondern von den „neuen Parteien und Basisgruppen" organisiert.[213]

Im Anschluß an die Demonstration am 9. November machte das Gerücht die Runde, die Grenze zur BRD sei geöffnet worden. Günter Schabowski hatte um 18.57 Uhr live im DDR-Fernsehen den Beschluß des Ministerrats mitgeteilt, die zuständigen Abteilungen der Volkspolizeikreisämter seien angewiesen, „Visa zur ständigen Ausreise unverzüglich zu erteilen". Ständige Ausreisen könnten „über alle Grenzübergangsstellen der DDR zur BRD beziehungsweise zu Berlin (West) erfolgen".[214] Die SED-Bezirksleitung wurde von dieser Entscheidung offensichtlich völlig überrascht. Gerhard Müller hatte noch am 5. November gesagt: „Natürlich wird keiner von uns die Forderung erheben, [daß] die Mauer, […] die Grenze verschwindet. Wir brauchen nach wie vor, und ich glaube, gerade gegenwärtig eine feste[,] stabile Sicherung unserer Staatsgrenze."[215] Das MfS stellte am 12. November fest: „Lage an der GÜST [Grenzübergangsstelle] ist etwa wie 1939 an der polnisch-russischen Grenze […], unsere Genossen arbeiten an den 4 zusätzlich in Betrieb genommenen GÜST unter den schwierigsten Bedingungen […], unter den zukommandierten Genossen ist keine hohe Moral zu verzeichnen; [die] meisten gehen von einem maximal 3-Tage-Einsatz aus; es besteht die Meinung, daß die Angehörigen des MfS von der Bevölkerung als Schweine beschimpft wurden, das MfS jetzt die ‚Dummen' sind und jetzt für die Partei die Karre aus dem Dreck ziehen müssen; [...] DDR-Bevölkerung ist begeistert von den Maßnahmen[,] und es entwickelt sich regelrecht zu Volksfesten[...], Bevölkerung hat sich in Mackenrode und Rotheshütte/Jägerfleck 2 weitere GÜST erzwungen".[216]

Eine unbeantwortete Frage: Wie gewaltbereit war die Führung der DDR?

Es ist seit einiger Zeit bekannt, daß es innerhalb der SED Pläne gab „zur massenweise Festnahme von Andersdenkenden und ihrer Isolierung in eigens einzurichtenden Lagern", die im Falle einer Mobilmachung durch den Vorsitzenden des Nationalen Verteidigungsrates der DDR (seit Juni 1971 Erich Honecker) umgesetzt werden sollten. Verteidigung war dabei ein durchaus weitgefaßter Begriff und umfaßte „ganz generell den Zustand eines militärischen Konfliktes", z.B. auch Bürgerkriegssituationen. Unterschieden wurden zwei Arten von Lagern: Internierungslager, die für Ausländer vorgesehen waren, und Isolierungslager, in die Bürger der DDR eingesperrt werden sollten. Die Gesamtzahl der zu verhaftenden DDR-Bürger ist bisher nicht bekannt, die Generalstaatsanwaltschaft der DDR nannte eine Zahl von fast 11.000. Bekannt ist, daß im Bezirk Erfurt 150 Personen zur sofortigen Verhaftung vorgesehen waren und 1500 Ausländer (vor allem Reisende an den Grenzübergangsstellen) interniert werden sollten. Als Standorte der Isolierungs- und Internierungsobjekte im Bezirk Erfurt wurden nach einer Aufstellung der Erfurter Bezirksverwaltung des MfS genannt: die ehemalige Untersuchungshaftanstalt in Arnstadt, die Bauarbeiterunterkunft in Eisenach, die LPG Völkerfreundschaft in Nordhausen (Lagergebäude), das Jugendtouristhotel „Maxim Gorki" in Weimar, die Stadtwirtschaft Worbis in Worbis. Offen ist, „ob es Planungen für eine Liquidierung der Festgenommenen oder Internierten" gab. Eine vom Leiter der Erfurter BV, Generalmajor Josef Schwarz, unterzeichnete Geheime Verschlußsache sprach davon, daß die „Liquidierung/Ausschaltung" von Feinden „auf besonderen Befehl erfolgen kann, wenn es die Lage erfordert und wenn es politisch wichtig und notwendig ist". Herauszufinden, ob damit tatsächlich Tötung gemeint war, wird eine Aufgabe zukünftiger Forschung sein.[217]

Vor dem Hintergrund dieses Szenarios erscheint es insgesamt sehr erstaunlich, daß die Ereignisse des Herbstes weitgehend friedlich verlaufen sind, und es stellt sich die Frage, wie gewaltbereit die DDR-Führung war. Die Bevölkerung der DDR schätzte ihre Staats- und Parteiführung als relativ gewaltbereit ein. Der immer wieder bei Demonstrationen zu hörende Ruf „Keine Gewalt!" zielte darauf ab, jeden auch noch so geringen Ansatz einer Eskalation zu verhindern, um den Sicherheitskräften nicht den kleinsten Vorwand zu geben, Gewalt anwenden zu können. Daneben spielte auch eine Rolle, daß man das „Unrechtsregime" beseitigen wollte, ohne selbst „nun wieder [...] Unrecht" zu begehen.[218]

Die Einschätzung der Bevölkerung der DDR traf sicherlich für einen großen Teil des Jahres 1989 zu. Es gibt aber Hinweise darauf, daß es ab einem gewissen Zeitpunkt, den man auf etwa Mitte Oktober datieren kann, so etwas wie eine Grenze gab, die zumindest für einen Teil der DDR-Führung als unüberschreitbar galt: nämlich auf das eigene Volk zu schießen, wenn dieses selbst keine Gewalt anwenden würde. Welche Hinweise sind im einzelnen anzuführen?

Auf Demonstrationen in Leipzig und Berlin Ende September und Anfang Oktober hatte es Verletzte gegeben. Auf des Messers Schneide stand die Situation in Leipzig in den Abendstunden des 9. Oktober. Um 18.25 Uhr gab der dortige Chef der Polizeitruppen den „Befehl zum Rückzug" und die Anweisung, daß „nur noch Selbstverteidigung erfolgen dürfe". Es wird vermutet, daß Honecker diesen Befehl „maßgeblich herbeiführte", nicht weil er Skrupel hatte, sondern aus „Sorge", daß er für einen Bürgerkrieg verantwortlich gemacht werde und so seine Ablösung forciere.[219] Auch im Bezirk Erfurt war die einzige Demonstration, von der wir wissen, daß die Sicherheitskräfte gewaltsam eingriffen, die am 7. Oktober in Arnstadt. Der 1. Sekretär der SED-Bezirksleitung stellte dies später mit Erleichterung fest.[220] Der ehemalige Leiter der Kreisdienststelle Mühlhausen des MfS, Günter Siegel, hat in einem relativ offenen und insgesamt doch recht bemerkenswerten Aufsatz gegenüber dem Vorwurf, es habe in der Kreisdienststelle Mühlhausen des MfS einen „Schießbefehl gegen die Demonstranten" gegeben, folgendermaßen argumentiert: Mielke habe während der Feiern zum 40. Jahrestag der DDR für das gesamte MfS „erhöhte Dienstbereitschaft" befohlen, und dies hätte dazu geführt, daß selbst im insgesamt sehr ruhigen Landkreis Mühlhausen „eine gewisse Spannung in der Luft lag". Siegel schreibt weiter – und dieser Satz ist sehr aufschlußreich: „Der Einsatz bewaffneter Kräfte, also gewaltsames Vorgehen, stand meines Wissens richtigerweise weder in der Parteiführung noch im MfS oder bei den anderen bewaffneten Organen der DDR nach dem 7. Oktober je zur Debatte." Daraus kann man indirekt schlußfolgern, daß diese Frage vor dem 7. Oktober diskutiert wurde. Siegel berichtet weiter, daß seine Mitarbeiter während der ersten beiden Demonstrationen in Mühlhausen – die erste war am 20. Oktober – tatsächlich „bewaffnet in den Häusern der KD" verteilt waren. Er habe sich vor dem 20. Oktober an seinen Vorgesetzten, Generalmajor Schwarz, den Leiter der BV Erfurt, gewandt und „um eine Befehlslage ersucht, falls Demonstranten die KD angreifen oder in sie eindringen würden". Schwarz habe sich daraufhin um „eine zentrale Entscheidung" in Berlin bemüht, aber keine klare Antwort erhalten, sondern nur die Anweisung, „es sei unter allen Umständen zu verhindern, daß eine Kreisdienststelle des MfS gewaltsam gestürmt wird, aber dazu dürfe es erst gar nicht kommen". Er, Siegel, habe sich schließlich mit Schwarz auf folgende Vorgehensweise geeinigt: „Solange kein Angriff gegen die Kreisdienststelle selbst erfolgt, wird alles, was sich auf der Straße abspielt, ignoriert. Zeichnet sich ein gewaltsames Vorgehen gegen die KD ab, erfolgen Aufrufe per Megaphon nach vorbereiteten Texten zur Ruhe und Ordnung mit dem Hinweis, militärisches Sperrgebiet zu achten, da ansonsten die Anwendung der Schußwaffe erfolgen müßte. Gleichzeitig war das Angebot enthalten, mit einer Delegation der Demonstranten sofort zu sprechen und diese in das Gebäude einzulassen. Wird trotzdem versucht, in die KD einzudringen, erfolgt der Einsatz von Nebel- und Reizkörpern von den Fenstern aus, um gewaltsam vorgehende Personen von weiteren Handlungen abzuhalten. Geschossen wird erst bei unmittelbarer Gefahr für Leib und Leben der Mitarbeiter und dann entsprechend der Schußwaffengebrauchsvorschrift, d.h. mit Warnung vor Schußwaffenanwendung, Warnschüssen usw. Den Befehl zur Anwendung der Schußwaffe behielt sich mein Vorgesetzter vor, ich war nur in einer außerordentlichen Situation befugt, nach eigenem Ermessen zu handeln, sollte jedoch alles tun, den Waffengebrauch zu verhindern." Siegel schreibt weiter: „Ob ich den Befehl zu schießen tatsächlich gegeben hätte, kann ich nicht sagen, ob er befolgt worden wäre, auch nicht. Das eigene Leben hätten wir sicherlich verteidigt, und wir glaubten uns als Angehörige eines bewaffneten Staatsorgans prinzipiell auch dazu berechtigt."[221]

So weit die Darstellung von Siegel. Es bleibt jedem selbst überlassen, inwieweit er ihr Glauben schenkt. Ein Punkt, der noch nicht angesprochen wurde, muß ergänzt werden: Oberstes Organ zur „Gewährleistung der Sicherheit und Ordnung" im Bezirk Erfurt war keineswegs das MfS, sondern die Bezirkseinsatzleitung, deren Vorsitzender der 1. Sekretär der SED-Bezirksleitung, Gerhard Müller, war.[222] Müller erließ in dieser Funktion am 4. November den „Befehl Nr. 2/89" über „Maßnahmen zur Gewährleistung der Sicherheit und Ordnung in den Kreisen des Bezirkes Erfurt", in dem es u.a. heißt:

„5. Der aktive Einsatz polizeilicher Kräfte und Mittel gegenüber Demonstranten erfolgt nur bei Gewaltanwendung gegen eingesetzte Sicherheitskräfte bzw. Objekte auf Befehl des Vorsitzenden der Bezirkseinsatzleitung.
6. Durch die Kreiseinsatzleitungen der Grenzkreise sind die erforderlichen Maßnahmen vorzusehen, damit Demonstranten nicht in das Grenzgebiet eindringen.
Im Falle eines solchen Eindringens sind die Demonstranten durch Anwendung körperlicher Gewalt und geeigneter Mittel daran zu hindern, daß es zu Grenzdurchbrüchen kommt.
In besonders gefährdeten Abschnitten sind zusätzlich zu den eingesetzten Grenzposten Diensthundeführer einzusetzen.

7. Die Anwendung der Schußwaffe im Zusammenhang mit möglichen Demonstrationen ist grundsätzlich verboten."[223]

Wenn somit der Schußwaffengebrauch gegen Demonstranten im Bezirk Erfurt ab dem 4. November untersagt war, so stellen sich dennoch einige Fragen: Wo ein Befehl „Nr. 2/89" existiert, gibt es in der Regel auch einen Befehl „Nr. 1/89". Wenn es einen solchen Befehl gab, wie lautete er? Der Befehl spricht nur vom Einsatz polizeilicher Kräfte und Mittel. Galt er auch für die Nationale Volksarmee und die Betriebskampfgruppen? Wie eigenständig waren die Kreiseinsatzleitungen? Beispielsweise beobachtete Dieter Strödter, Vorsitzender der am 4. November gebildeten Unabhängigen Kommission zur Untersuchung von Korruption und Amtsmißbrauch im Landkreis Sondershausen, vor der bis dahin größten Demonstration und Kundgebung in Sondershausen am 28. Oktober eine erhöhte Alarmbereitschaft bei den Kampfgruppen und den militärischen Einsatzkräften. Die „privaten Waffenträger" im Landkreis Sondershausen seien angewiesen worden, „ihre persönliche Waffe bei sich zu tragen".[224] Der Vorsitzende der Kreiseinsatzleitung Sondershausen war der als unberechenbar geltende Manfred Keßler.

Eine weitere Frage, die nach wie vor unklar war, lautete: Wie würde die Staatssicherheit reagieren, wenn es tatsächlich zu dem Versuch kommen würde, eine ihrer Bezirksverwaltungen zu besetzen? Das MfS war zwar nach Modrows Regierungserklärung vom 17. November in Amt für Nationale Sicherheit umbenannt worden,[225] aber hatte sich mit der Namensänderung auch das Selbstverständnis geändert? Die Bezirksverwaltungen galten als relativ sicher, und die Kreisdienststellen im Bezirk Erfurt hatten ihre Akten im November 1989 entweder vernichtet oder nach Erfurt ausgelagert.[226]

Die Besetzung der Bezirksverwaltung der Staatssicherheit in Erfurt

In der Außenstelle Erfurt des Bundesbeauftragten für die Unterlagen des Staatssicherheitsdienstes der ehemaligen DDR existiert ein sogenannter „Verteidigungsplan" der Bezirksverwaltung (BV) Erfurt des MfS.[227] Dieser Plan sah vor, das Territorium in vier Verteidigungssektoren einzuteilen: Sektor I umfaßte vor allem das Hauptgebäude in der Andreasstraße, Sektor II die Untersuchungshaftanstalt und das Bezirksgericht, Sektor III die Waffenwerkstatt, die Werkhalle, den Minibunker und die Garagen samt Fahrbereitschaft des MfS (südwestlich des Hauptgebäudes), Sektor IV den gesamten Festungsbereich des Petersberges. Jeder der Sektoren war in Verteidigungspunkte eingeteilt, die mit Maschinenpistolen und Maschinengewehren ausgestattet werden sollten. Jeder Verteidigungspunkt hatte einen bestimmten „Schuß- und Beobachtungssektor" abzudecken. Beispielsweise war der Verteidigungssektor I in insgesamt 68 solcher Punkte unterteilt. Das Turmzimmer 371 in der 3. Etage der BV sollte mit zwei Maschinenpistolen bestückt werden, die das Gebiet zwischen Weber- und Glockengasse abdecken sollten. Im Zimmer 68 des Bezirksgerichts im Verteidigungssektor II sollten ebenfalls zwei Maschinenpistolen aufgestellt werden, die den Bereich von den Domstufen bis zur Pergamentergasse unter Beschuß nehmen konnten. Für den Petersberg waren zusätzlich Höcker- und Drahtsperren sowie Spanische Reiter vorgesehen.

Diesen Verteidigungsplan kannten die Frauen und Männer, die sich am Morgen des 4. Dezember 1989 vor dem Gebäude der Bezirksverwaltung der Staatssicherheit[228] versammelten, nicht, aber ihnen war klar, auf was sie sich einließen, und vielen wird es gegangen sein wie Almut Falcke, die eine „Mordsangst" hatte.

Almut Falcke erhielt am Morgen des 4. Dezember einen Anruf von Kerstin Schön, die sie in der Gruppe „Frauen für Veränderung" kennengelernt hatte. Kerstin Schön sagte: „Du, aus der Andreasstraße werden Container abgefahren, und der Schornstein raucht schwarz. Die bringen Akten auf die Seite. Trommel zusammen, wen Du findest und besetz' die Tore. Ich mach' das gleiche." Almut Falcke rief verschiedene Leute an, von denen sie wußte, „daß die mitmachen würden", und sagte: „Los, laßt Eure Arbeit […] liegen, kommt da […] mit hin." Danach fuhr sie mit ihrem Mann an das Tor des Stasigeländes hinter dem Bezirksgericht (Bechtheimer Straße). Propst Heino Falcke stellte seinen Wartburg quer auf die Straße, so daß der Weg blockiert war. Almut Falcke ging zum Tor, an dem sich bereits vier oder fünf Frauen befanden. Die Gruppe, die schnell auf 30 bis 40 Personen anwuchs, beschloß, jedes Auto anzuhalten: LKWs durften prinzipiell nicht mehr passieren, PKWs nur, nachdem der Kofferraum kontrolliert worden war. Kerstin Schön versuchte inzwischen, einen Staatsanwalt aufzutreiben, um „eine Verfügung zu erwerben oder was auch immer, daß die Arbeit dieser Behörde sofort aufhört". Sie wurde jedoch aufgehalten, da die Staatsanwaltschaft argumentierte, für die Staatssicherheit sei die Militärstaatsanwaltschaft zuständig. Kurz nach zehn Uhr kamen schließlich drei Militärstaatsanwälte und betraten das Gelände der Bezirksverwaltung.[229]

Ein anderer Erfurter, Ulrich Scheidt, saß morgens gegen 9 Uhr an seinem Arbeitsplatz im Naturkundemuseum, als ein Anruf aus der Wissenschaftlichen Allgemeinbibliothek eintraf. Der Anrufer sagte: „Die Stasi verbrennt oder vernichtet Akten." Er forderte alle auf, zur Kreisdienststelle des MfS/AfNS zu kommen. Als Scheidt mit seinen Kolleginnen und Kollegen dort eintraf, war das Gartentor bereits offen, und ein „kleiner Pulk von Menschen" stand direkt vor dem Gebäude. Scheidt ging zunächst in ein gegenüberliegendes Haus und rief im Funkwerk (Verwaltungsgebäude der Mikroelektronik) an, in dem er von 1978 bis 1980 gearbeitet hatte, und alarmierte Bekannte:

„Kommt her! Wir müssen was machen!" Neben ihm standen Leute, die ebenfalls telefonieren wollten, um Freunde und Bekannte anzurufen. Laut Scheidt ging das „wirklich wie ein Lauffeuer durch die Stadt". Inzwischen war Kerstin Schön vor der Kreisdienststelle eingetroffen, um Tely Büchner, die Frau von Matthias Büchner, zu holen und mit ihr zur Bezirksverwaltung zu fahren. Diesen beiden schloß sich Scheidt an.[230]

Vor der Bezirksverwaltung war inzwischen folgendes geschehen: Nachdem die Militärstaatsanwälte das Gebäude der Staatssicherheit betreten hatten, erschien nach einiger Zeit „der Stellvertreter von Schwarz, Namen weiß ich nicht mehr, und sagte: ‚Ja, Herr Dr. Schwarz […] oder Generalmajor [Schwarz] ist jetzt bereit, eine Delegation von zehn Leuten zu empfangen.' Und da haben wir uns kurz abgesprochen, und die wählten mich zur Sprecherin, und wir wurden reingeleitet in das Gebäude, in den festlichen Sitzungssaal über dem Hauptportal". An der Stirnwand des Saales prangte der Spruch „Zum Ruhm der Tschekisten". An einem langen Tisch saßen vier oder fünf Mitarbeiter der Staatssicherheit, Generalmajor Schwarz und die Militärstaatsanwälte. Almut Falcke nannte die Forderungen der Bürgerbewegung: erstens Einsichtnahme in alle Räume, zweitens Vorlage eines Planes des Gebäudes, drittens Zugang zum Computer. Während Schwarz noch versuchte abzuwiegeln, betrat ein Mann den Raum, beugte sich zu Schwarz hinab und flüsterte ihm etwas zu. Daraufhin wandte sich dieser an Almut Falcke und sagte: „Hier stürmt jetzt eine Gruppe von 200 Leuten das Gelände."[231]

Ulrich Scheidt war inzwischen mit Kerstin Schön und Tely Büchner bei der Bezirksverwaltung angelangt und hat diesen ‚Sturm' mitgemacht. Er beschreibt ihn so: „Was mich heute im nachhinein verwundert, ist die Tatsache, daß an diesem Hintereingang [Bechtheimer Straße] nur die Schranke unten war. Obwohl man das Eisentor hätte bequem zumachen können. Da standen zwei bis drei vielleicht auch vier Leute mit MP da. Kerstin Schön ging auf sie zu. Sagte, sie will rein! Wir drei! Wurde ihr bedeutet, nur sie darf durch. Sie hat darauf bestanden, daß wir drei durchgehen. Kurze Diskussion. Dann sahen wir einen Schornstein, aus dem schwarzer Rauch aufstieg und irgendjemand schrie: ‚Die verbrennen was!' Was hier sowieso immer in der Luft schwebte, die vernichten! Jedenfalls sind die Emotionen hochgekocht. Wir drei sind dann durch, haben die Leute mit ihren Waffen bei Seite geschoben. Nachdem wir dann so 10 bis 20 Meter durch die Sperre durch waren, haben wir geschrien: ‚Kommt nach!' Da ist der Rest an Leuten hinterher – als Pulk! Dann sind wir runter in die Heizung und haben Akten rausgeholt, es waren nicht viele drin. Es ist auch nicht allzuviel verbrannt worden. Es ist auch nicht viel gefunden worden, im ersten Moment. Wir waren ja unheimlich geladen, wir haben den Heizer befragt, waren ziemlich aggressiv. Und dann sind wir im Nebeneingang hoch, sind zu diesem Haupteingang, Andreasstraße, […] und haben von hinten wieder Leute mit Waffen beiseite geschoben und haben [...] aufgemacht. [...] Das Haupttor. Da strömten die Massen rein. Das war dann ‚Tag der Offenen Tür'."[232] Damit war die erste Bezirksverwaltung der Staatssicherheit in der DDR besetzt. Daran änderte der Protest von Generalmajor Schwarz nichts, und auch die Initiative eines Erfurter Buchhändlers, der bei den zehn Verhandlungsführern gewesen war und dem Leiter der Bezirksverwaltung anbot, mit den Stürmenden zu sprechen, erwies sich als überflüssig.

Die Besetzer teilten sich in kleine Gruppen auf und schwärmten in dem Gebäude aus. Der Computerraum, der bald gefunden wurde, war verschlossen. Im Keller wurden leere Aktenordner gefunden, in einigen Zimmern zerissene Blätter. Später wurde damit begonnen, zusammen mit den Militärstaatsanwälten die Räume zu versiegeln. Gegen 16 oder 17 Uhr fand das erste große Treffen der Besetzer mit führenden Leuten der Erfurter Staatssicherheit statt, bei dem gestritten, diskutiert und nach Problemlösungen gesucht wurde. Noch in der Nacht vom 4. auf den 5. Dezember konstituierten sich das Erfurter Bürgerkomitee und die Bürgerwache.

Die Besetzung der Erfurter Bezirksverwaltung, die eine Signalwirkung für die gesamte DDR hatte, war eine spontane Aktion. Die Initiative ging von den „Frauen für Veränderung" aus und unter diesen besonders von Kerstin Schön. Zwar hatte der Initiativkreis des Neuen Forum am Abend des 3. Dezember in Grünheide ein Flugblatt verfaßt, das telefonisch nach Erfurt durchgegeben, noch in der selben Nacht gedruckt wurde und zur „Bürgerkontrolle im Wirtschafts- und Staatsapparat" aufrief. Das Neue Forum hatte jedoch keine Vorbereitungen zur Besetzung der Bezirksverwaltung getroffen.[233]

Aufarbeitung der MfS-Vergangenheit und Demokratisierung des politischen Lebens

Nach der Besetzung der Staatssicherheit vollzog sich ein Prozeß, den man mit Aufarbeitung der MfS-Vergangenheit und Demokratisierung des politischen Lebens insbesondere auch auf kommunaler Ebene bezeichnen kann. Dabei kamen in Erfurt dem Bürgerkomitee und dem einige Tage später eingerichteten Bürgerrat zentrale Bedeutung zu. Noch vor der Besetzung des MfS/AfNS hatte sich als Vorläufer eines Runden Tisches – allerdings auf Vorschlag der alten Kräfte[234] – eine Paritätische Kommission gebildet, die zum ersten Mal am 20. November 1989 tagte und sich dem Thema Wahlfälschung widmete. Neue Erkenntnisse wurden dabei nicht gewonnen, da die Verantwortlichen behaupteten, die Unterlagen der einzelnen Wahllokale seien bereits vernichtet worden.[235]

Eine zweite Sitzung, die sich vor allem mit dem Thema Staatssicherheit befaßte, fand am 6. Dezember statt.[236] Die Paritätische Kommission krankte daran, daß ihre Kompetenzen nicht klar geregelt waren.[237] Aus den Sitzungen der Paritätischen Kommission entwickelte sich der Runde Tisch auf Stadtebene, „der zum ersten Mal am 4. Januar 1990 im Johannes-Lang-Haus tagte unter der Moderation von Senior Heinrich (evangelische Kirche) und Dechant Wokittel (katholische Kirche)".[238] Insgesamt aber blieb die Arbeit sowohl der Paritätischen Kommission als auch später des Runden Tisches auf Stadtebene in Erfurt relativ bedeutungslos, da Bürgerkomitee und Bürgerrat in dieser Übergangszeit von Seiten der neuen Kräfte die entscheidenden Impulse setzten.

Das Bürgerkomitee bestand aus zehn „Fraktionen" (Neues Forum, Demokratischer Aufbruch, SDP, Grüne Partei, Bürgerinneninitiative „Frauen für Veränderung", Offene Arbeit, CDU, DBD, LDPD, NDPD), die jeweils 5 stimmberechtigte Mitglieder entsandten, aus einer Fraktion der „Parteilosen" mit 10 stimmberechtigten Vertretern und je einem Beauftragten der evangelischen (Pfarrer Helmut Hartmann) und der katholischen Kirche (Pater Günter Frank) jeweils ohne Stimmrecht. Später wurde noch die Vereinigte Linke als Fraktion aufgenommen, die jedoch insofern unglücklich agierte, als es ihr nicht gelang, Personen zu entsenden, die von dieser Arbeit überzeugt waren und engagiert zu Werke gingen.[239] Vertreten waren somit die neuen politischen Kräfte, aber auch die Blockparteien, nicht jedoch die SED bzw. SED-PDS. Die SED versuchte, ins Bürgerkomitee zu gelangen, und der SED-Genosse Wolfgang Mühle gab am 8. Dezember zu Protokoll: „Wir haben uns jetzt, speziell ich, in dieses Bürgerkomitee hineingedrängelt. Gestern stand die Frage – wieso ist die SED da drin[?] Heute um 14.00 Uhr findet eine Beratung statt, auf der entschieden wird, bleibt die SED drin oder nicht." Genosse Klaus Bräunig legte fest: „Wir stellen uns der Entscheidung."[240] Die Entscheidung fiel gegen die SED aus, die später noch mehrere Male einen Aufnahmeantrag stellte, aber immer abgewiesen wurde. Ihr wurde mit der Begründung, sie sei „in die Stasistruktur verstrickt", lediglich ein Beobachterstatus mit Rede-, aber nicht mit Stimmrecht zuerkannt.[241]

Das Bürgerkomitee tagte zweimal wöchentlich in öffentlicher Sitzung im Rathaus. Als Leitungsgremium und eine Art Exekutivausschuß wurde nach einigen Sitzungen der Bürgerrat ins Leben gerufen, der aus je einem Vertreter aller im Bürgerkomitee vertretenen Fraktionen bestand; nur die Parteilosen durften zwei Vertreter entsenden. Der Bürgerrat, der sich in der Regel ein bis zwei Stunden vor dem Bürgerkomitee traf, hatte folgende Aufgaben: Er leitete die Sitzungen des Bürgerkomitees und trug zu jeder Sitzung einen Bericht zur aktuellen Lage vor, er führte Verhandlungen mit der Regierungskommission (siehe unten) und mit führenden Vertretern der ehemaligen Staatssicherheit und war vom Bürgerkomitee dazu befugt, Entscheidungen zu treffen. Bürgerkomitee und Bürgerrat bestanden in dieser Form bis etwa Mitte Februar (Gründung des Interimsparlaments); danach schieden die Fraktionen nach und nach aus. Inhaltlich befaßten sich Bürgerkomitee und Bürgerrat in den ersten Wochen vielfach mit Problemen der ehemaligen Staatssicherheit.[242] Die SED-Stadtleitung stellte eine „einseitig[e]" Beschäftigung „mit den Geschehnissen im Bereich des M.f.S." fest und bemerkte mit deutlichem Bedauern, daß die Mitglieder dieser Gremien „teilweise das Geschehen im Rat [der Stadt] doch erheblich [stören,] wie sie da eingreifen, ob gewollt oder ungewollt".[243]

Man würde jedoch den Anspruch von Bürgerkomitee und Bürgerrat mißverstehen, wollte man ihre Arbeit nur auf den Aspekt Staatssicherheit reduzieren. Das Bürgerkomitee war als „parlamentähnliches Gremium" konzipiert.[244] In diesem Ausdruck wird der Anspruch deutlich, die alte, von der SED beherrschte, Stadtverordnetenversammlung abzulösen oder zumindest zu ergänzen.[245] Der Bürgerrat verstand sich als ‚Gegenmodell' zum Rat der Stadt. Bürgerkomitee und Bürgerrat wollten die kommunalen Entscheidungen beeinflussen, Verwaltungsaufgaben übernehmen, strebten eine Sicherheitspartnerschaft zur Volkspolizei und zur NVA an[244] und waren letztlich eine Art „Nebenregierung".

Die Bürgerwache galt als „Arbeitsorgan des Bürgerkomitees" und hatte die Aufgabe, „mit einem Rundlauf von ca. 120 Personen ständig die Objekte und die brisanten Unterlagen [des MfS] vor Vernichtung und vor der Übergabe in unrechte Hände" zu schützen.[247] Insgesamt haben sich während der Zeit ihrer Existenz etwa 3000 Menschen in der Erfurter Bürgerwache engagiert.[248] Die „Pionierarbeit" beim Aufbau leistete Ulrich Scheidt, der faktisch die Leitung übernahm, sich aber Koordinator nannte. Er übte diese Funktion bis zum 5. Januar 1990 aus und setzte bei seinem Abschied mit Unterstützung des Bürgerkomitees und gegen den Widerstand des Chefs der Volkspolizei in Erfurt sowie des neuen SED-Oberbürgermeisters, Siegfried Hirschfeld, durch, daß mit sofortiger Wirkung allen Angehörigen der ehemaligen Staatssicherheit das Betreten des früheren MfS-Gebäudes verboten wurde. Ausschlaggebend für Scheidts Initiative war sein Eindruck, daß die ehemaligen Mitarbeiter des MfS, die in den ersten Tagen nach der Besetzung „mit völlig entgleisten Gesichtern" herumgelaufen waren, wieder selbstbewußter auftraten.[249] Ein endgültiges Verbot für ehemalige Mitarbeiter des MfS, ihren früheren Arbeitsplatz zu betreten, wurde am 12. Januar 1990 ausgesprochen.[250] Scheidts Nachfolger, Josef Erl, wurde bereits nach etwa 3 Wochen von Hans Gerling abgelöst. Dieser leitete die Bürgerwache fast drei Monate lang.[251]

Daneben arbeiteten ein Bürgerbüro und sechs Untersuchungskommissionen. Das Bürgerbüro wurde am 7. Dezember 1989 eingerichtet und existierte bis zum 2. März 1990. Es hatte die Aufgabe, Hinweise zur Staatssicherheit entgegenzunehmen (vor allem zu konspirativen Objekten), Fragen zu beantworten, Hinweise zu Rehabilitierungsmöglichkeiten zu geben, aber auch Beschwerden aller Art zu bearbeiten. Die Untersuchungskommissionen zur Tätigkeit der Staatssicherheit beschäftigten sich mit den Themen Rechentechnik/Datenbank/Objekte, personelle und materielle Aufwendungen, Strukturen, Verbindungen SED-MfS, Bürgerbeschwerden und Rehabilitation, Reintegration (der etwa 2900 hauptamtlichen MfS-Mitarbeiter im Bezirk Erfurt) und Telefonüberprüfung.[252]

Am 5. Dezember 1989 setzte die Regierung Modrow Regierungsbeauftragte ein, die nach offizieller Darstellung die Aufgabe hatten, „für Ruhe und Ordnung bei der Sicherstellung von Akten und anderen Unterlagen des ehemaligen Staatssicherheitsapparats zu sorgen".[253] Im Bezirk Erfurt konstituierte sich am 8. Dezember unter Leitung des Regierungsbeauftragten B. Schenk eine Regierungskommission, der außerdem angehörten: ein Staatsanwalt in Vertretung des Militärstaatsanwaltes, ein Vertreter des Präsidiums der Deutschen Volkspolizei, zwei Mitarbeiter des Staatsarchivs Weimar und vier Vertreter des Erfurter Bürgerkomitees. Nur zeitweise mitgearbeitet haben Vertreter des Bezirksgerichts und Volkskammerabgeordnete.[254] Innerhalb der Regierungskommission existierten unterschiedliche Zielsetzungen, da das Bürgerkomitee die „vollständige Zerschlagung des Geheimdienstes als Machtinstrument der SED" anstrebte, während Schenk zunächst die „Neustrukturierung des Geheimdienstes in ein Amt für Nationale Sicherheit" wollte.[255] Nach dem Beschluß des Ministerrats der DDR vom 14. Dezember 1989, das Amt für Nationale Sicherheit aufzulösen und einen Verfassungsschutz aufzubauen, wandelte sich das Ziel Schenks entsprechend der neuen Vorgabe. Erst nach der Entscheidung der Volkskammer vom 12. Januar 1990, auch auf die Bildungs eines Verfassungsschutzes zu verzichten, wurde mit der endgültigen Auflösung des MfS/AfNS begonnen.[256]

Die Regierungskommission setzte sich folgende Aufgaben: Das vorhandene Aktenmaterial, etwa 5000 laufende Meter, wurde gesichert und teilweise umgelagert. Die (registrierten) Waffen der ehemaligen Mitarbeiter der MfS wurden „in Zusammenarbeit von Regierungsbeauftragtem, Staatsanwalt und Volkspolizei" bis zum 5. Januar 1990 eingezogen. Die „technischen und organisatorischen Voraussetzungen für die Bespitzelung der Bevölkerung" wurden zerstört. Außerdem wurde versucht, die Strukturen des MfS sowie mögliche Straftaten von MfS und SED aufzudecken; letzteres wird von Mitgliedern der Kommission als weitgehend gescheitert angesehen. Die „vollständige personelle Auflösung des AfNS" begann Mitte Januar 1990 und wurde „im wesentlichen bis Ende Februar" abgeschlossen.[257]

In der alten Stadtverordnetenversammlung und im Rat der Stadt hatte noch immer die SED das Sagen, und sie versuchte rigoros, diese Machtposition zu behaupten. Nachdem Rosemarie Seibert von ihrem Amt am 10. November 1989 zurückgetreten war, beschloß die Stadtverordnetenversammlung am 27. November „Frau Abgeordnete Rosemarie Seibert von ihrer Funktion als Oberbürgermeister der Stadt Erfurt und als

Abgeordnete der Stadtverordnetenversammlung" abzuberufen.[258] Gleichzeitig wurde der Abgeordnete Siegfried Hirschfeld (SED) zum neuen Oberbürgermeister gewählt.[259] Mit dieser Wahl hatte sich die SED an der Spitze der Stadt behaupten können, auch wenn an dieser Entscheidung massive Kritik geäußert wurde.[260] Nach Darstellung von Hirschfeld trat das Bürgerkomitee noch im Dezember 1989 an die Stadtverordnetenversammlung heran und forderte, „70 Vertreter der 6 neuen Parteien und demokratischen Gruppen als neue Abgeordnete in die Stadtverordnetenversammlung zu kooptieren". Außerdem sei verlangt worden, „den Anteil der Abgeordneten, die Mitglied der SED-PDS sind, auf unter 50 % zu reduzieren". Daraufhin seien am 27. Dezember alle elf Vorsitzenden der Fraktionen der Stadtverordnetenversammlung zu einer Beratung zusammengekommen und hätten einen „Kompromißvorschlag" ausgearbeitet, demzufolge 40 neue Abgeordnete kooptiert werden sollten. Diesem Kompromiß habe „auch die Fraktion der CDU, vertreten durch den Abgeordneten Otto," zugestimmt. Am 4. Januar 1990 habe er, Hirschfeld, diesen Vorschlag im Bürgerkomitee vorgestellt und sein Angebot „auf 45 Abgeordnete erweitert". Das Neue Forum und der Demokratische Aufbruch hätten diesen Vorschlag abgelehnt, „da ihnen ein Anteil von rund 17 % neuer Abgeordneter zu gering ist".[261] Sie hätten stattdessen „schnelle Neuwahlen auf allen Ebenen" verlangt. Das Bürgerkomitee habe außerdem bereits am 14. Dezember in einem Beschluß gefordert, der Rat der Stadt und die Räte der Stadtbezirke sollten sich „analog zum Rat des Bezirkes Erfurt [...] nicht für demokratisch legitimiert" erklären, „jedoch die Amtsgeschäfte bis zur Neuwahl weiterführen". Außerdem sei die Abberufung des 1. Stellvertreters des Oberbürgermeisters, Karl-Heinz Scheder, des Stellvertretenden Oberbürgermeisters für Inneres, Helmuth Beuthe, und des Stellvertretenden Stadtrates für Inneres, Heinz Gresser, verlangt worden.[262]

Vor diesem Hintergrund trat die Stadtverordnetenversammlung am 11. Januar 1990 zu einer dramatisch verlaufenden Sitzung zusammen, die mit einem Paukenschlag begann: Der Abgeordnete Norbert Knobloch gab im „Auftrag der Abgeordneten und Nachfolgekandidaten der CDU-Fraktion" eine Erklärung ab, nach der es für die CDU-Fraktion „ab *heute* keine Koalition mehr mit der SED-PDS in dieser Stadt" gebe. Die SED wechsle lediglich die „Figuren" an der Spitze aus und wolle mit dieser „Schein-Demokratie' [...] das Volk blenden". Die CDU-Fraktion wolle sich in Zukunft ganz auf die „Lösung von tagespolitischen Aufgaben" und die „baldmöglichste Durchführung von freien und geheimen Wahlen" konzentrieren und beende die „Koalition in diesem Stadtparlament", lege die „Abgeordneten-Mandate" nieder und gehe „zur außerparlamentarischen Opposition" über. Wenn man berücksichtigt, daß die Führungsspitze der CDU lange einen angepaßten Kurs gesteuert hatte, war der Ausdruck „außerparlamentarische Opposition" zu diesem Zeitpunkt zweifellos eine theatralische Geste. Die harsche Kritik verfehlte jedoch auf die SED-Führung keineswegs ihre Wirkung. Oberbürgermeister Hirschfeld betrachtete die Erklärung „als eine persönliche Beleidigung meiner Person und des Rates" und kündigte an, er werde „Strafanzeige" erstatten. Der 1. Stellvertreter des Oberbürgermeisters, Karl-Heinz Scheder, empfand „das Auftreten des Herrn Knobloch wider alle[…] Ordnung, und deshalb haben die Abgeordneten der CDU-Fraktion den Saal auch besser verlassen". Auch Scheder kündigte an, er werde sich „nach Einsichtnahme in das heutige Protokoll eine Klage wegen Verleumdung" vorbehalten. Scheder besaß im übrigen die Unverfrorenheit, die Abgeordneten zu bitten, „meinem Antrag zur Abberufung als 1. Stellvertreter des Oberbürgermeisters zuzustimmen". Er begrüße seine eigene Ablösung „aus Gründen der Verwaltungsrationalisierung", und er wisse, worüber er rede, leite er „doch im Auftrag der Volksvertretung und des Rates die Arbeitsgruppe zur Rationalisierung der Verwaltungsarbeit der staatlichen Organe in der Stadt Erfurt". Auch im Ministerrat gebe es die Funktion des 1. Stellvertreters bereits nicht mehr, und er könne nun, „entsprechend meiner Qualifizierung als Diplombaustoffverfahrenstechniker, Spezialgebiet Keramik, meine Fach- und Sachkenntnisse" für den VEB Thüringer Ziegelwerke, „wo ich ein ruhendes Arbeitsrechtsverhältnis seit 10 Jahren habe, einsetzen, denn dieser Zweig der Baumaterialienindustrie wird in Zukunft bei der Stadtsanierung und einem neuen Bauprogramm an Bedeutung gewinnen". Gemäß dem „Auftrag meiner Wähler" wolle er lediglich „als Stadtverordneter meine Arbeit weiterführen, wenn mein Mandatsträger, die SED-PDS[,] damit einverstanden ist". So erreichte Scheder, daß die Stadtverodnetenversammlung folgenden Beschluß faßte:

„1. Auf Forderung des Bürgerkomitees und auf eigenen Antrag wird der 1. Stellvertreter des Oberbürgermeisters von seiner Funktion abberufen.
2. Die Abberufung von seiner Ratsfunktion tritt mit Wirkung vom 11.1.1990 in Kraft.
3. Die Abgeordnetenfunktion bleibt unverändert."[263]

Scheder schlug der Stadtverordnetenversammlung außerdem vor, „eine Entschließung an den Ministerrat und die Volkskammer zu richten, schnellstens ein neues Wahlgesetz zu verabschieden und Neuwahlen zu den Stadtverordnetenversammlungen zum frühestmöglichen Zeitpunkt, noch vor dem 6. Mai 1990, durchzuführen".[264]

Hatte Scheder – immerhin einer der Hauptverantwortlichen für die Durchführung der Kommunal-„Wahlen" des Jahres 1989 in Erfurt – mit seinen Anträgen noch einmal Pluspunkte sammeln können, so konnten sich die alten Machthaber in einem anderen, wichtigeren Punkt nicht durchsetzen: Zwar stimmte die Stadtverordnetenversammlung dem „Antrag des Oberbürgermeisters zur Bereitstellung von 45 Mandaten für die Basisgruppen" zu, das Bürgerkomitee nahm dieses Angebot jedoch nicht an. Zur Begründung sagte einer ihrer Vertreter: „Was unsere konstruktive Mitarbeit betrifft, gibt es in unseren neuen Parteien viele Fachgruppen, die daran arbeiten. Wir sind Teilnehmer am Runden Tisch und haben auch dort Vorschläge von Berlin bis Erfurt gemacht. Wir werden auch Ihnen hier im Haus gern mit Rat und Tat zur Seite stehen, wir wünschen aber sehr, daß nicht wir ein kleiner Haufen von Leuten sind, die die Arbeit machen müssen und die dann von Ihrer Partei, Herr Scheder, verkauft werden."[265]

Nach dieser Sitzung wurde immer deutlicher, daß die alte Stadtverordnetenversammmlung das Vertrauen der Bürgerinnen und Bürger verloren hatte. In der nächsten Sitzung, am 7. Februar 1990, trug Matthias Büchner im Auftrag des Bürgerkomitees folgendes vor: „Seit einigen Wochen gibt es in unserer Stadt Bündnisgespräche zwischen allen Parteien und politischen Vereinigungen bis auf die SED, respektive Nachfolgepartei. Das Ergebnis des letzten Bündnisgesprächs – Aktionsbündnisgesprächs – vom 31.1. möchte ich hiermit vortragen: Beschluß: Die unterzeichneten [sic!] Parteien und politischen Initiativen sind bereit, nach der Auflösung der Stadtverordnetenversammlung Erfurt ein paritätisch zusammengesetztes Interimsparlament zu bilden, dem je 5 Mitglieder ihrer Fraktion angehören. Sie sprachen sich für die Mitarbeit der SED-PDS und gegen die Mitarbeit der Massenorganisationen FDGB, FDJ, DFD, Kulturbund, Konsum und VdgB aus. Das Interimsparlament wird bis zur Kommunalwahl die Aufgaben der bisherigen Stadtverordnetenversammlung übernehmen. Jede Fraktion benennt einen Fraktionssprecher. Diese bilden den Fraktionsrat. Der Fraktionsrat legt geeignete Formen der Kontrolle des Büros des Sekretärs des Rates der Stadt fest. Wir fordern die sofortige Abberufung des Ratsmitgliedes für Inneres sowie seines Stellvertreters".[266] Die Stadtverordnetenversammlung beschloß daraufhin am 7. Februar 1990 die „Auflösung der Stadtbezirksversammlungen" und die „Auflösung der Stadtverordnetenversammlung". Es wurde entschieden, ein „Interimsparlament" zu bilden, „das die Aufgaben der Volksvertretung in Erfurt übernimmt und das sich aus Vertretern aller Parteien sowie aus Organisationen zusammensetzt". Damit sei „die umfassende parlamentarische Mitwirkung der neuen Parteien und Basisgruppen gesichert". Das Interimsparlament erhielt „den Auftrag, bis zu den Kommunalwahlen das Alltagsleben in Erfurt zu sichern". Der Rat der Stadt sollte die „Geschäfte" bis zur „konstituierenden Sitzung der neugewählten Stadtverordnetenversammlung" weiterführen.[267]

Das Interimsparlament trat zu seiner ersten Sitzung am 21. Februar 1990 zusammen. Es umfaßte zwischen 64 und 76 Mitglieder,[268] die folgenden Parteien und Organisationen angehörten: BI „Autonome Brennessel" (eine radikale Abspaltung der „Frauen für Veränderung"), BI „Frauen für Veränderung", Demokratischer Aufbruch, DBD, DFD, DSU, Grüne Liga, CDU, Grüne Partei, KB, BFD, IVL, Neues Forum, SPD, PDS und zwei Fraktionslose. Es tagte insgesamt sechsmal.[269] Mit der Konstituierung des Interimsparlaments wurden Bürgerkomittee und Bürgerrat zumindest teilweise überflüssig. Das Bürgerkomitee schreibt dazu: „Dann [Mitte Februar 1990] schieden nach und nach Fraktionen aus dem BK aus[,] und ein Bürgerrat war nicht mehr nötig."[270] Auf der fünften Sitzung des Interimsparlaments am 18. April 1990 erklärte der Abgeordnete Norbert Knobloch im Auftrag der Fraktionen der CDU, DA, DSU, SPD und BFD, „daß diese 5 Parteien nach den Volkskammerwahlen in der Stadt den Willen von 76 % der Wähler repräsentieren". Die Abstimmungen im Interimsparlament am 18. April hätten gezeigt, daß „diese 3/4 Mehrheit der Wähler keine Chance" habe, „in diesem Parlament die Mehrheit zu erreichen. Dadurch werden hier Beschlüsse ermöglicht, die nicht im Interesse der Stadt und ihrer Bürger stehen. Wir erklären deshalb für den heutigen Tag unseren Auszug aus diesem Parlament, um zu verhindern, daß weitertragende Beschlüsse, die über den Wahltermin hinausgehen und hier heute verabschiedet werden sollen, gefaßt werden können. Nach unserer Rechnung ist das Parlament dann nicht mehr beschlußfähig."[271] Trotzdem traf sich das Interimsparlament noch einmal zu einer sechsten und letzten Sitzung am 23. April 1990. Die ersten demokratischen Kommunalwahlen fanden am 6. Mai 1990 statt und brachten für die Stadt Erfurt folgendes Ergebnis:[272]

Liste	Prozent	Mandate
Aktionsbündnis Soziale Sicherheit (FDJ, Nelken, Vereinigte Linke)	0,26 %	0
Bund Freier Demokraten – Die Liberalen	2,65 %	4
Christlich Demokratische Union Deutschlands	36,68 %	59
Demokratische Bauernpartei Deutschlands	0,51 %	1
Demokratischer Aufbruch – sozial + ökologisch	4,96 %	8
Demokratischer Frauenbund Deutschlands	1,03 %	2
Deutsche Soziale Union	2,16 %	4
Deutscher Turn- und Sportbund	0,20 %	0
Freie Demokratische Partei	1,66 %	3
Neues Forum und Grüne Partei	9,58 %	15
Partei des Demokratischen Sozialismus	15,53 %	25
Sozialdemokratische Partei Deutschlands	22,37 %	36
Unabhängiger Frauenverband	0,90 %	1
Volkssolidarität	1,11 %	2
Einzelvorschlag (parteilos)	0,18 %	0
Einzelvorschlag (parteilos)	0,09 %	0
Einzelvorschlag (parteilos)	0,12 %	0

Auf der Grundlage dieses Wahlergebnisses unterzeichneten CDU, SPD, DA und FDP am 29. Mai 1990 eine Koalitionsvereinbarung. Einen Tag später trat die neue Stadtverordnetenversammlung zu ihrer konstituierenden Sitzung zusammen und wählte Manfred O. Ruge (CDU) zum Oberbürgermeister, Dietmar Schumacher (SPD) zum 1. Bürgermeister und Karl-Heinz Kindervater (CDU) zum Ratspräsidenten.

Mit den demokratischen Wahlen vom 6. Mai 1990 war auf kommunaler Ebene, fast auf den Tag genau, innerhalb eines Jahres ein Prozeß abgeschlossen, an dessen Ende die Demokratisierung der DDR stand. Vom Ablauf her war der politische Umbruch bis zum 4. Dezember 1989 eine der perfektesten Revolutionen, die wir aus der Geschichte kennen: Die Führer der Volksbewegung wußten sehr genau, was sie der ‚alten Garde' der DDR zu welchem Zeitpunkt ‚zumuten' konnten, ohne daß der Umbruch in einem Blutbad enden würde. Die Formierung der Opposition, die bis in die 60er Jahre zurückreichende Wurzeln hatte, die Durchführung politischer Versammlungen und damit politischer Kommunikation im öffentlichen Raum vor allem der evangelischen Kirche, das Bloß- und Zurschaustellen der Schwäche von Partei- und Staatsführung während sogenannter Bürgerdialoge, die Demonstration der eigenen Stärke auf der Straße sowie die Besetzung der Staatssicherheit und damit der Fall der letzten Machtbastion des alten Systems waren in Erfurt und in anderen Städten der DDR die wichtigsten Stationen dieses Umbruchs. Nach dem 4. Dezember 1989, als es für die Opposition vor allem darum ging, selbst gestaltend einzugreifen und Machtpositionen zu übernehmen, traten personelle und programmatische Schwächen zutage. Die weitere Entwicklung verlief zu rasant, als daß diese Defizite hätten ausgeglichen werden können. Indes sollte man nicht den Fehler begehen, den Untergang der DDR allein oder in der Hauptsache auf eine Schwäche der Opposition zurückzuführen. Vor allem die Insuffizienz der DDR-Wirtschaft und die historische Besonderheit, daß ein zweiter deutscher Staat existierte, haben den Weg zur Vereinigung mit der Bundesrepublik Deutschland gewiesen.

FOTO-DOKUMENTATION

Machtverfall

Die Partei- und Staatsführung von SED und DDR präsentierte sich im Jahr 1989 zunächst in scheinbar ungebrochener Machtfülle und Selbstdarstellung: Die Feiern zum Internationalen Frauentag am 8. März, zum 1. Mai, die Durchführung der Kommunalwahlen und der Tag der Republik sollten ein Bild von Stabilität und Harmonie zeigen. Weite Teile der Bevölkerung schienen dem Regime noch zu folgen. Die Fotos täuschen, die Realität war eine andere: Die Zahl der Ausreisewilligen stieg. Die Wirtschaft der DDR wurde von der Bevölkerung, zumindest im Vergleich zum Westen, als rückständig empfunden. Der Verfall und die Verwahrlosung nicht nur der Industriebetriebe, sondern auch der Innenstädte zeigte die Unfähigkeit der DDR-Regierung zur wirtschaftlichen Modernisierung. Die Einstellung von Jugendlichen zur DDR, zum Sozialismus als Gesellschaftssystem und zum Marxismus-Leninismus verschlechterte sich. Vor allem aber: Die Ergebnisse der Kommunal-„Wahlen" vom 7. Mai 1989 wurden offen angezweifelt. Die Ignoranz der Herrschenden kommt in Sätzen wie dem folgenden zum Ausdruck:

„Mit den Kommunalwahlen 1989 sind wir einen weiteren Schritt zum Ausbau unseres Wahlrechtes und der Vervollkommnung der sozialistischen Demokratie gegangen."[1]

---

1 Karl-Heinz Scheder, 1. Stellvertreter des Erfurter Oberbürgermeisters, in seinem Referat „über die Aufgaben der Stadtverordnetenversammlung bei der weiteren Durchführung der Beschlüsse des XI. Parteitages der SED und in Vorbereitung des 40. Jahrestages der Gründung der DDR", gehalten auf der Konstituierenden Sitzung der Stadtverordnetenversammlung Erfurt im Auditorium maximum der Pädagogischen Hochschule „Dr. Theodor Neubauer" am 24. Mai 1989. Stadtarchiv Erfurt, StVV, 1-5/1000-68.

Silvesterfeier von Kaliarbeitern in einem Betriebsferienheim in Gehren, 31. Dezember 1988

Kundgebung zum Internationalen Frauentag am 8. März 1989 vor dem Ursulinenkloster am Anger

Konstituierende Sitzung der Stadtverordnetenversammlung im Auditorium maximum der Pädagogischen Hochschule „Dr. Theodor Neubauer" am 24. Mai 1989, Bericht der Oberbürgermeisterin Rosemarie Seibert

1. Mai 1989, Bauarbeiter

1. Mai 1989,
VEB Mikroelektronik
„Karl Marx"

1. Mai 1989,
Judokas „Dynamo Erfurt"

1. Mai 1989,
Kinder der Bekleidungs-
werker des Bekleidungs-
kombinats mit neuer
Kollektion

Feiern zum 40. Jahrestag der
DDR im Bezirk Erfurt
Unten: Delegation der DKP
Bezirk Hessen

Oben: Gerhard Müller (rechts) und Viktor Stepanowitsch Babenko mit Frau aus Kiew, Ehrengäste bei den Feierlichkeiten zum 40. Jahrestag der DDR im Bezirk Erfurt. Babenko war der Leiter des Bereiches demokratische Parteien und Organisationen der SMA Thüringen.
Unten: Delegation aus Lowetsch

Malzgasse,
23. November 1989

Haus in der
Marstallstraße,
23. November 1989

Vor der Kommunalwahl am 7. Mai 1989 auf dem Anger

Überwachung[1]

„Als ich 1969 nach Erfurt kam, standen am Angereck die ersten Langhaarigen, die ich in Wirklichkeit sah, in Erfurt landeten immer die Ideologien der Welt, die jungen Revolutionen gaben ihren Hauch ab, in Erfurt war es möglich, in Keimzellenstruktur an den Aderschlag der Zeit zu kommen, Szenen der Langhaarigen gab es, später der Kurzhaarigen, Punks, die bunten Bilder aufgestylter persönlicher Ästhetik."[2]

---

1 Bei den Fotos dieses Kapitels handelt es sich ausschließlich um Aufnahmen der Bezirksverwaltung Erfurt des Ministeriums für Staatssicherheit. Die Fotos sind in der Außenstelle Erfurt der „Gauck"-Behörde archiviert. Das Stasi-Unterlagen-Gesetz verlangt die Schwärzung der Gesichter, wenn keine Abdruckgenehmigung der Betroffenen vorliegt und diese identifiziert werden könnten.
2 Gabriele Kachold: Heißes Eisen Freiheit. In: Merian, Heft 43/90 Thüringen. Hamburg 1990, S. 75–78; hier S. 75.

Bildbezeichnung des MfS, BV Erfurt: „Jugendliche Gruppierungen – Angereck –",
2. Juni 1969, 16.30 bis 18.30 Uhr,
4. Juni 1969, 18.00 bis 19.30 Uhr

Bildbezeichnung des MfS, BV Erfurt:
„Pfingsttreffen Lütschetalsperre",
8. bis 10. Juni 1984

S. 101-108: Bildbezeichnung des MfS, BV Erfurt: „Landesjugendsonntag der Evangelisch-Lutherischen Kirche in Thüringen", 9. Juni 1985

Ein Bausoldat erweckt das Interesse des MfS, es wird notiert: „Uniformierter Angehöriger der Baueinheiten der NVA, mit geschminktem Gesicht, während des Aufenthaltes an verschiedenen Informationszentren"

Die Beteiligung bundesdeutscher Medien war für das MfS so bedeutend, daß dies gesondert vermerkt wurde: „ZDF-Team während der Bild- und Tonaufzeichnungen an einzelnen Informationsständen"

Bildbezeichnung des MfS, BV Erfurt: „Absicherung des ‚Basis'-Treffens, Weimar, Herderkirche (Deckname ‚Basis 87')", 11. April 1987

Bildbezeichnung des MfS, BV Erfurt: „Kirchentag Berlin – Abschlußgottesdienst", 28. Juni 1987

Bildbezeichnung des MfS, BV Erfurt: „Bilddokumentation zu den Personenbewegungen am Augustinerkloster und der Prediger Kirche im Zusammenhang mit der 4. Ökumene"
Oben: „11.30 Uhr–11.52 Uhr, Teilnehmer am Abendmahl betreten die Predigerkirche",
1. Oktober 1988
Unten: „09.06 Uhr, Mitglieder vom SFB-Team unterhalten sich mit einer unbekannten männl. Person (links)", Orthodoxe Liturgie in der Predigerkirche,
30. September 1988

Opposition und Bürgerdialoge

„Ich bin 80 Jahre [,] und ich möchte gern ein paar Worte sprechen. Ich bin Genossin fast 40 Jahre. Und ich lebe und sterbe für diesen Staat. Das kann ich sagen. Aber eins verstehe ich nicht. Ich bin halb neune, kurz nach halb neune hier gewesen, da war der Saal schon voll. Wie geht das zu? Und da steht in der Zeitung um 09.00 Uhr. Dann hat erst um 09.00 Uhr die Tür auf zu sein. Hier ist freier Platz, warum werden da nicht Stühle gestellt? Warum seid Ihr so feige und versteckt Euch? Steht zu Euerem Wort. Ich bin Genossin, ich stehe immer zu meinem Wort, mein Leben lang, aber so etwas habe ich noch nicht erlebt. Ich habe Hitler erlebt, ich habe 2 Kriege erlebt, aber so etwas noch nicht. Wenn Ihr das Demokratie nennt, werdet Ihr nicht zum Ziel kommen."[1]

---

[1] Unbekannte Bürgerin während des Bürgerdialogs in der Thüringenhalle, 28. Oktober 1989. Die Rednerin richtete ihren Beitrag an die Spitzen von Partei und Staat, die auf dem Podium Platz genommen hatten, und spielte auf die Tatsache an, daß die SED bevorzugt systemtreue Kräfte in den Saal geschleust hatte. StA Erfurt, Ordner Dialog 1989.

Abschlußveranstaltung des Kirchentages auf dem Domplatz, 12. Juni 1988

„Erfurt, Stadt am Kreuzweg", Ausstellung zur Stadt- und Verkehrsplanung vom 10. Juni bis 31. Juli 1988 in der Michaeliskirche

Juri-Gagarin-Ring, Datum nicht bekannt

Rathausgespräch, 25. Oktober 1989

Vollversammlung des Neuen Forum in der Predigerkirche, 6. November 1989

S. 120-123: Bürgerdialog in der Thüringenhalle, 28. Oktober 1989

„Wir sind das Volk"

Gerhard Müller: „Ich zähle mich zu jenen, die die Wende, was die Politik unserer Partei betrifft[,] herbeigeführt haben. Ich bekenne mich in dem Zusammenhang auch zu meinem Generalsekretär und Vorsitzenden des Staatsrates, Genossen Egon Krenz. Es ist kein Geheimnis, hier zu sagen, daß er der Initiator dieser Wende war. [...]."
Bürger: „Darf ich mal kurz was sagen: Die Wende hier in unserem Staat haben nicht Sie eingeleitet und die Partei, sondern das Volk auf der Straße." [Klatschen, tosender Beifall][1]

---

1 Der 1. Sekretär der SED-Bezirksleitung Erfurt, Gerhard Müller, und ein unbekannter Bürger aus dem Publikum beim Bürgerdialog in der Thüringenhalle, 28.10.1989. StA Erfurt, Ordner Dialog 1989.

Demonstration am 2. November 1989, Domplatz

Demonstration am 26. Oktober 1989, Domplatz

Demonstration am 2. November 1989

S. 128-123: Künstlerdemonstration am 19. November 1989

Erfurter Aktion „Ein Bürgerwall für unsere Altstadt", Menschenkette am 10. Dezember 1989

Autonomer Jugendclub in der ehemaligen Farbenfabrik im Andreasviertel,
23. November 1989

Eröffnung der Kunstausstellung des Bezirkes Erfurt in der Galerie am Fischmarkt,
15. November 1989

Demonstration am 7. Dezember 1989, hinter dem Dom

Demonstration, Datum nicht bekannt

Grenzöffnung

„Stoßstange an Stoßstange standen die Autos. Wie lang diese Schlange war, ließ sich nur erahnen. Nachdem wir ungefähr zwei Stunden von einem Kilometerstein zum anderen geschlichen waren, standen wir auf einem Berg, der einen, für meine Begriffe überwältigenden Ausblick bot. Von hier aus konnten wir das Ausmaß unseres Vorhabens erkennen. Alles, was wir sahen, waren Autos, eines am anderen. Ich kann die Zahl nicht schätzen, aber es müssen unheimlich viele gewesen sein. Die Sonne schien, und es war bitterkalt. Doch die Herzlichkeit der Menschen untereinander, der Austausch von Kaffee und aufmunternden Blicken, das war so wohltuend, daß ich schnell wieder vergaß, wieviel Weg wir noch vor uns hatten. Ab und zu zogen vereinzelte Hupkonzerte an uns vorüber. Die Menschen, die uns da entgegenkamen, hatten schon alles das gesehen, wovon wir noch träumten. Sie winkten, und wir sahen in ihre strahlenden Gesichter."[1]

---

[1] Manuela Müller, Gymnasiastin aus Erfurt, in ihrem Beitrag zum Aufsatzwettbewerb „Wie ich die Wende in Erfurt erlebt habe", der Anfang 1993 von der Landeszentrale für politische Bildung Thüringen durchgeführt wurde. Abdruck mit freundlicher Genehmigung der Landeszentrale.

Grenzübergang Ifta, 27. November 1989

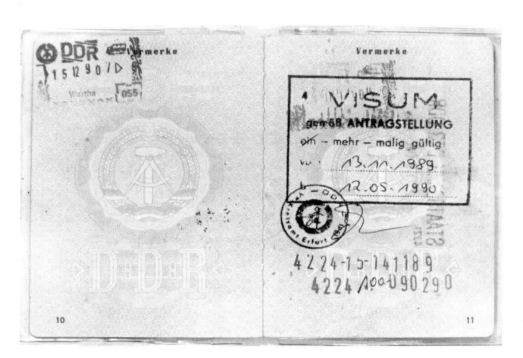

Visumstempel in einem Personalausweis

Menschenschlange vor dem Volkspolizeikreisamt, 13. November 1989

Grenzöffnung bei Wartha, 10. November 1989

Autobahn bei Eisenach
in Richtung Herleshausen,
10. November 1989
(PKWs auf der Fahrt nach
Westen)

Autobahn bei Wartha in Richtung Eisenach, 28. Juni 1990, drei Tage vor der Währungsunion (LKWs auf der Fahrt nach Osten)

Grenzverlauf in Südthüringen bei Brennersgrün, 30. April 1990

Abbau der Grenzsperren bei Gerstungen, 10. Januar 1990

Entmachtung der Staatssicherheit

„Dr. Schwarz begrüßte uns: ‚Ja, was wollen Sie hier, was machen Sie hier. Sie behindern meine, unsere Behörde an der Arbeit.' Und da haben wir gesagt: ‚Ja, das wollen wir auch, daß die Arbeit eingestellt wird und deshalb haben wir auch die Staatsanwaltschaft hergebeten. Wir verlangen jetzt sofort Einsicht in alle Räume, die das Gebäude hat. Damit wir auch sicher sind, daß es alle Räume sind, verlangen wir einen Plan von diesem Gebäude. Und wir verlangen den Zugang zum Computer.' [...] Daraufhin Dr. Schwarz: ‚Wir tun hier nichts Unrechtes. Sie haben keine Berechtigung, das hier zu machen. Wir handeln nur nach den Gesetzen der DDR.' Da hab' ich gesagt: ‚Ja eben diese Gesetze wollen wir ändern. Und deshalb machen wir dies. Und hier unter uns sind auch Leute, die sehr unter Ihrer Behörde gelitten haben. Wir wollen, daß die Arbeit hier aufhört.' Und dann hab' ich noch mal die Forderungen genannt [...]. Und da sagte er: ‚Also, einen Plan des Hauses hab' ich selber nicht. Ich weiß selber nicht, wie viele Räume hier sind.' Und dann: ‚Und einen Computer, wissen Sie, Herr Mielke ...' – das hat der fast wortwörtlich so gesagt, da könnte ich mich noch heute drüber aufregen – ‚Wissen Sie, Herr Mielke ist ein alter Mann, der ist nicht für so moderne Sachen wie einen Computer.'"[1]

---

1 Almut Falcke im Interview vom 16.9.1993. Frau Falcke beschreibt an dieser Stelle die Verhandlungen mit dem Leiter der Bezirksverwaltung Erfurt der Staatssicherheit, Generalmajor Josef Schwarz, am 4. Dezember 1989, nachdem eine zehnköpfige Delegation der späteren Besetzer von Schwarz empfangen worden war.

Besetzung der Bezirksverwaltung der Staatssicherheit in der Andreasstraße, hier Eingang Bechtheimerstraße; in Uniform einer der Militärstaatsanwälte, im Anzug ein Vertreter des MfS, 4. Dezember 1989

Bezirksverwaltung der Staatssicherheit, Archiv, 4. Dezember 1989

Versiegelung der Türen in der Bezirksverwaltung der Staatssicherheit, 4. Dezember 1989

S. 150-153: Zerrissene Akten, 4. Dezember 1989

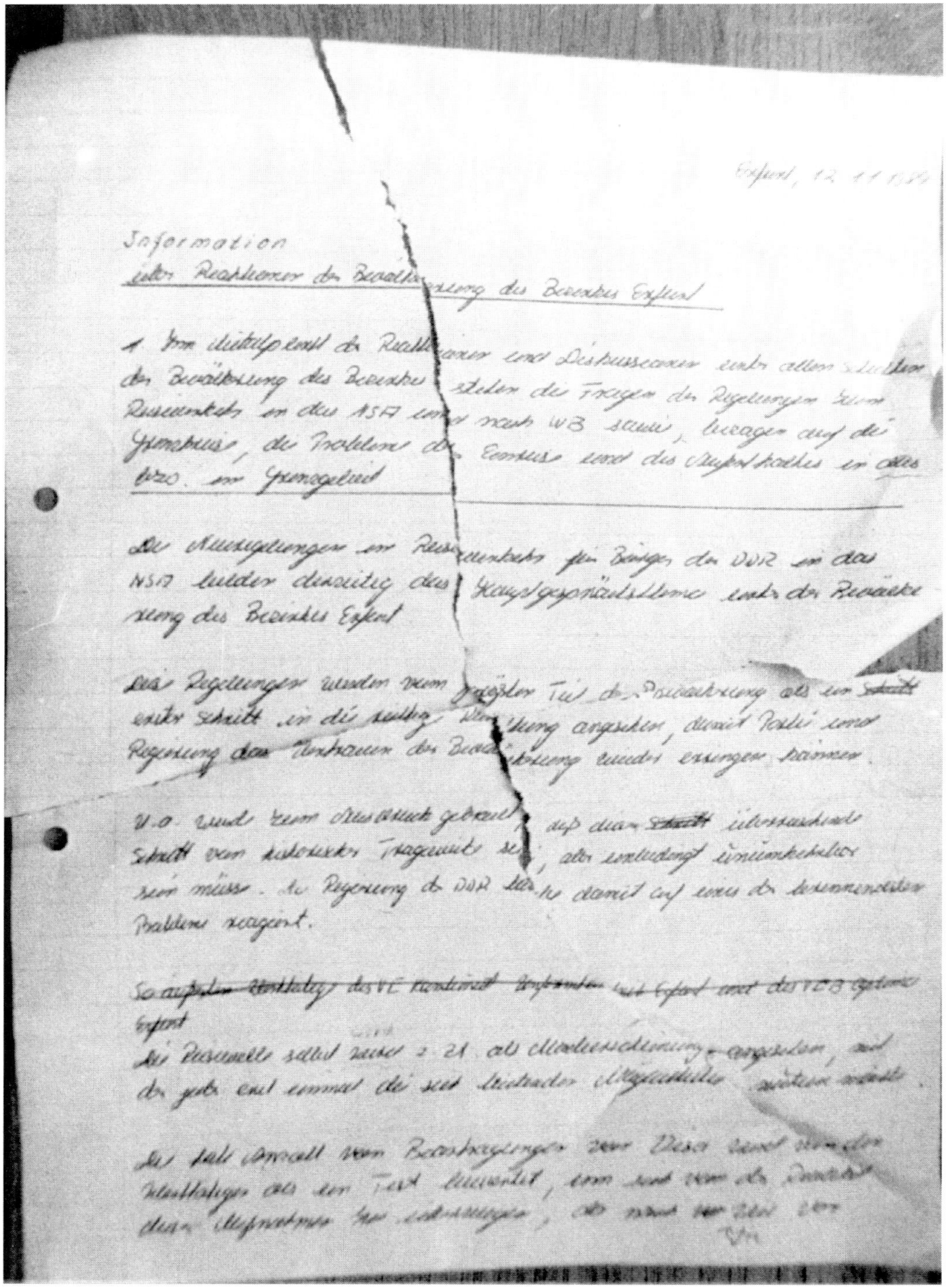

Erfurt, 12.11.1989

Information
über Reaktionen der Bevölkerung des Bezirkes Erfurt

1. Im Mittelpunkt der Reaktionen und Diskussionen unter allen Schichten der Bevölkerung des Bezirkes stehen die Fragen der Regelungen zum Reiseverkehr in die BRD und nach WB sowie, bezogen auf die Grenzkreise, die Probleme des Einkaufs und des Aufenthaltes in der BRD. im Grenzgebiet

Die Neuregelungen im Reiseverkehr für Bürger der DDR in die BRD bilden derzeitig das Hauptgesprächsthema unter der Bevölkerung des Bezirkes Erfurt.

Die Regelungen werden vom größten Teil der Bevölkerung als ein ~~Schritt~~ erster Schritt in die richtige Richtung angesehen, damit Partei und Regierung das Vertrauen der Bevölkerung wieder erringen können.

U.a. wird zum Ausdruck gebracht, daß dieser ~~Schritt~~ überraschende Schritt von historischer Tragweite sei, aber unbedingt unumkehrbar sein müsse. Die Regierung der DDR hätte damit auf eines der brennendsten Probleme reagiert.

~~So auf den [illegible] des VE Kombinat [illegible] Erfurt und des VEB [illegible]~~ Erfurt

Die Reisewelle selbst wird z.T. als Massenbewegung angesehen, und der jeder erst einmal die [illegible] Möglichkeiten nutzen möchte.

Die hohe Anzahl von Beantragungen zum Visa [illegible] Wartelisten [illegible] Text bewertet, [illegible] diese Maßnahmen [illegible], [illegible]

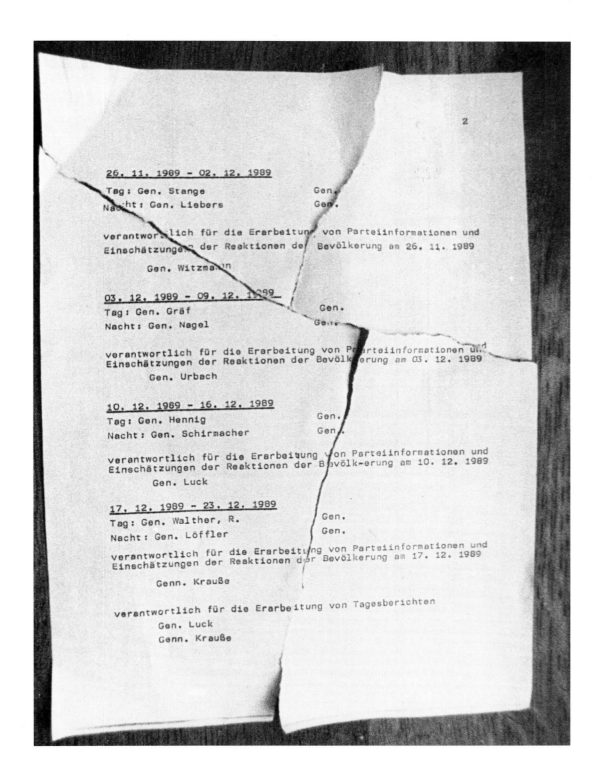

26. 11. 1989 - 02. 12. 1989
Tag: Gen. Stange   Gen.
Nacht: Gen. Liebers   Gen.

verantwortlich für die Erarbeitung von Parteiinformationen und
Einschätzungen der Reaktionen der Bevölkerung am 26. 11. 1989
   Gen. Witzmann

03. 12. 1989 - 09. 12. 1989
Tag: Gen. Gräf   Gen.
Nacht: Gen. Nagel   Gen.

verantwortlich für die Erarbeitung von Parteiinformationen und
Einschätzungen der Reaktionen der Bevölkerung am 03. 12. 1989
   Gen. Urbach

10. 12. 1989 - 16. 12. 1989
Tag: Gen. Hennig   Gen.
Nacht: Gen. Schirmacher   Gen.

verantwortlich für die Erarbeitung von Parteiinformationen und
Einschätzungen der Reaktionen der Bevölk-erung am 10. 12. 1989
   Gen. Luck

17. 12. 1989 - 23. 12. 1989
Tag: Gen. Walther, R.   Gen.
Nacht: Gen. Löffler   Gen.

verantwortlich für die Erarbeitung von Parteiinformationen und
Einschätzungen der Reaktionen der Bevölkerung am 17. 12. 1989
   Genn. Krauße

verantwortlich für die Erarbeitung von Tagesberichten
   Gen. Luck
   Genn. Krauße

Besetzung der Staatssicherheit, Straße der Einheit, 4. Dezember 1989

Besetzung der Staatssicherheit, Espachstraße, Kaffee von der Volkssolidarität für die Besetzer,
4. Dezember 1989

Ehemalige Bezirksverwaltung der Staatssicherheit, Januar 1990

Ehemalige Bezirksverwaltung der Staatssicherheit, Hungerstreik der Bürgerwache, von links nach rechts: Sven Braune, Dirk Adams, Klaus Voigt, 28. März 1990

Demonstration zur Unterstützung der Hungerstreikenden auf dem Fischmarkt, 29. März 1990

Wahlkampf und demokratische Wahlen

„Einen Tag vor den Kommunalwahlen stand dort, wo heute Hertie ist, Ruge mit seiner CDU, wir mit der SPD standen vorn an der Haltestelle bei der Post an der Ecke, und das Neue Forum stand vor ihrem Gebäude neben der früheren Hähnchen-Bar. Ruge und ich, wir sind uns immer mal ein Stück entgegengelaufen und haben uns unterhalten und gelacht: ‚Wie läuft's bei euch?' Ich würde sagen, das war ein ganz normales Verhältnis. Da kamen die Pressevertreter, von drüben vor allen Dingen, und sagten: ‚Und das nennen Sie Wahlkampf?!' Ich war und bin der Ansicht: Man kann unterschiedliche politische Meinungen vertreten, aber als Mensch kann man sich doch völlig normal im Umgang miteinander bewegen. Diese Art war eigentlich das, was wir wollten als Idealisten, die wir waren."[1]

---

1 Horst Bechthum im Interview vom 20.10.1993.

Juri-Gagarin-Ring, Februar 1990

Juri-Gagarin-Ring, März 1990

Vor der Hauptpost am Anger, März 1990

Kundgebung zum Internationalen Frauentag am 8. März 1990 vor dem Ursulinenkloster am Anger

Bahnhofstraße, März 1990

Leninstraße (jetzt Johannesstraße), März 1990

Kundgebung vor der SED-Bezirksleitung in der Eislebener Straße zur Erneuerung der Partei, 11. November 1989

Willy Brandt spricht aus demselben Fenster des Hotels „Erfurter Hof", aus dem er 20 Jahre zuvor geblickt hat, 3. März 1990.
Rechte Seite: Am 19. März 1970 hatte Brandt sich am Fenster dieses Zimmers im „Erfurter Hof" gezeigt, in dem er sich frisch machen wollte, nachdem die Menschen in immer drängenderen Sprechchören gerufen hatten: „Willy Brandt ans Fenster!". Brandt traf damals in Erfurt den DDR-Ministerpräsidenten Willi Stoph. Es handelte sich um das erste Gipfeltreffen zweier deutscher Regierungschefs seit der gescheiterten Begegnung der deutschen Ministerpräsidenten der Länder in München 1947.

Helmut Kohl während einer Wahlveranstaltung der Allianz für Deutschland auf dem Domplatz, 20. Februar 1990

Anhänger Helmut Kohls, 20. Februar 1990

Hans-Dietrich Genscher auf dem Domplatz, 28. Februar 1990

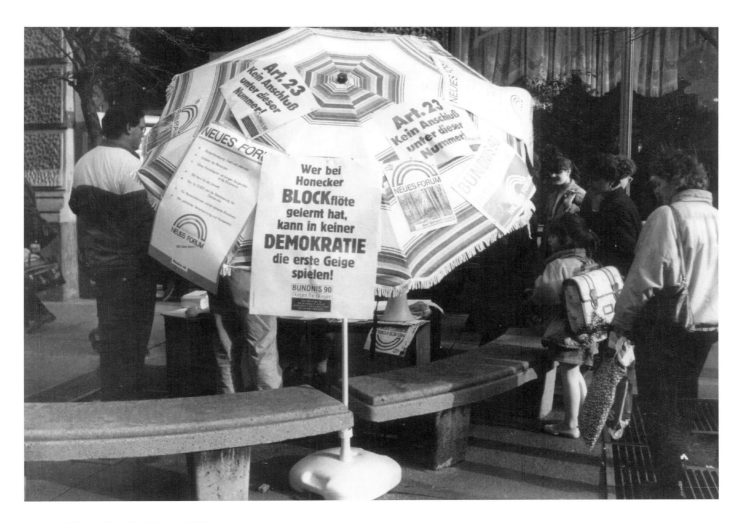

Anger, Haus Nr. 23, März 1990

S. 172-174: Wahlplakate, März 1990

Wahlplakat, 10. Oktober 1990

Der politische Umbruch auf einen Blick

1. Mai 1989

176

November 1989

Chronik der Erfurter Ereignisse
Bearbeitet von Eckehart Döbler, Andreas Dornheim, Kathrin Tejkl

Januar 1989

02. Auftakt des Planjahres 1989.
    Besuch führender Funktionäre in den Betrieben.

04. Günter Schabowski, 1. Sekretär der SED-Bezirksleitung Berlin, feiert seinen 60. Geburtstag; Auszeichnung mit dem Karl-Marx-Orden.
    Mehrere Länder der Bundesrepublik Deutschland kündigen die Einstellung der Zahlungen für die Zentrale Erfassungsstelle Salzgitter an.

13. Anreise der Jagdgäste Erich Honeckers zur Staatsjagd im Bezirk Erfurt (akkreditierte Chefs der diplomatischen Missionen mit ihren Doyen, Leiter der Vertretungen der Nationalen Befreiungsbewegungen, Mitglieder und Kandidaten des Politbüros des ZK der SED: Willi Stoph, Egon Krenz, Günter Mittag, Hermann Axen, Joachim Herrmann, Günther Kleiber, Werner Krolikowski, Harry Tisch, Ingeburg Lange, Gerhard Müller, Margarete Müller, Gerhard Schürer, Prof. Dr. Dr. h.c. Lothar Kolditz, Präsident des Nationalrates der Nationalen Front).
    Initiative zur Bildung des Verbandes der Freidenker auf DDR-Ebene.

15. „Kampfdemonstration für Sozialismus und Frieden" in Ost-Berlin aus Anlaß des 70. Jahrestages der Ermordung von Rosa Luxemburg und Karl Liebknecht. In Leipzig „Gegendemonstration" einiger hundert Menschen, die das Recht auf freie Meinungsäußerung, Versammlungs- und Pressefreiheit fordern; über 80 von ihnen werden vorübergehend festgenommen; 1987 war es zu Verhaftungen und Ausweisungen gekommen.

18. Mitteilung der Staatlichen Zentralverwaltung für Statistik über die Durchführung des Volkswirtschaftsplanes 1988 (vgl. DV vom 19. Januar): positive Gesamtbilanz der DDR-Wirtschaft für das Jahr 1988; u.a. Anstieg des produzierten Nationaleinkommens um 3 %; Pflanzenproduktion 7,7 % unter dem Plan, da schlechte Witterungsverhältnisse; Verwirklichung des Wohnungsbauprogramms, seit 1971 die dreimillionste Wohnung fertiggestellt.

19. Versammlung des im März 1988 konstituierten Thomas-Müntzer-Komitees der DDR unter Vorsitz von Lothar Kolditz, Präsident des Nationalrates der Nationalen Front, unter Teilnahme von Vertretern des Bundes der Evangelischen Kirchen der DDR; Ziel: Vorbereitungen zum Gedenken und zur Ehrung des „frühbürgerlichen

Revolutionärs" aus Anlaß seines 500. Geburtstages; Ankündigung der feierlichen Eröffnung eines „Bauernkriegs-Panoramas" mit dem Monumentalbild von Werner Tübke „Frühbürgerliche Revolution in Deutschland" im September in Bad Frankenhausen und eines Festaktes des ZK der SED im Dezember 1989.

25. Erste Sitzung der republikweiten Wahlkommission für die Kommunalwahl am 7. Mai unter Vorsitz von Egon Krenz.
Beschluß des Nationalen Verteidigungsrates der DDR; u.a.:
– einseitige Reduzierung um 10.000 Mann;
– Auflösung von 6 Panzerregimentern;
– Auflösung eines Fliegergeschwaders;
– Reduzierung der Ausgaben für nationale Verteidigung um 10%.
Abzug sowjetischer Einheiten aus der DDR angekündigt.

26. Tagung des Nationalrates der Nationalen Front, der einen Wahlaufruf zur Kommunalwahl am 7. Mai 1989 beschließt. Bezirksparteiaktivtagung der SED.

29. Wahlen zum (West-)Berliner Abgeordnetenhaus: Erfolge für die rechtsextremen Republikaner (wird in der DDR-Presse breit diskutiert und kommentiert).

30. Erich Honecker empfängt den Vorsitzenden der Sozialistischen Partei Chiles, Clodomiro Almeydo.

31. DDR-Staatssekretär für Kirchenfragen, Kurt Löffler, besucht Israel.
Tagung des Erweiterten Stadtausschusses Erfurt der Nationalen Front in Vorbereitung der Kommunalwahl.
Gespräch Erich Honeckers mit dem Ministerpräsidenten von Schleswig-Holstein, Björn Engholm.

Februar 1989

01. Einwohnerforen in Erfurt.

02. Ständiger Vertreter der Bundesrepublik Deutschland bei der DDR, Franz Bertele, akkreditiert.
Rede von Egon Krenz vor der Bezirksparteiaktivtagung Berlin zur Kommunalwahl am 7. Mai.

03. Auszeichnungen für verdiente Mitarbeiter des Ministeriums für Staatssicherheit anläßlich des 39. Jahrestages der Bildung des MfS; u.a. werden folgende Orden verliehen: Stern der Völkerfreundschaft, Vaterländischer Verdienstorden, Banner der Arbeit.

04. Kardinal Joachim Meisner in Berlin verabschiedet, da er am 12. Februar sein Amt als Erzbischof von Köln antritt.

06. Anläßlich des 40. Jahrestages der DDR werden 250 Ehrenbanner des ZK der SED angekündigt.

13. DV meldet: ZK der Ungarischen Sozialistischen Arbeiterpartei spricht sich für Mehrparteiensystem in Ungarn aus.

15. Truppen der Sowjetunion verlassen fristgemäß Afghanistan.
Tagung der Stadtverordnetenversammlung Erfurt.
Der 20.000ste Wartburg läuft vom Band.

17. Verband der Freidenker im Bezirk Erfurt gebildet.

19. Rathausgespräch: „Stadtbaudirektor Achim Caroli informiert interessierte Erfurter über das innerstädtische Baugeschehen" (DV).

20. Gerhard Müller empfängt die Delegierten des Bezirkes Erfurt zum Kongreß der Unterhaltungskünstler.
Missionschef der DDR bei der Europäischen Gemeinschaft akkreditiert.

22. Die Zentrale Erfassungsstelle Salzgitter bestätigt, daß der zwanzigjährige Chris Gueffroy in der Nacht zum 6. Februar beim Versuch, von Ost- nach West-Berlin zu flüchten, von Grenzsoldaten der DDR erschossen, der gleichaltrige Christian Gaudian schwer verletzt wurde.

23. Tagung der Wahlkommission der DDR.
Erich Honecker empfängt den Ministerpräsidenten von Baden-Württemberg, Lothar Späth.
Bezirkswahlkommission auf Beschluß des Rates des Bezirkes vom 13. Februar 1989 gebildet.

24. DV zitiert Artikel der Zeitung der KP der Tschechoslowakei „Rude Pravo" über „Unruhestifter", z.B. Vaclav Havel (Rechtfertigung der ČSSR zur Verurteilung Havels und die darauf folgende internationale Kritik).
Erich Honecker empfängt den Hamburger Bürgermeister Henning Voscherau.

27. Beginn der Wahlen im Freien Deutschen Gewerkschaftsbund in den Grundorganisationen.

März 1989

01. Konstituierung der Bezirkswahlkommission.

02. DV meldet: Preise in Polen um 60% gestiegen.

03. Volkskammer beschließt auf ihrer 8. Tagung, ausländischen Mitbürgern das aktive und passive Wahlrecht zu erteilen.
Stadtwahlkommission für Erfurt gebildet; Vorsitzende: Oberbürgermeister Rosemarie Seibert; Stellvertreter: Klaus Bräunig; Sekretär: Dr. Heinz Steinbach.

06. Außenminister der DDR, Oskar Fischer, spricht auf der Außenministerkonferenz in Wien.

08. DV meldet: Japan will die Zusammenarbeit mit der DDR vertiefen.
Empfang des ZK der SED anläßlich des Internationalen Frauentages.
Mehrtägiges Seminar des ZK der SED mit Generaldirektoren der Kombinate in Industrie, im Bau-, Transport- und Nachrichtenwesen beginnt.

11. DV meldet: Prüfung der Kandidaten zur Kommunalwahl.
DV meldet aus der BRD: Wirtschaftskontakte zur DDR stabilisieren.

12. Sozialdemokratische Partei in Ungarn beantragt Mitgliedschaft in der Sozialistischen Internationale.
Leipziger Messe mit traditionellem Messerundgang der Partei- und Staatsführung der DDR eröffnet – Gespräch mit dem Ministerpräsidenten von Nordrhein-Westfalen, Johannes Rau.

13. Wahlgespräch mit christlichen Frauen in der Medizinischen Akademie in Erfurt; Thema: „Verantwortung von Gesellschaft und Familie für die Erziehung der jungen Generation"; Teilnehmer: Pfarrfrauen und im kirchlichen Dienst Tätige, Bezirksausschuß der Nationalen Front und DFD.
In Ungarn konstituiert sich eine weitere Partei, das Ungarische Demokratische Forum.

19. Rathausgespräch: Der Stadtrat für Inneres, Helmuth Beuthe, informiert zum Thema „Ordnung und Sicherheit – ein Anliegen aller!"; rund 100 Erfurter und Erfurterinnen nehmen teil; Stadt stellt Konzeption für Radwege vor, nimmt Stellung zum Mülltonnenproblem und stellt die Erhöhung der Anzahl an Papierkörben in Aussicht; Bürger kritisieren die Unsauberkeit an Müllcontainern und den schlechten Zustand der Gehwege.

20. Stadtausschuß Erfurt der Nationalen Front beschließt die Aufstellung der Kandidaten für die Kommunalwahl.
China fordert Nichteinmischung in innere Angelegenheiten.

23. DV zitiert Artikel des Zentralorgans der KPČ „Rudé Právo" „Wer ist Vaclav Havel?".

21. Beginn der Nationalen Konferenz zur Umweltpolitik der DDR.

26. Wahlen zum Volksdeputiertenkongreß der UdSSR.

28. Beginn der Veröffentlichung der Kandidaten für die Stadtverordnetenversammlung der Stadt Erfurt und die Stadtbezirksversammlungen in „Das Volk". Unionsgesellschaft der Sowjetdeutschen gegründet.

April 1989

03. DV meldet: Zustimmung zu Wahlvorschlägen (in Vorbereitung der Kommunalwahlen), d.h. Bestätigung und Zustimmung der örtlichen Wahlkommissionen nach Abschluß der Prüfung der Kandidaten der Nationalen Front; Beginn eines neuen Abschnitts der Wahlvobereitungen: Vorstellen der Kandidaten in den Wahlkreisen und Wohngebieten, persönliche Gespräche mit den Wählern.

05. DV meldet: Christen unterstützen Wahlaufruf.

06. Gespräch des Mitglieds des SED-Politbüros, Günter Mittag, mit dem Ministerpräsidenten des Saarlandes, Oskar Lafontaine.
Losungen des ZK der SED zum 1. Mai 1989 herausgegeben.

07. Gespräche Günter Mittags mit Bundeskanzler Helmut Kohl und mit dem FDP-Vorsitzenden Otto Graf Lambsdorff.

11. Außenministertagung des Warschauer Vertrages in Berlin.

12. Abschluß eines Protokolls zwischen der DDR und der Bundesrepublik zum Verlauf der Elbegrenze.
Tagung des Hauptvorstandes der DDR-CDU mit dem Minister für Volksbildung, Margot Honecker.

18. Beginn des Abzuges der sowjetischen Truppen aus der DDR wird für den 11. Mai angekündigt.

20. DV meldet: Demonstration in chinesischer Hauptstadt.
Arbeitsausschuß zur Gründung des Verbandes der Freidenker in der Stadt Erfurt gebildet.

21. Vertrag zwischen DDR und Polen über den Grenzverlauf in der Oderbucht paraphiert.

22. Programm für das Pfingsttreffen der FDJ wird veröffentlicht.
DV meldet: Abschied von Hu Yaobang in Peking.

26. Ankündigung einer Reise Erich Honeckers nach Magnitogorsk (Industriestadt im südlichen Ural, größtes Hüttenkombinat der UdSSR).
Aufruf an alle Erfurter Bürger, sich an den Kampfdemonstrationen am 1. Mai zu beteiligen.

27. DV kommentiert: „Mißbrauch des Telefonverkehrs" (bezieht sich auf eine von der „Welt" und anderen Massenmedien der BRD vorbereitete Telefonumfrage des bundesrepublikanischen Meinungsforschungsinstituts Infas zu den Kommunalwahlen in der DDR).
Treffen Erich Honeckers mit dem niedersächsischen Ministerpräsidenten Ernst Albrecht.
Wahlkommission der Stadt Erfurt tagt.

28. Erfurter Ratsvorsitzender Swatek empfängt den Thüringer Landesbischof Werner Leich, der am 3. März 1988 in einem Gespräch mit Erich Honecker gesellschaftliche Veränderungen angemahnt hatte.

Mai 1989

02. Vierte Sitzung der Wahlkommission der DDR.
Beginn des Abbaus der Grenzsperranlagen zwischen Ungarn und Österreich.

03. Arbeitsbesuch Erich Honeckers in der ČSSR.

04. Studentendemonstrationen in Peking.

07. Kommunalwahl; Überwachung der Stimmauszählung durch Vertreter kirchlicher Gruppen und Einzelpersonen; in den folgenden Tagen Eingaben wegen des Verdachts der Wahlfälschung.

08. Bezirkswahlkommission tagt.
János Kádár von Funktionen (Vorsitzender der kommunistischen Partei Ungarns und Mitglied des ZK) entbunden.

10. Bekanntgabe des endgültigen Wahlergebnisses der Kommunalwahlen in der DDR.
Regierungsumbildung in Ungarn.

11. Gemeinsame Sitzung des Staatsrats und der Wahlkommission der Republik zum Abschluß der Kommunalwahl.

12. Einspruch des Evangelischen Ministeriums Erfurt gegen das Ergebnis der Kommunalwahl in Erfurt an den Nationalrat der Nationalen Front.
Beginn des Pfingsttreffens der FDJ in Berlin.

17. DV meldet (zum 16.5.): Studentenaktion in Peking; rund 2000 Studenten setzen ihren Hungerstreik fort, trotz eines Appells des Büros des ZK der KP Chinas und des Staatsrats von China.

19. DV meldet (zum 18.5.): „Appell der Führung der KP Chinas an Studenten: Hungerstreik abbrechen"; 100.000 Menschen haben sich in Peking versammelt, wo sich mehr als 3000 Studenten seit 5 Tagen im Hungerstreik befinden.
DV meldet: Preiserhöhungen in Ungarn.

22. DV meldet: Studentendemonstrationen in Peking halten an.

23. DV meldet: Senat von Berlin (West) stellt Zahlungen für Erfassungsstelle Salzgitter ein.

24. Konstituierung der Stadtverordnetenversammlung Erfurt mit Schlußbericht der Stadtwahlkommission.
Michail Gorbatschow wird Vorsitzender des Obersten Sowjets der UdSSR.

25. DV meldet: Öffentliche Ordnung in China wiederhergestellt. Stadtbezirksversammlungen konstituieren sich.
Vertreter der evangelischen Kirche in Erfurt erhalten in einem Gespräch mit dem Stadtrat für Inneres, Helmuth Beuthe, mündliche Antwort auf den Einspruch an den Nationalrat.
Treffen Erich Honeckers mit Hans-Jochen Vogel.

27. DV meldet: Umtausch der SED-Parteidokumente in Vorbereitung.
DV stellt Ratskollektive der Stadtbezirke vor.

28. Rathausgespräch.
In den Gottesdiensten der evangelischen Kirche wird der Einspruch gegen das Wahlergebnis und eine Darstellung der nachfolgenden Entwicklung verlesen (Kanzelabkündigung).

30. Schreiben des Evangelischen Ministeriums an die Stadtwahlkommission Erfurt.

31. DDR-Außenminister äußert sich zu Frieden und Menschenrechten.

Juni 1989

03. DV meldet: Konstituierung der Volksvertretungen abgeschlossen.
„Manifestation der Erfurter Intelligenz im Schauspielhaus" (Manifestation für den Frieden, aktuelle Verantwortung der Intelligenz für Wohl und Wehe der Mensch-

heit; Ziel: „Leben schöner und lebenswerter zu gestalten, diese Welt menschenfreundlicher und für alle wohnlicher zu machen").

05. DV meldet: „Konterrevolutionärer Aufruhr in China niedergeschlagen".

07. Erster Verbandstag der Freidenker der DDR.

08. Erklärung der Volkskammer zu den Ereignissen in China.

09. Gründung des Freidenkerverbandes in Erfurt-Nord.

11. DV meldet zu China: „400 Rädelsführer verhaftet".

12. Staatsbesuch Michail Gorbatschows in Bonn.

13. Honecker-Interview mit den US-Zeitungen „Washington Post" und „Newsweek" zur Zukunft der Gesellschaftsentwicklung in der DDR veröffentlicht: „breite Entfaltung der sozialistischen Demokratie, das heißt die noch stärkere Einbeziehung des ganzen Volkes in die gesellschaftlichen Prozesse, insbesondere durch die Gewährleistung des geradezu revolutionären Prozesses der Einheit von Wirtschafts- und Sozialpolitik". „Der Optimismus, verbunden mit einer Portion Realismus, ist unser Lebenselement." Für die „Außenpolitik der DDR gibt es eine überragende Priorität, das sind Frieden und Sicherheit". Zur NATO: „Mit Befremden haben wir die Versuche der NATO-Staaten [...] zur Kenntnis genommen, den sozialistischen Staaten Vorschriften über die Gestaltung ihrer inneren Ordnung und über das Regime an ihren Grenzen zu machen. Diese Frage löst jeder Staat [...] im Rahmen seiner nationalen Souveränität". Zu China: von Seiten der DDR keine Einmischung in die inneren Angelegenheiten der Chinesen. Nach „meinen eigenen Erfahrungen gehe ich immer davon aus, daß Studenten die Aufgabe haben zu lernen und zu studieren".
Beginn des IX. Pädagogischen Kongresses der DDR in Ost-Berlin, der drei Tage dauert und an dem 4300 Delegierte teilnehmen. Bei der Eröffnung erklärt Margot Honecker u.a.: „Unsere Zeit ist eine kämpferische Zeit, sie braucht eine Jugend, die kämpfen kann, die den Sozialismus stärken hilft, die für ihn eintritt, die ihn verteidigt mit Wort und Tat, und wenn nötig, mit der Waffe in der Hand."

16. Gemeinsame Abschlußerklärung von FDGB und hessischem DGB nach einem Besuch im Bezirk Erfurt.

17. DV veröffentlicht einen Kommentar Karl-Eduard von Schnitzlers: „Die beiden deutschen Staaten und das Selbstbestimmungsrecht" (aus „Aktuelle Kamera" vom 16.6.): Betonung der Eigenstaatlichkeit und Souveränität der beiden deutschen Staaten; scharfe Kritik an Äußerungen über eine mögliche Wiedervereinigung der

beiden deutschen Staaten von Seiten der BRD; Verweis auf Kommuniqué während eines Honecker-Besuchs in der BRD 1987: „Die Unverletzlichkeit der Grenzen und die Achtung der territorialen Integrität und Souveränität aller Staaten in Europa in ihren gegenwärtigen Grenzen sind eine grundlegende Bedingung für den Frieden."

19. Erich Honecker empfängt Berlins Regierenden Bürgermeister Walter Momper. Günter Mittag empfängt den Präsidenten des Deutschen Industrie- und Handelstages der BRD, Hans Peter Stihl.

21. Die Stadt Leipzig bekundet ihr Interesse an der Olympiabewerbung für das Jahr 2004.

22. Beginn der 8. Tagung des Zentralkomitees der SED.

25. Rathausgespräch: Entwicklung von Körperkultur und Sport in Erfurt.

27. Beginn der Reise Erich Honeckers nach Magnitogorsk.

28. DDR-Delegation in Bonn.

30. Umbenennung der Gruppe der Sowjetarmee in Deutschland in Westgruppe der sowjetischen Streitkräfte.
Stadtverordnetenversammlung Erfurt tagt zum Thema Wohnungspolitik.

Juli 1989

01. Direktive zur Plandiskussion 1990 wird veröffentlicht.

04. DV meldet: Ehemaliger sowjetischer Außenminister Andrej Gromyko verstorben.
DV meldet: Erich Honecker empfängt den Bundesminister für besondere Aufgaben und Chef des Bundeskanzleramtes Rudolf Seiters.

06. János Kádár in Ungarn verstorben.
Beginn des Kirchentages der Evangelisch-Lutherischen Landeskirche Sachsens in Leipzig anläßlich des 450. Jahrestages der Einführung der Reformation in Sachsen.

07. Beginn der Tagung des Politischen Beratenden Ausschusses der Teilnehmerstaaten des Warschauer Vertrages in Bukarest.

08. Vorzeitige Heimreise Erich Honeckers aus Bukarest.

12. Städtepartnerschaft Arnstadt – Kassel wird abgeschlossen.
Sitzung der SED-Stadtleitung Erfurt.

19. Veröffentlichung eines Briefes von Bischof Dr. Horst Gienke (Greifswald) an Erich Honecker vom 3.7. anläßlich der Wiedereinweihung des Greifswalder Doms. Gienke dankt Honecker dafür, daß er am Gottesdienst teilgenommen hat, und bittet um „eine lebendige Fortführung des sachlichen, vertrauensvollen, freimütigen Gespräches zwischen staatlichen und kirchlichen Vertretern auf allen Ebenen". Honeckers Antwort vom 18. Juli ist ein Plädoyer für ein Miteinander von Christen und Marxisten, um alles für die sozialistische Heimat zu tun. Auf einer Synodaltagung wird Gienke am 5. November 1989 das Vertrauen entzogen; Gienke tritt wenige Tage später von seinem Amt zurück. Dieser Vorgang ist einmalig in der Kirchengeschichte der DDR.

24. DV meldet: Reiseverkehr mit Ungarn ohne Einschränkung.
DV-Wortmeldung von Otto Brandt, Generaldirektor der Umformtechnik, u.a. zur Plandiskussion und zur Beschleunigung der Mechanisierungs- und Automatisierungstechnik.

28. Statistik des Bezirkes Erfurt, 1. Halbjahr, veröffentlicht.

30. Miectyslaw Rakowski zum 1. Sekretär des ZK der Polnischen Vereinigten Arbeiterpartei gewählt.

August 1989

01. DV meldet: 21.000 sowjetische Soldaten abgezogen.

03. UNO-Generalsekretär empfängt DDR-Botschafter.

04. Harry Tisch empfängt DGB-Gewerkschafter.

07. DV meldet zur Vorsprache von DDR-Bürgern in BRD-Botschaften: „Nur DDR-Angelegenheit".

08. Erklärung des DDR-Außenministeriums: „Erreichtes nicht aufs Spiel setzen" (betrifft: Botschaftsflüchtlinge in Berlin und Budapest).
DV meldet: Normaler Reiseverkehr mit Ungarn.

09. DDR-Bürger gefährdet Verkehr an Grenzübergangsstelle Drewitz (betrifft: betrunkenen Trabantfahrer).

10. DV kommentiert: „Was steckt hinter der ‚Frontberichterstattung'?"; Kritik an der Berichterstattung bundesdeutscher Medien über die Botschaftsflüchtlinge; Anprangerung als „DDR-feindliche Kampagne" und „Hetzkampagne"; Warnung vor einer Verschlechterung der Beziehungen zwischen DDR und BRD.

12. Außenministerium der DDR vertritt die Meinung: „keinerlei Obhutspflicht der BRD für Bürger der DDR".

14. In Ost-Berlin überreichen Vertreter des Erfurter Kombinats Mikroelektronik Erich Honecker die ersten Funktionsmuster von 32-Bit-Mikroprozessoren.
Der ungarische Außenminister Gyula Horn bespricht mit dem Staatssekretär des Bundesaußenministeriums, Jürgen Sudhoff, die Situation der 181 DDR-Bürger, die sich in der Botschaft der BRD in Budapest aufhalten und empfängt anschließend den DDR-Botschafter in Ungarn, Gerd Vehres, um ihn über den Standpunkt der ungarischen Regierung zu informieren.

16. DV informiert zu Erklärung der Konsularabteilung der DDR-Botschaft in Budapest: Garantie für die Botschaftsflüchtlinge, daß eine Rückkehr in die DDR folgenlos bleiben wird.
Leiter der Ständigen Vertretung der BRD wird ins DDR-Außenministerium bestellt.

17. In Polen Vorschlag zur Bildung einer Koalitionsregierung.
In der Nacht zum 18. August Schüsse auf die Grenzgemeinde Wahlhausen; später wird vermutet, daß es sich um eine Aktion des Ministeriums für Staatssicherheit handelte.

19. Paneuropäische Union unter Vorsitz Otto von Habsburgs veranstaltet ein Paneuropa-Picknick bei Sopron, bei dem es zur ersten Massenflucht von DDR-Bürgern kommt. 661 DDR-Bürger überqueren die Grenze nach Österreich.

22. DV meldet: Bonn schweigt zu den Schüssen in Wahlhausen.
DV meldet: Provokation in Prag zum Scheitern gebracht; 140 ausreisewillige DDR-Bürger halten sich in der Botschaft der BRD auf, die für den Publikumsverkehr geschlossen wird.
Statistik der Stadt Erfurt für das 1. Halbjahr veröffentlicht.

23. DV meldet: DDR-Bürger in Ungarn werden verleitet.
Bestarbeiterkonferenz in Erfurt.

24. DV kommentiert zu Wahlhausen: „Schüsse und Obhutspflicht".
Tadeusz Mazowiecki vom Bürgerkomitee „Solidarność" wird zum neuen Ministerpräsidenten Polens gewählt.

25. Parteiaktiv Bildungswesen der Stadt Erfurt tagt zum Schulbeginn.
DV meldet: Reiseverkehr mit Ungarn normal.
Nordrhein-Westfalen lehnt die weitere finanzielle Unterstützung der Erfassungs-

stelle Salzgitter ab, da diese nicht mehr in das Bild der Beziehungen zwischen beiden deutschen Staaten passe.
Volksbildungsaktive tagen in allen Kreisen der DDR zum Schuljahresbeginn.

27. Berliner Bischofskonferenz der katholischen Kirche.

29. Im Neuen Deutschland wird der Dank Erich Honeckers für die Glück- und Genesungswünsche zu seinem 77. Geburtstag am 25. August abgedruckt; Honecker befindet sich einen Tag nach seiner Gallenoperation in einem Ost-Berliner Krankenhaus.

30. DV meldet: „Trabant mit 4-Takt-Motor" (Aufnahme der Serienproduktion eines neuen Trabant mit 4-Takt-Ottomotor im Mai 1990 wird vorbereitet).

31. DV kommentiert den Beginn des Umtausches der SED-Parteidokumente als „Gute Tradition" der Partei.
Oskar Fischer empfängt ungarischen Außenminister Gyula Horn.

September 1989

01. DV meldet: Neue Modelle in der Schuhfabrik VEB „Paul Schäfer".
Erich Honecker tritt Genesungsurlaub an.
Jugendsender „Elf 99" geht auf Sendung.

02. Eröffnung der Leipziger Messe.
Über 3500 ausreisewillige DDR-Bürger befinden sich in ungarischen Auffanglagern.

04. Mehrere hundert Menschen demonstrieren vor der Nikolaikirche in Leipzig für mehr Reisefreiheit.

05. Erklärung des Sprechers des DDR-Außenministeriums zum Thema Botschaftsflüchtlinge gegenüber ADN: „Zügellose Hetzkampagne der BRD".
Jubiläums-Ausgabe des Erfurt-Journals.
Zeitungsartikel Erich Honeckers unter dem Titel „40 Jahre Deutsche Demokratische Republik" im Neuen Deutschland als Vorabdruck veröffentlicht (DDR wird sich „auch an den Herausforderungen der neunziger Jahre bewähren").

06. Bezirksparteiaktivtagung der SED.
Meldung der Eingemeindung Schöntals, das zu Windischholzhausen gehörte und seit 1. Juli Teil des Stadtbezirks Erfurt-Süd ist.
Festveranstaltung des Nationalrates der Nationalen Front.

07. Der Leiter der ständigen Vertretung der BRD bei der DDR, Franz Bertele, im DDR-Außenministerium; Gespräch über die 116 ausreisewilligen DDR-Bürger, die sich in der Ständigen Vertretung aufhalten.

08. Erste Einladung zu Einwohnerforen in den Stadtbezirken.
DDR-Bürger verlassen Ständige Vertretung der BRD in Ostberlin, in der sie sich mehrere Wochen aufgehalten haben, und kehren in ihre Heimatorte zurück.

10. Großkundgebungen zum „Internationalen Gedenktag für die Opfer des faschistischen Terrors und Kampftag gegen Faschismus und Krieg" in Berlin und u.a. auch in Erfurt.
Gründung des Neuen Forum in der DDR.

11. In den ersten Morgenstunden Beginn der Ausreise aus Ungarn.
Eine ADN-Mitteilung erhebt den Vorwurf des Menschenhandels.

12. Zeitungskommentare und Meldungen zum „großen Coup" und der Provokation der BRD.
DDR-Note an ungarisches Außenministerium.
FDGB-Vorsitzender Harry Tisch reist zu einem viertägigen Besuch in die BRD.

13. Erweiterung der Straßenbahnlinie nach Erfurt-SO.
Nationale Front würdigt christliche und jüdische Persönlichkeiten.

14. DV meldet: 500-Mio.-Kredit der BRD für Ungarn.

15. Schreiben Deng Xiaopings an Erich Honecker.
Beginn der Synode der Evangelischen Kirche in Eisenach, an deren Rand der CDU-interne „Brief aus Weimar" bekannt wird.
Jegor Ligatschow zu Besuch beim ZK der SED.
Eröffnung der 11. Bezirkskunstausstellung in Erfurt.

16. Joachim Wanke, katholischer Bischof von Erfurt, appelliert in einem stark beachteten Grußwort vor der Synode des Bundes der Evangelischen Kirchen in der DDR an die Führung der DDR, die „Ursachen für den Exodus so vieler Menschen zu prüfen und möglichst bald zu beseitigen".

18. Tagung der Stadtbezirksverordnetenversammlung Erfurt-Süd.

20. DV meldet: Parteiorganisationen in der ungarischen Armee in Auflösung.

21. Erfurter Basisgruppe des Neuen Forum gegründet.

22. Veröffentlichung einer Mitteilung des Ministeriums für Innere Angelegenheiten

zum Zulassungsantrag des Neuen Forum: „Der Minister des Innern der DDR teilt mit, daß ein von zwei Personen unterzeichneter Antrag ‚zur Bildung einer Vereinigung Neues Forum' eingegangen ist, geprüft und abgelehnt wurde. Ziele und Anliegen der beantragten Vereinigung widersprechen der Verfassung der DDR und stellen eine staatsfeindliche Plattform dar."
Eröffnung der Ausstellung „40 Jahre DDR" in Berlin.
Günter Mittag empfängt Ideologiesekretäre der Bruderparteien.
DV-Gespräch mit Prof. Dr. Dieter Straube (Pädagogische Hochschule „Dr. Theodor Neubauer" Erfurt/Mühlhausen), dem Vorsitzenden des Arbeitsausschusses zur Bildung des Verbandes der Freidenker in Erfurt.

23. Ankündigung der China-Reise einer Partei- und Staatsdelegation der DDR unter Leitung von Egon Krenz.
Manifestation der Intelligenz des Bezirkes Erfurt im Deutschen Nationaltheater in Weimar aus Anlaß des 40. Jahrestages der DDR.

25. Delegation der SED-Bezirksleitung Dresden in Stuttgart.

26. DV meldet: Seminare für ungarische Oppositionelle in Ungarn.
Erste öffentliche Vorstellung des Neuen Forum und des Demokratischen Aufbruch in Erfurt in der Augustinerkirche.

27. SED-Delegation des Bezirks Dresden bei Daimler-Benz in Stuttgart.

28. Der baden-württembergische Ministerpräsident Lothar Späth empfängt die SED-Delegation unter Hans Modrow.
„Ehrenbanner" für die Bezirksverwaltung Erfurt des MfS.

29. Festsitzung des Bezirksausschusses der Nationalen Front.
Festveranstaltung zum 40. Jahrestag der VR China in Berlin.
Grundsatzerklärung des Außenministers der DDR, Oskar Fischer, vor der 44. UNO-Vollversammlung.
Elf Personen, die an den Friedensgebeten in der Leipziger Nikolaikirche teilgenommen hatten, werden wegen „Zusammenrottung" zu Freiheitsentzug bis zu sechs Monaten verurteilt.

30. Delegation der DDR reist mit Grüßen Erich Honeckers an Deng Xiaoping zur Feier des 40. Jahrestages nach China.
Sprecher des Außenministeriums der DDR gibt bekannt: Humanitärer Akt; Ausreise von Botschaftsflüchtlingen mit Zügen über das Territorium der DDR in die BRD wird gestattet.

Oktober 1989

02. Der Leiter der Ständigen Vertretung der DDR in der BRD, Horst Neubauer, wird von Bundesminister Rudolf Seiters ins Bundeskanzleramt bestellt. Seiters appelliert an die DDR, auch für andere Botschaftsflüchtlinge eine humanitäre Lösung zu ermöglichen.
    Die ersten ausländischen Gäste treffen zur Feier des 40. Jahrestages der DDR ein.
    Kulturpreis der Stadt Erfurt für 1989 verliehen.

03. Treffen mit Veteranen vor dem 40. Jahrestag der DDR in Berlin.
    Visafreier Reiseverkehr mit der ČSSR wird zeitweilig ausgesetzt.

04. Delegationen der „Bruderparteien" der sozialistischen Länder im Bezirk Erfurt.
    Festsitzung der Stadtverordnetenversammlung Erfurt.

05. DV meldet: Wohnungen der Ausgereisten werden umgehend neu vergeben.
    Festveranstaltung in der Thüringenhalle zum 40. Jahrestag der DDR.

06. DV meldet: „Im Zusammenhang mit der zeitweiligen Aussetzung des paß- und visafreien Reiseverkehrs für Bürger der DDR nach der ČSSR werden Auskünfte über geltende Regelungen für Reisen nach der ČSSR von den Dienststellen des Paß- und Meldewesens der Volkspolizei-Kreisämter erteilt."

07. Offizielle Feiern zum 40. Jahrestag der DDR. Erich Honecker trifft sich in Ost-Berlin mit Michail Gorbatschow zu einem umfassenden Gedankenaustausch. Gorbatschow äußert später vor Pressevertretern: „Wer zu spät kommt, den bestraft das Leben."
    Als Gegenveranstaltung in Erfurt Gottesdienst in der Kaufmännerkirche, der wegen starken Andrangs zweimal durchgeführt wird.
    Empfang der Ständigen Vertretung der DDR in der BRD zum 40. Jahrestag in der Godesberger Redoute.
    „Störungen" zum 40. Jahrestag werden verhindert: massive Polizeieinsätze im thüringischen Arnstadt, in Berlin, Magdeburg, Dresden, Karl-Marx-Stadt, Leipzig und Potsdam.
    Die Sozialdemokratische Partei in der DDR (SDP) wird in Schwante (Kreis Oranienburg, Bezirk Potsdam) gegründet.

08. Gründung der Sozialistischen Partei in Ungarn.
    In mehreren Städten der DDR Demonstrationen.

09. Erich Honecker empfängt den Leiter der chinesischen Delegation.
    Demonstration mit rund 70.000 Teilnehmern in Leipzig.

10. DV meldet: Bürger über Störenfriede empört.
    DV meldet: Revanchismus blüht in der BRD.
    BRD weist Proteste des DDR-Außenministeriums zurück (Kurzinterview mit Bundeskanzler Helmut Kohl, der sich jeder Meinungsäußerung enthält).
    Theaterschaffende der Berliner Volksbühne dementieren eine Behauptung des RIAS als „frei erfunden", nach der ein Brief an Erich Honecker verabschiedet und eine Versammlung am 7. Oktober durch Sicherheitsorgane aufgelöst worden sein soll.

11. Polizeibeobachter der DDR reisen nach Namibia und beteiligen sich erstmals in dieser Form an einer friedenserhaltenden Operation der UNO.
    Erklärung des Politbüros der SED zur Lage im Land, u.a. heißt es: „Der Sozialismus auf deutschem Boden steht nicht zur Disposition." Wir sagen offen, „daß wir gegen Vorschläge und Demonstrationen sind, hinter denen die Absicht steckt, Menschen irrezuführen und das verfassungsmäßige Fundament unseres Staates zu ändern".

13. DV veröffentlicht Bürgermeinungen zur Erklärung des Politbüros, die sich für eine Stärkung des Sozialismus aussprechen, aber auch „offene Gespräche", „Dialog" und „Diskussion" fordern.
    Veröffentlichung einer MdI-Mitteilung zum Reiseverkehr mit der ČSSR (Aufzählung der Fälle, in denen ein Visum beantragt werden kann).
    Beratung Erich Honeckers mit den Vorsitzenden der befreundeten Parteien (CDU, DBD, NDPD, LDPD) und dem Präsidenten des Nationalrats der Nationalen Front, Lothar Kolditz.

16. In Erfurt Gespräch Gerhard Müllers mit Repräsentanten der Blockparteien.
    Demonstration in Leipzig mit etwa 120.000 Teilnehmern, die am folgenden Tag erstmals in „Das Volk" erwähnt wird.

17. Gespräch des Dresdner Oberbürgermeisters Wolfgang Berghofer mit Bürgern in Dresden.
    Nachdenken in Leipzig (Gespräche ohne Tabus mit Bürgern und Vertretern verschiedener kirchlicher Glaubensrichtungen und dem OB von Leipzig und Ratsmitgliedern).
    Fernsehinterview mit dem Generalstaatsanwalt der DDR zu den Ereignissen am 7./8. Oktober in Berlin.

18. Rücktritt Erich Honeckers und Wahl von Egon Krenz zum Generalsekretär der SED.

19. Presseveröffentlichungen zur 9. Tagung des ZK der SED.

DV veröffentlicht Leserbriefe und fordert: „Dialog nicht auf der Straße".
Veröffentlichung von Kommuniqués der Tagungen der SED-Bezirksleitung und der SED-Stadtleitung Erfurt.
Am Abend erster zaghafter Versuch einer Demonstration in Erfurt durch eine kleine Gruppe von Theologiestudenten.
DV meldet: „Egon Krenz bei Werktätigen des Kombinats ‚7. Oktober' in Berlin".
Gespräche zwischen Egon Krenz und dem Thüringer Landesbischof Werner Leich.

20. Erklärung des Präsidiums der Volkspolizei zu den Ereignissen vom 7./8. Oktober: keine Person in Berlin mehr in U-Haft.
Die Zeitschrift „Sputnik" kommt wieder in den Zeitungsvertrieb der DDR.

21. DV meldet: „Neue Rentenverordnung" – Rentenerhöhung ab 1. Dezember.
ADN-Interview mit dem Sprecher des Außenministeriums der DDR, Botschafter Wolfgang Meyer: Botschaftsflüchtlinge in der Warschauer Botschaft dürfen ausreisen.

22. „Dialog am Karl-Marx-Platz" in Leipzig – sechs Leipziger Persönlichkeiten, der Gewandhauskapellmeister Kurt Masur, die Sekretäre der SED-Bezirksleitung Kurt Meyer, Jochen Pommert und Roland Wötzel, der Theologe Peter Zimmermann und der Kabarettist Bernd-Lutz Lange, im Dialog über die Situation in der DDR.

24. Auf Einladung des Oberbürgermeisters, Rosemarie Seibert, Bürgerdialog im Erfurter Rathaus.
Volkskammer wählt Egon Krenz zum Vorsitzenden des Staatsrats.

25. Fortsetzung des Erfurter Bürgerdialogs im Rathaus mit Verhandlungen über eine weitere Fortsetzung in größerem Rahmen und der leisen Ankündigung einer Demonstration für den nächsten Tag.

26. Erste Erfurter „Donnerstagsdemonstration" zum Domplatz nach Friedensgebeten in der Lorenz- und in der Predigerkirche.

27. DV berichtet über die Demonstration und diskutiert in den nächsten Tagen die Frage der Rechtmäßigkeit solcher Demonstrationen.

28. Vierstündiger Bürgerdialog in der Thüringenhalle, an dem auch die SED-Bezirksführung teilnimmt; zahlreiche Erfurter müssen wegen Überfüllung draußen bleiben.
DV meldet: ab 1. November wieder paß- und visafreier Reiseverkehr in die ČSSR.
DV meldet: Beschluß des Staatsrats der DDR; Amnestie für Personen, die vor dem

27. Oktober 1989 Straftaten des ungesetzlichen Grenzübertritts sowie der widerrechtlichen Durchsetzung der Ausreise aus der DDR begangen haben.

November 1989

01. DV meldet: Einspruch des Neuen Forum gegen die ablehnende Entscheidung des Ministerrats wird geprüft.
Egon Krenz zu einem Gespräch bei Michail Gorbatschow in Moskau.

02. Zweite und organisierte Donnerstagsdemonstration nach den Friedensgebeten in mehreren Erfurter Kirchen zum Domplatz. Dort sprechen Vertreter der neuen Gruppen und reformwillige Mitglieder der Blockparteien.
Harry Tisch als Vorsitzender des FDGB zurückgetreten. Der Ministerrat der DDR entbindet Margot Honecker, die am 20. Oktober aus persönlichen Gründen vom Amt als Volksbildungsminister zurückgetreten war, von ihrer Ministerfunktion.

03. Großer Bürgerdialog auf Einladung des Oberbürgermeisters, Rosemarie Seibert, auf dem Domplatz. Die Menschenmenge fordert den Rücktritt von Gerhard Müller und Rosemarie Seibert.
Interview in DV mit Matthias Büchner (Neues Forum), in dem er u.a. sagt: das Neue Forum sei noch keine eingetragene Vereinigung und befinde sich in einer „Identifikationsphase". „Wir sind keine Partei und wollen keine sein." Wir verstehen uns „als Katalysator gesellschaftlicher Prozesse". Wir wünschen „keineswegs eine restaurative Entwicklung in Richtung Kapitalismus". „Unser Ziel ist ein reformfreudiger sozialistischer Rechtsstaat." „Das hysterische Gekreische nach einer Wiedervereinigung ist nicht zeitgemäß." „Der Macht- und Führungsanspruch der SED wird innerhalb des Neuen Forum hier und heute als objektive Realität betrachtet. Die Akzeptanz ist eine andere Sache."

04. Nach der Aufhebung der Reisebeschränkungen in die ČSSR setzt am Samstag und am folgenden Sonntag erneut eine starke Ausreisewelle über die ČSSR in die Bundesrepublik ein.
Großdemonstration in Berlin zur Durchsetzung der Artikel 27 (Meinungsfreiheit) und 28 (Versammlungsfreiheit) der DDR-Verfassung.
DV druckt die Erklärung Gerhard Müllers, die am 3. November von Wolfgang Pforte auf dem Domplatz vorgelesen wurde.

06. Veröffentlichung des Entwurfs eines Reisegesetzes, das nicht den Erwartungen entspricht und weitere Unzufriedenheit schafft.
Außerordentliche Plenartagung der Stadtverordnetenversammlung Erfurt zum

Thema „Einschätzung der Lage und Herausarbeitung der nächsten Aufgaben der Stadtverordnetenversammlung und jedes Volksvertreters für die Gestaltung des Lebens in unserer Stadt".

07. Rücktritt des Ministerrats unter Willi Stoph.
Forderungskatalog der Studierenden der Pädagogischen Hochschule „Dr. Theodor Neubauer" Erfurt/Mühlhausen veröffentlicht. Unter anderem heißt es: „Wir schlagen vor: eine wesentlich höhere Auflage gefragter Zeitungen, Zeitschriften und Bücher". „Wir sind für einen breiten Dialog zwischen allen Menschen des Landes." In den Schulen sollten monatliche Versammlungen stattfinden, in denen die Schüler die Lehrer und ihre Arbeit kritisieren können. „Aufhebung zwangsweiser Mitgliedschaften in den Massenorganisationen ohne negative Konsequenzen". „Das Leistungsprinzip ist unteilbar! Es muß gleichermaßen gelten für Klassenraum und Lehrerzimmer, für Werkhalle und Gewerkschaftsstube, für Betrieb und Ministerium, für Volkskammer und Politbüro." „Wir sind für eine Überarbeitung des bestehenden Wahlsystems auf allen Ebenen, insbesondere für die Aufstellung von jeweils mehr Kandidaten, für zeitliche Begrenzung der Amtsausübung und für Direktwahl in alle Ämter durch das Volk."

08. Rücktritt des gesamten Politbüros der SED.
Anmeldung des Neuen Forum bestätigt – staatliche Anerkennung ausgesprochen.

09. Günter Schabowski teilt auf einer Pressekonferenz zur 10. Tagung des SED-Zentralkomitees um 18.57 Uhr vor laufender Kamera den „Fall der Mauer" mit.

10. Vor den Paß- und Meldestellen der Volkspolizei bilden sich bis in die Nacht Menschenschlangen, die ein Ausreisevisum erhalten wollen.
SED-Stadtleitung stimmt dem Rücktritt von Oberbürgermeister Seibert zu.

11. Sitzung der SED-Bezirksleitung Erfurt; Demonstration von SED-Mitgliedern vor dem Gebäude der Bezirksleitung in der Eislebener Straße; Rücktritt des 1. SED-Bezirkssekretärs Gerhard Müller und Wahl von Herbert Kroker zum neuen 1. Sekretär der SED-Bezirksleitung.
Aktionsprogramm der SED anläßlich der 10. Tagung des ZK der SED veröffentlicht.

13. Tagung der Volkskammer: Wahl Hans Modrows zum Regierungschef und Günther Maleudas zum Volkskammerpräsidenten.

17. Regierungserklärung Modrows; Ankündigung, daß das Ministerium für Staatssicherheit in ein Amt für Nationale Sicherheit umgewandelt wird.

18. Wahl der Regierung durch die Volkskammer.

19. Demonstration der Künstler und Kulturschaffenden auf dem Domplatz in Erfurt (Teilnehmer: etwa 20.000).

21. Erste Sitzung der Paritätischen Kommission aus Vertretern der Staatsmacht und den neuen Gruppen in Erfurt im Rathaus, die sich die Themen Wahlfälschung und Wahlgesetz vornehmen wollen.
    Rücktritt des 1. Sekretärs der SED-Stadtleitung, Lutz Stelzer.

23. Einleitung eines Parteiverfahrens gegen Erich Honecker. Günter Mittag aus Partei ausgeschlossen.

27. Sitzung der Stadtverordnetenversammlung unter Beteiligung von Vertretern der neuen Gruppen und von Bürgern. Der Rücktritt von Oberbürgermeister Rosemarie Seibert wird zur Kenntnis genommen. Siegfried Hirschfeld (SED), bisher Vorsitzender der Stadtplankommission, wird zum neuen Oberbürgermeister gewählt. Nach dem Rücktritt des alten Stadtschulrates Dr. Dieter Fuchs wird Dr. Jürgen Küster zum neuen Stadtschulrat gewählt. Mehrere Stadtverordnete legen ihr Mandat nieder. Dem ehemaligen Mitglied des Politbüros, ehemaligen Sekretär des ZK der SED und Stellvertreter des Vorsitzenden Staatsrats der DDR, Günter Mittag, wird auf Beschluß der Stadtverordnetenversammlung die Ehrenbürgerschaft der Stadt Erfurt aberkannt. Die Stadtverordnetenversammlung beschließt außerdem, eine „Untersuchungskommission zum Ergebnis der Kommunalwahlen am 07. Mai 1989" zu bilden.

28. Helmut Kohl stellt im Bundestag sein „Zehn-Punkte-Programm zur Überwindung der Teilung Deutschlands und Europas" vor.

Dezember 1989

03. Rücktritt des Politbüros und Zentralkomitees der SED auf der 12. Tagung des ZK der SED.
    Menschenkette durch die DDR, so auch in Erfurt.
    Initiativgruppe des Neuen Forum trifft sich in Grünheide bei Berlin und verfaßt das Flugblatt „An alle Bürgerinnen und Bürger" als Aufruf zur „Bürgerkontrolle im Wirtschafts- und Staatsapparat". Text des Flugblattes geht telefonisch an Manfred O. Ruge in Erfurt und wird nachts von Jens Fröbel gedruckt.

04. Anzeichen für Aktenvernichtung veranlassen einige mutige Erfurter Bürgerinnen und Bürger, allen voran die „Frauen für Veränderung", in den Morgenstunden zur

ersten Besetzung eines Gebäudes des MfS/AfNS in der DDR; Versiegelung der Archivräume und Aufstellung von Bürgerwachen im Gebäude in der Andreasstraße; Bildung eines Bürgerkomitees und Einrichtung von Untersuchungskommissionen; Errichtung eines provisorischen Büros in der Evangelischen Stadtmission.

05. Verteilung eines Flugblattes in Erfurt und verschiedenen Kreisstädten mit dem Aufruf zur Unterstützung des Bürgerkomitees und seiner Kommission Bürgerbeschwerden. Konstituierende Sitzung des „Erfurter Bürgerkomitee" im Plenarsaal des Rathauses.
Der Regierungsbeauftragte B. Schenk zur Umwandlung des AfNS trifft in Erfurt ein.

06. Egon Krenz tritt auch als Staatsratsvorsitzender zurück.
2. Sitzung der Paritätischen Kommission in Erfurt behandelt in der Hauptsache das Thema Staatssicherheit.

17. Plenartagung des Bezirkstages mit Bildung einer zeitweiligen Untersuchungskommission von Fällen des Amtsmißbrauchs, der Korruption, der persönlichen Bereicherung und anderen Gesetzesverletzungen.

07. Beginn des Zentralen Runden Tisches in Berlin.
Arbeitsbeginn des Bürgerbüros des Bürgerkomitees. Bürgerwache übernimmt alleinige Bewachung des Gebäudes Andreasstraße nach Beendigung der Tätigkeit der Wachkommandos der Bezirksverwaltung. Überbringung der ersten Waffen und Dokumente aus den Kreisdienststellen des MfS nach Erfurt. Matthias Büchner vom Neuen Forum informiert auf der Donnerstagsdemo die Öffentlichkeit über die bisherige Arbeit des Bürgerkomitees zur Auflösung des Staatssicherheitsdienstes.

08. Beginn des Außerordentlichen Parteitages der SED; zum neuen Vorsitzenden wird am 9. Dezember Gregor Gysi gewählt.
Konstituierung der Regierungskommission aus staatlichen Vertretern und Vertretern des Bürgerkomitees.

09. Bezirksverwaltung Gera des AfNS schickt Dienststellen des AfNS und allen staatlichen Organen einen Aufruf zum Handeln: „Heute wir – Morgen Ihr"; das Bürgerkomitee Erfurt interpretiert dies als Aufruf zum Putsch.

14. Bürgerkomitee fordert auf der Kundgebung im Anschluß an die Donnerstagsdemonstration den Rücktritt Karl-Heinz Scheders (Hauptverantwortlicher für die Kommunalwahlen 1989 in Erfurt), des Stadtrates für Inneres, Helmuth Beuthe, und der gesamten Führung der Stadt, da sie nicht durch eine demokratische Wahl legitimiert sind.

Die Tätigkeit des Runden Tisches soll in der Stadt durch ein „Interimsparlament" ersetzt werden, das auch die Stadtverordnetenversammlung ablöst und bis zur Neuwahl die Geschicke der Stadt in die Hand nimmt.

15. Sonderparteitag der CDU in Berlin.
16. Beginn des Gründungsparteitags des Demokratischen Aufbruch in Leipzig.
17. Fortsetzung des SED-Sonderparteitages; Beschluß der Namensänderung in SED-PDS.
19. Treffen zwischen Helmut Kohl und Hans Modrow in Dresden. In einer Rede vor der Frauenkirche in Dresden beschwört Kohl die Vision der deutschen Einheit.
21. Letzte Donnerstagsdemonstration vor Weihnachten wird in Erfurt nach Leipziger Vorbild als Schweigemarsch (für Rumänien) durchgeführt.
22. Feierliche Eröffnung des Brandenburger Tores als Grenzübergangsstelle.
24. Einführung des visafreien Reiseverkehrs für Bürger der Bundesrepublik und Westberlins.

Januar 1990

02. ČSSR-Präsident Vaclav Havel besucht die DDR.
03. Oppositionsgruppen in der DDR geben ihr „Wahlbündnis 90" für die zunächst für den 6. Mai angesetzten Wahlen bekannt.
04. Die erste Erfurter Donnerstagsdemonstration im neuen Jahr mit stark gesunkener Teilnehmerzahl. Die Arbeitsgruppen der Regierungskommission informieren die Bürger über ihre Tätigkeit. Der Amtierende Leiter des AfNS erarbeitet einen „Auskunftsbericht zur Aufgabenstellung der ehemaligen BVfS Erfurt", der mehr verschleiert als offenlegt.
05. Bürgerrat beschließt, allen ehemaligen Mitarbeitern des MfS den Zutritt zum Gebäude zu verwehren; Abschluß der Entwaffnung der ehemaligen Mitarbeiter des MfS (registrierte Waffen).
06. DV im Gespräch mit Frank Meyer und Pfarrer Hans Capraro von der SDP über Ziele und Programmatik der Sozialdemokraten in Thüringen.
10. Aufruf des Erfurter Bürgerkomitees zur Blockade der Volkskammer am 12. Januar 1990; 9-Punkte-Forderungskatalog, der u.a. die „Aufklärung der Verbrechen der Staatssicherheit als Machtinstrument der SED" und die Eröffnung von Verfahren

"gegen beschuldigte Sicherheitsleute" und gegen ehemalige Mitglieder der SED-Führung verlangt.

11. 14. Tagung der Volkskammer stellt die Unumkehrbarkeit des Demokratisierungsprozesses in der DDR fest. Eine mögliche Zusammenarbeit zwischen Regierung und Rundem Tisch wird signalisiert.
1. Tagung der Stadtverordnetenversammlung 1990 Erfurt. Der CDU-Fraktionsvorsitzende Norbert Knobloch gibt zu Beginn der Sitzung namens der CDU-Fraktion die Erklärung ab, daß die Fraktion ihre Mitarbeit einstellt und in die „außerparlamentarische Opposition" übergeht. Die Tagung bestätigt weitere Anträge auf Mandatsniederlegung.

12. Ehemaligen Mitarbeitern des MfS wird es endgültig untersagt, die ehemalige Bezirksverwaltung in der Andreasstraße zu betreten; Beginn der vollständigen personellen Auflösung des AfNS.

13. Die Redakteure und Verlagsmitarbeiter der SED-PDS-Zeitung „Das Volk" beschließen, sich zu einem parteiunabhängigen Blatt zu konstituieren.

15. Besetzung des Zentralgebäudes des ehemaligen MfS in Berlin, Normannenstraße; bis zu diesem Zeitpunkt wurden in Erfurt durch das Bürgerkomitee 27 konspirative Wohnungen und Objekte entdeckt und übergeben.
Erste Ausgabe der Zeitung „Thüringer Allgemeine" (TA) [vorher „Das Volk"].

20. Gründungsparteitag der Thüringer CDU im Kultur- und Kongreßzentrum Weimarhalle in Weimar.

25. Donnerstagsdemonstration mit Auftritt Wolf Biermanns. Vertreter des Bürgerkomitees kritisieren die Behinderung ihrer Arbeit durch die Regierung Modrow, die Staatsanwaltschaft, den Rat des Bezirkes und einzelne Betriebsleiter.

26. Der Runde Tisch schlägt Hans Modrow die Bildung einer unabhängigen Regierung vor; die Nominierung der Kandidaten soll durch den Runden Tisch erfolgen.

27. Gründungsparteitag der Thüringer SPD im Gothaer Tivoli; Teilnehmer u.a. Willy Brandt, der später eine Rede in Gotha vor 100.000 Menschen hält, und Egon Bahr.

29. Beschluß der Volkskammer zur vorzeitigen Durchführung der Volkskammerwahl am 18. März.

Februar 1990

01. DDR-Ministerratsvorsitzender Hans Modrow legt eine „Konzeption für den Weg zur deutschen Einheit" vor (Thüringer Allgemeine), der vier Schritte vorsieht (Ver-

tragsgemeinschaft mit konföderativen Elementen, Konföderationsbildung mit gemeinsamen Organen und Institutionen, „Übertragung von Souveränitätsrechten beider Staaten an Machtorgane der Konföderation", „Bildung eines einheitlichen deutschen Staates in Form einer Deutschen Föderation oder eines Deutschen Bundes").

Klaus Voigt berichtet während der Donnerstagsdemonstration als Vertreter der Erfurter Bürgerwache vor 35.000 Zuhörern, daß bisher im Bezirk Erfurt 1490 ehemalige Mitarbeiter des MfS entlassen wurden.

05. Bildung einer „Regierung der nationalen Verantwortung" unter Einbeziehung der oppositionellen Gruppen.
Verbot der Republikaner durch die Volkskammer.
Bildung des konservativen Wahlbündnisses „Allianz für Deutschland" aus Demokratischer Aufbruch, DSU und CDU.
Besetzung des „Stasihorchpostens" Bienstädter Warte.

06. Bildung eines Kabinettsausschusses „Deutsche Einheit" unter Vorsitz von Bundeskanzler Helmut Kohl.

07. Tagung der Erfurter Stadtverordnetenversammlung beginnt mit einer Erklärung des Oberbürgermeisters und dem Beschluß zur Selbstauflösung.
Bildung des „Bündnis 90" aus den Gruppierungen Demokratie Jetzt, Neues Forum und Initiative für Frieden und Menschenrechte.

08. Matthias Büchner informiert auf der Donnerstagsdemonstration über die Selbstauflösung der Erfurter Stadtverordnetenversammlung auf Druck des Bürgerkomitees und die nun gegebene Möglichkeit der Bildung eines Interimsparlaments.

10. Gespräche zwischen Bundeskanzler Helmut Kohl und Michail Gorbatschow in Moskau zum deutschen Einigungsprozeß.

12. Wahlbündnis „Bund Freier Demokraten" der drei DDR-Parteien LDPD, FDP und Deutsche Forumpartei.

13. DDR-Ministerratsvorsitzender Hans Modrow reist mit 17 Mitgliedern seiner „Regierung der Nationalen Verantwortung" für zwei Tage nach Bonn.
Am Rande der Konferenz „Offener Himmel" in Ottawa werden die Zwei-plus-Vier-Treffen der 4 alliierten Außenminister mit den Außenministern der beiden deutschen Staaten über die „äußeren Aspekte der Herstellung der deutschen Einheit einschließlich der Fragen der Sicherheit der Nachbarstaaten" verabredet.

14. Die Grüne Partei und der Unabhängige Frauenverband gehen ein Wahlbündnis für die Volkskammerwahlen am 18. März 1990 ein.

15. Die DDR-Staatsanwaltschaft bestätigt den Verdacht der Wahlfälschung bei den Kommunalwahlen am 7. Mai 1989.
    Letzte Donnerstagsdemonstration vor der Volkskammerwahl mit deutlich gesunkener Teilnehmerzahl. Bürgerkomitee informiert über das inzwischen erkannte Ausmaß der Bespitzelung und die Übergabe des Stasi-Neubaus in der Andreasstraße an das Fernmeldeamt.
    TA druckt Interview mit Wolfgang Hase und Christian Petzold: „Wer ist – was will das Bürgerkomitee?"

20. Die Volkskammer beschließt die für die Wahlen am 18. März notwendigen Verfassungsänderungen, das Wahlgesetz, die Wahlordnung und das Parteien- und Vereinigungsgesetz.
    Auftakt der Währungsverhandlungen zwischen der DDR und der Bundesrepublik.
    Regierungsbeauftragter B. Schenk erklärt, daß er den im Bezirk Erfurt beschlossenen Alleingang zur Ausgrenzung ehemaliger Stasi-Mitarbeiter aus „sensiblen" Bereichen im Einklang mit einem entsprechenden Beschluß des zentralen Runden Tisches nicht hinnehmen will.
    130.000 Teilnehmer an einer Wahlveranstaltung der „Allianz für Deutschland" mit Bundeskanzler Helmut Kohl und den Vorsitzenden der Allianzparteien auf dem Erfurter Domplatz.

21. Erste Sitzung des Erfurter Interimsparlaments.
    Volkskammer beschließt Parteiengesetz als Grundlage einer freien Wahl.

23. Ibrahim Böhme wird zum Vorsitzenden der SPD der DDR gewählt.

28. Liberale Wahlkundgebung mit Außenminister Genscher und etwa 30.000 Teilnehmern auf dem Domplatz.

März 1990

02. SPD-Vorsitzender Ibrahim Böhme kehrt von Gesprächen in der UdSSR zurück.
    Das Bürgerbüro als Anlaufstelle des Erfurter Bürgerkomitees stellt seine Arbeit ein.

06. DDR-Ministerratsvorsitzender Hans Modrow trifft sich zu Gesprächen zum deutsch-deutschen Vereinigungsprozeß mit Michail Gorbatschow in Moskau.

07. Zweite Sitzung des Erfurter Interimsparlaments.

08. Ministerrat der DDR entbindet die ca. 109.000 Inoffiziellen Mitarbeiter des MfS offiziell von ihren Verpflichtungen (Aufhebung der Schweigepflicht, Verbot jeglicher weiterer Aktivitäten und Planungen konspirativer Tätigkeit).

13. Flugblatt des Erfurter Bürgerkomitees, in dem in allen Erfurter Betrieben zum Warnstreik und zum Besuch einer Kundgebung auf dem Domplatz aufgerufen wird. Die Gewerkschaften wenden sich gegen den Streikaufruf, das Echo bleibt aus diesem Grund mäßig. Über die Kundgebung heißt es: „Gut 2000 versammelten sich gegen 16.00 Uhr gestern auf dem Domplatz. Vertreter des Bürgerkomitees prangerten die sich ihrer Meinung nach restaurierenden Stasi-Strukturen an. Die Anwesenden wurden dazu aufgerufen, sich nicht um die Früchte der Revolution betrügen zu lassen und die Eingliederung von Stasi-Mitarbeitern in nach ihrer Auffassung sensible Bereiche zu verhindern. Ein Vertreter der Regierungskommission zur MfS-Auflösung berichtete, daß von 2943 Mitarbeitern 2867 entlassen seien." (TA, 14.3.1990)

14. Rücktritt des DA-Vorsitzenden Wolfgang Schnur wegen ehemaliger Stasi-Mitarbeit.

16. Aktenfund des Unabhängigen Untersuchungsausschusses belastet Wahlkandidaten für die Volkskammer als Stasi-Informanten.

18. Erstmals freie, allgemeine, gleiche, direkte und geheime Wahl zur Volkskammer der DDR. Bei einer Wahlbeteiligung von 90,7 % in Erfurt erreichen die 3 stärksten Parteien zusammen 85,5 % (CDU 47,5 %, SPD 21,5 %, PDS 16,5 %).

21. Dritte Sitzung des Interimsparlaments.

24. Sven Braune und Dirk Adams entscheiden sich zum Hungerstreik, da sie die Verfahrensweise beim Umgang mit den Stasiakten ablehnen.

28. Um 12.00 Uhr mittags Beginn des Hungerstreiks des Studenten Dirk Adams, des Tierpflegers Sven Braune und des Lehrers Klaus Voigt im ehemaligen Zimmer des Leiters der Bezirksverwaltung des MfS, Generalmajor Schwarz.
Auflösung der NDPD durch Zusammengehen mit der LDPD im Bund Freier Demokraten.

29. Bürgerkomitee Erfurt ruft unter dem Motto „Stasi aus der Volkskammer!" zur Demonstration auf dem Fischmarkt auf und kritisiert die Verzögerungstaktik bei der Überprüfung der Volkskammerabgeordneten.

April 1990

02. SPD-Vorsitzender Ibrahim Böhme legt wegen Verdachts früherer Stasi-Mitarbeit alle Ämter nieder.
    Der Regierende Bürgermeister von Berlin, Walter Momper, besucht die Hungerstreikenden in Erfurt.
    Bürgerkomitee Erfurt wendet sich in einem Offenen Brief an die Volkskammer, informiert über den Hungerstreik und benennt die Forderungen der Hungerstreikenden.

04. Vierte Sitzung des Interimsparlaments.

05. Konstituierende Sitzung der Volkskammer der DDR nach der Wahl im März 1990. Demonstration nach dem Friedensgebet soll die Solidarität mit den Hungerstreikenden zeigen.

06. Besuche von Volkskammerabgeordneten bei den Hungerstreikenden, u.a. Sebastian Pflugbeil (Grüne Partei).

07. Gegen 20.00 Uhr Ende des Hungerstreiks, da ein Kompromiß ausgehandelt werden konnte, der die Weiterarbeit der Untersuchungskommission ermöglicht und das Betreten der Archive sichert.

11. Erfolgreicher Abschluß der Koalitionsverhandlungen zwischen Allianz, Sozialdemokraten und Liberalen zur Bildung einer Koalition.

12. Wahl und Vereidigung der Regierung de Maizière.

18. Fünfte Sitzung des Interimsparlaments; Beratungen u.a. über die Abberufung von Leitern städtischer Einrichtungen, deren Funktion an die Mitgliedschaft in der SED gebunden war und über die Stärke der zu wählenden Stadtverordnetenversammlung. Mit dem Hinweis auf die nach dem Ergebnis der Volkskammerwahl in der Stadt Erfurt bekannten Mehrheitsverhältnisse zweifelt die CDU-Fraktion den repräsentativen Charakter des Interimsparlaments an und verläßt zusammen mit SPD, BFD, DSU und DA die Tagung. Das Interimsparlament wird beschlußunfähig.

19. Regierungserklärung der Regierung de Maizière in der Volkskammer.
    Kundgebung in der Andreasstraße; Mitglieder der Unabhängigen Untersuchungskommission berichten über neue Erkenntnisse und das Weiterbestehen der Stasi-Truppe „Offiziere im besonderen Einsatz".

23. Sechste und letzte Sitzung des Erfurter Interimsparlaments widmet sich vor allem Grundstücksfragen.

24. Arbeitstreffen der Regierungschefs der beiden deutschen Staaten, Lothar de Maizière und Helmut Kohl; Währungsunion wird zum 1. Juli verabredet.

26. Volkskammer lehnt Diskussion über eine DDR-Verfassung ab.

27. Beginn der Verhandlungen über einen deutsch-deutschen Staatsvertrag.

Mai 1990

03. Das Erfurter Bürgerkomitee informiert auf einer Kundgebung in der Andreasstraße über einen offenen Brief an Innenminister Peter-Michael Diestel und fordert die Überprüfung aller Kandidaten zur Kommunalwahl auf Zusammenarbeit mit dem MfS.

05. Erstes Außenministertreffen der Zwei-plus-Vier-Verhandlungen in Berlin.

06. Kommunalwahl in der DDR. In 12 Wahlkreisen Erfurts stellen sich 542 Kandidaten zur Wahl. Die Wahlbeteiligung geht auf 68,7% zurück. Starke Verluste für die CDU, starke Gewinne für Bündnis 90/Grüne und ein Anwachsen der Splittergruppen kennzeichnen das Wahlergebnis. Sonst treten nur leichte Verschiebungen auf.

09. Bürgerkomitee Erfurt übergibt Innenminister Peter-Michael Diestel eine Namensliste von Volkskammerabgeordneten mit Stasi-Vergangenheit.

14. TA meldet: Bürgerkomitees von Erfurt, Gera und Suhl schließen sich zusammen.

16. TA druckt Auszüge aus dem deutsch-deutschen Staatsvertrag.

17. Beschlüsse der Volkskammer: „Sozialismus" wird aus der DDR-Verfassung gestrichen; Bekenntnis zur freiheitlichen, demokratischen, föderativen, rechtsstaatlichen und sozialen Grundordnung; Legislaturperiode der Bezirkstage endet am 31. Mai; Beschluß des Kommunalgesetzes.

18. Unterzeichnung des Staatsvertrages zur Wirtschafts-, Währungs- und Sozialunion durch Theo Waigel und Walter Romberg.

29. Unterzeichnung der Koalitionsvereinbarung für die Stadt Erfurt zwischen CDU, SPD, DA und der Fraktion Freier Demokraten.

30. Konstituierung der demokratisch gewählten Stadtverordnetenversammlung, die mit 160 Abgeordneten die größte Deutschlands ist. Aufgrund der Koalitionsvereinbarungen zwischen CDU, SPD, DA und FDP werden Manfred O. Ruge (CDU) zum Oberbürgermeister, Dietmar Schumacher zum 1. Bürgermeister und Karl-Heinz Kindervater (CDU) zum Ratspräsidenten gewählt. Arbeitsbeginn für den Neuaufbau einer neuen demokratischen Stadtverwaltung im Zuge der kommuna-

len Selbstverwaltung nach dem Gesetz über die Selbstverwaltung der Gemeinden und Landkreise in der DDR vom 17. Mai 1990.

Juni 1990

06. Treffen zwischen Lothar de Maizière und Michail Gorbatschow in Moskau (Thema: Deutschlandfrage).

07. Studentendemonstration in Berlin für Anhebung des Stipendiums auf 495 Mark.

09. Lothar de Maizière als 1. Ministerpräsident der DDR zu Besuch in den USA.
Erste gemeinsame Arbeitsberatung zwischen Oberbürgermeister Ruge (Erfurt) und Oberbürgermeister Weyel (Mainz) zum Thema Aufbau einer kommunalen Selbstverwaltung.

11. Josef Duchač tritt sein Amt als Regierungsbevollmächtigter des Ministerrats in Erfurt an.

12. Mehrstündige Sitz-Demo von Erfurter Studenten auf dem Anger; Protest gegen die Bildungspolitik der Regierung und Forderung nach Erhöhung des Stipendiums auf 495 Mark.

13. Offizieller Beginn des Mauerabrisses in Berlin.

14. Aufruf des Bürgerkomitees zur Donnerstagsdemonstration.

15. Bundesregierung und Regierung der DDR einigen sich darauf, enteignetes Eigentum an Alteigentümer zurückzugeben.

17. Sondersitzung der Volkskammer zum Gedenken an den 17. Juni 1953.

18. Helmut Kohl kündigt auf dem „Kleinen Parteitag" der CDU an, daß 1990 das Jahr der deutschen Einheit werden wird.

20. 2. Tagung der Stadtverordnetenversammlung (Thema ist u.a. die Bildung einer Arbeitsgruppe für die Wiedergründung der Universität Erfurt).

21. Ratifizierung des Staatsvertrages mit der BRD im DDR-Parlament; am 1. Juli tritt Währungs-, Wirtschafts- und Sozialunion in Kraft.

22. Volkskammertagung mit folgenden Beschlüssen: ab 1. Juli freie Preisbildung; in der DDR sollen die fünf Länder wieder gebildet werden; Änderung im Arbeitsgesetzbuch: alle kirchlichen Feiertage gelten wieder, dafür Abschaffung des 7. Oktobers als Feiertag.

Juli 1990

01. Staatsvertrag über die Währungs-, Wirtschafts- und Sozialunion tritt in Kraft. Bundesinnenminister Wolfgang Schäuble und DDR-Innenminister Peter-Michael Diestel unterzeichnen Abkommen zur Aufhebung der innerdeutschen Grenzkontrollen.

04. Stadtverordnetenversammlung Erfurt tagt.

08. Krisensitzung des Rates der Stadt Erfurt zum Handelsgebaren und zu Preistreiberei und Preiswucher in den Einkaufseinrichtungen der Stadt.

14. Neue Partnerschaftsvereinbarung zwischen Erfurt und Mainz von OB Ruge und OB Weyel unterzeichnet.

16. Mehrheit der Parteien geben ihr Votum für Erfurt als künftige Landeshauptstadt Thüringens ab.

17. Dritte Gesprächsrunde der Zwei-plus-Vier-Verhandlungspartner.

18. Tagung der Stadtverordnetenversammlung Erfurt.

26. Treffen zwischen Helmut Kohl und Lothar de Maizière am Wolfgangsee zum Thema deutsche Einheit.

28. Parteitag der drei liberalen Organisationen BFD, DFP und FDP in Weimar: Vereinigung zur einheitlich organisierten thüringischen FDP.

August 1990

03. Unterzeichnung des deutsch-deutschen Wahlvertrages.

11. Liberale beider deutscher Staaten vereinigen sich als erste zu einer gesamtdeutschen Partei.

15. Außerordentliche Stadtverordnetenversammlung tagt zum Thema Verkauf von kommunalen Grundstücken und Gebäuden.

19. DDR-SPD tritt aus der Regierungskoalition aus, somit ist die Große Koalition nach 130 Tagen Amtszeit zerbrochen.

23. Volkskammer beschließt Beitritt der DDR zur BRD für den 3. Oktober 1990.

24. Josef Duchač wird von Lothar de Maizière zum Landessprecher für Thüringen berufen, mit der Funktion, Koordinationsfragen bezüglich der Bildung des Landes Thüringen aus den Bezirken Erfurt, Gera und Suhl zu lösen.

25. Parteitage der Landesverbände Thüringens von CDU und SPD in Erfurt und Jena.

31. Unterzeichnung des Einigungsvertrages zwischen DDR und Bundesrepublik Deutschland.

September 1990

04. Helmut Kohl bei einer Wahlkundgebung der CDU in Heiligenstadt.
    Beginn der letzten Runde der Zwei-plus-Vier-Verhandlungen.

05. Beginn der Mahnwache von Mitgliedern des Erfurter Bürgerkomitees vor der ehemaligen Stasi-Zentrale in der Andreasstraße: „Unsere Akten bleiben hier! In Thüringen!"
    Stadtverordnetenversammlung zur städtebaulichen Entwicklung Erfurts.

12. Abschlußvertrag der Zwei-plus-Vier-Verhandlungen in Moskau setzt die alliierten Vorbehaltsrechte für Berlin und Deutschland außer Kraft und ebnet den Weg zur deutschen Einheit.
    Treffen des Erfurter Bürgerkomitees vor dem Erfurter Rathaus: Warnung vor der Gefahr der Auslieferung der Stasi-Akten an den BND.

15. TA druckt Auszüge aus dem Verfassungsentwurf für das Land Thüringen.

16. Erfurter Bistumswallfahrt mit Predigt von Bischof Joachim Wanke.

20. Verabschiedung des Einigungsvertrages zwischen der DDR und Bundesrepublik Deutschland in der Volkskammer und im Bundestag.

21. Ministerpräsident Lothar de Maizière zu Besuch in Thüringen.

22. Helmut Kohl und Josef Duchač halten Wahlkampfreden für die CDU in Weimar.

24. Protokoll über Austritt der DDR aus dem Warschauer Pakt unterschrieben.

27. Vereinigung der DDR-SPD mit der SPD der Bundesrepublik auf einem gemeinsamen Parteitag.

Oktober 1990

01. Zusammenschluß der DDR-CDU und der CDU der Bundesrepublik in Hamburg.

03. Vereinigung der beiden deutschen Staaten mit einem feierlichen Staatsakt in Berlin.

Anmerkungen

1 Thüringisches Hauptstaatsarchiv Weimar, Bezirksparteiarchiv der SED Erfurt, Altregistratur der SED-Bezirksleitung (im folgenden zitiert: ThHStA/BPA-SED-Ef/Areg-SED-BL), Nr. 6240. Veranstaltung auf dem Domplatz. Die Erklärung ist auch abgedruckt in „Das Volk" (DV) 4.11.1989.

2 Vgl. den Redebeitrag Pfortes vor der SED-Stadtleitung am 13.11.1989. Thüringisches Hauptstaatsarchiv Weimar, Bezirksparteiarchiv der SED Erfurt, Altregistratur der SED-KL, hier SL-Erfurt (im folgenden zitiert: ThHStA/BPA-SED-Ef/Areg-SED-SL-Ef), Nr. 376. Die Hoffnung Pfortes, Müller werde zurücktreten, wurde dadurch genährt, daß Anfang November eine erste Rücktrittswelle von SED-Bezirkssekretären einsetzte. Der 1. Sekretär der SED-Bezirksleitung Suhl, Hans Albrecht, und der 1. Sekretär der SED-Bezirksleitung Gera, Herbert Ziegenhahn, wurden am 2.11. von ihren Funktionen entbunden, der 1. Sekretär der SED-Bezirksleitung Schwerin, Heinz Ziegner, folgte am 3.11. Vgl. DDR-Almanach '90. Daten, Informationen, Zahlen. Hrsg. von Günter Fischbach. Bonn u.a. 1990, S. 273 f. Nach Darstellung von Gabriele Zimmer, 1989 Mitarbeiterin der Parteileitung der SED im VEB Fahrzeug- und Jagdwaffenwerk „Ernst Thälmann" Suhl, seit Juli 1990 Landesvorsitzende der PDS in Thüringen, war die Entscheidung, Albrecht abzusetzen, bereits am 25.10.1989 im Sekretariat der SED-Bezirksleitung gefallen. Einen Beleg für diese Behauptung nennt sie nicht. Vgl. Gabriele Zimmer: Von der SED zur PDS. Erscheint 1995 in: Politischer Umbruch 1989/90 in Thüringen. Beiträge von politischen Akteuren zur jüngsten Geschichte (Arbeitstitel). Hrsg. von Andreas Dornheim und Stephan Schnitzler im Auftrag und in Zusammenarbeit mit der Landeszentrale für politische Bildung Thüringen (im folgenden zitiert: Dornheim/Schnitzler, politische Akteure).

3 Stephan Hloucal: Demonstrationen. In: Geheimdienste – Nein danke! Bericht des Bürgerkomitees Erfurt über die Auflösung des MfS/AfNS. Hrsg. vom Bürgerkomitee Erfurt. Erfurt 1990 (ohne Paginierung). Der DDR-Almanach '90 spricht von einer Teilnehmerzahl von 50.000 Personen (S. 274).

4 ThHStA/BPA-SED-Ef/Areg-SED-SL-Ef, Nr. 376.

5 Rosemarie Seibert, 9 Jahre hauptamtliche FDJ-Arbeit, 23 Jahre hauptamtliche SED-Arbeit, Funktionen u.a. 2. Sekretär der Stadtbezirksleitung Erfurt-Nord und 2. Sekretär der Stadtleitung Erfurt der SED, seit 1974 Stadtverordnete, ab 20.10.1982 Oberbürgermeister von Erfurt, Rücktritt am 10.11.1989; vgl. die (unvollständigen) biographischen Angaben Stadtarchiv Erfurt (im folgenden zitiert: StA Erfurt), Stadtverordnetenversammlung (im folgenden zitiert: StVV) 1-5/1000-68.

6 Hloucal, Demonstrationen. In: Geheimdienste – Nein danke!

7 Obwohl mit Rosemarie Seibert eine Frau an der Spitze der Stadt stand, findet sich in den Akten stets die männliche Form, die hier aus Gründen der Authentizität beibehalten wurde.

8 Vgl. hierzu Helmut Hartmann: Eine Hoffnung lernt gehen – Wie ich in Erfurt die politische Wende erlebte (1986-1990). Erscheint 1995 in Dornheim/Schnitzler, politische Akteure.

Zum Dialog am 24.10.1989 siehe auch den „Abschlußbericht" des Leiters der Kreisdienststelle Erfurt des MfS, Oberst Schneeberg, in den Akten des Bundesbeauftragten für die Unterlagen des Staatssicherheitsdienstes der ehemaligen DDR, Außenstelle Erfurt (im folgenden zitiert: BStU, AuSt Erfurt), Ordner Wende 1989. Außer den im Text genannten wurden in Erfurt Ende Oktober/Anfang November 1989 weitere dialogähnliche Veranstaltungen durchgeführt: Rathausgespräch „Wirtschaft" 27.10.; Rathausgespräch „Bauwesen" 29.10.; Frauenforum 8.11. Vgl. StA Erfurt, Ordner Dialog 1989.

9 Eine Abschrift dieses Dialogs, die auf einem Tonbandmitschnitt beruht, im StA Erfurt, Ordner Dialog 1989. Zur akustischen Wiedergabe vgl. den Mitschnitt, der beim MDR archiviert ist.

10 ThHStA/BPA-SED-Ef/Areg-SED-SL-Ef, Nr. 376. Aussage Bräunig.

11 ThHStA/BPA-SED-Ef/Areg-SED-BL, Nr. 5822. Protokoll BL-Sitzung 5.11.1989. Dort alle Zitate, so weit nicht anders angegeben; die Bezeichnung „Tribunal" im Zusammenhang mit einem Bürgerdialog in Mühlhausen.

12 ThHStA/BPA-SED-Ef/Areg-SED-BL, Nr. 6246. Sekretariatssitzung 9.11.1989.

13 ThHStA/BPA-SED-Ef/Areg-SED-BL, Nr. 5821. Protokoll BL-Sitzung 11.11.1989.

14 BStU, AuSt Erfurt, Ordner Wende 1989. KD Erfurt; Parteiinformation zum aktuellen Bild der Reaktion der Bevölkerung in der Bezirksstadt und im Landkreis Erfurt vom 14.11.1989.

15 BStU, AuSt Erfurt, Ordner Wende 1989. KD Erfurt; Parteiinformation zum aktuellen Bild der Reaktion der Bevölkerung in der Bezirksstadt und im Landkreis Erfurt vom 15.11.1989. Ähnliche Äußerungen in der Sitzung der SED-SL-Ef 13.11.: „Sie [R. Seibert] wurde in das Feuer geschickt und hat Schläge eingesteckt für andere, die die Fehler gemacht haben." ThHStA/BPA-SED-Ef/Areg-SED-SL-Ef, Nr. 376.

16 ThHStA/BPA-SED-Ef/Areg-SED-SL-Ef, Nr. 363. Sitzung der SL 24.11.1989. Die Stadtparteiorganisation hatte am 23.11.1989 30.800 Mitglieder und Kandidaten; das waren 3600 weniger als am 1.6.1989. Dem stand ein Zugang von ca. 700 Kandidaten gegenüber. Die Zitate aus der Sitzung vom 1.12.1989. Dort wurde auch darauf hingewiesen, daß in den Zahlen der Abgänge jene Fälle nicht enthalten seien, die „in den Parteileitungen noch in den Schüben liegen, wo man sagt, nimm erst einmal, mal sehen, was mit dem Krenz wird, was mit dem Parteitag wird".

17 Zimmer, Von der SED zur PDS. Erscheint 1995 in Dornheim/Schnitzler, politische Akteure.

18 So die Darstellung im zweiten Strafprozeß gegen Gerhard Müller vor dem Landgericht Erfurt wegen Anstiftung zur Wahlfälschung; erster Verhandlungstag am 11.10.1994.

19 Vgl. Jürgen Habermas: Die nachholende Revolution. Kleine Politische Schriften VII. Frankfurt a.M. 1990. Michael Schneider: Die abgetriebene Revolution. Von der Staatsfirma in die DM-Kolonie. Berlin 1990. Karl-Dieter Opp, Peter Voß, Christiane Gern: Die volkseigene Revolution. Stuttgart 1993. Ehrhart Neubert: Eine protestantische Revolution. Osnabrück 1990. Margot Friedrich: Eine Revolution nach Feierabend. Eisenacher Tagebuch der Revolution. Marburg 1991. Gert-Joachim Glaeßner spricht in seinem Aufsatz „Am Ende des Staatssozialismus – Zu den Ursachen des Umbruchs in der DDR" von einer „wiederherstel-

lenden und zugleich von einer abgebrochenen Revolution" In: Hans Joas, Martin Kohli (Hrsg.): Der Zusammenbruch der DDR. Soziologische Analysen. Frankfurt a.M. 1993, 70-92; hier S. 85.

20 Vgl. die prägnanten, wenn auch m.E. nicht immer zutreffenden Thesen von Stephan Bierling: Die Mythen der Wiedervereinigung. In: Sonde. Neue Christlich-Demokratische Politik. 25 (1993), Heft 1, S. 3-9. Vgl. auch Detlef Pollack: Religion und gesellschaftlicher Wandel. Zur Rolle der evangelischen Kirche im Prozeß des gesellschaftlichen Umbruchs in der DDR. In: Joas/Kohli, Zusammenbruch, S. 246-266; hier S. 261.

21 Vgl. zum Revolutionsbegriff Theodor Schieder, Eberhard Schmitt, Andreas Dorpalen: Revolution. In: Sowjetsystem und Demokratische Gesellschaft. Eine vergleichende Enzyklopädie. Bd. V. Freiburg/Basel/Wien 1972, Sp. 692-766; hier Sp. 693. Vgl. auch Reinhart Koselleck u.a.: Revolution, Rebellion, Aufruhr, Bürgerkrieg. In: Geschichtliche Grundbegriffe. Historisches Lexikon zur politisch-sozialen Sprache in Deutschland. Hrsg. von Otto Brunner, Werner Conze, Reinhart Koselleck. Bd. 5. Stuttgart 1984, S.653-788.

22 Vgl. die Darstellung bei Schieder/Schmitt/Dorpalen, Revolution, Sp. 699 f.

23 Vgl. Hans-Christoph Schröder: Die Revolutionen Englands im 17. Jahrhundert. Frankfurt a.M. 1986.

24 Elite wird hier im sozialwissenschaftlichen, nicht im umgangssprachlichen Sinn gebraucht. Elite meint keine Wertelite (die Besten, die Tapfersten usw.), sondern eine Funktionselite. Mit Elite sind somit diejenigen gemeint, die Führungspositionen innehaben, kurzum die Mächtigen.

25 Hans-Ulrich Derlien: Regimewechsel und Personalpolitik. Beobachtungen zur politischen Säuberung und zur Integration der Staatsfunktionäre der DDR in das Berufsbeamtentum (= Verwaltungswissenschaftliche Beiträge Nr. 27). Universität Bamberg 1991, S. 17 f.

26 Deutlich wird dies z.B., wenn man die Funktion der Vertreter der Kirchen an den Runden Tischen betrachtet. Vgl. auch den Vortrag von Heino Falcke in der PHEM am 14.1.1992 (Mitschnitt beim Verfasser).

27 Walter Friedrich, Hartmut Griese (Hrsg.): Jugend und Jugendforschung in der DDR. Gesellschaftspolitische Situationen, Sozialisation und Mentalitätsentwicklung in den achtziger Jahren. Opladen 1991, S. 139.

28 ThHStA/BPA-SED-Ef/Areg-SED-BL, Nr. 4669.

29 ThHStA/BPA-SED-Ef/Areg-SED-BL, Nr. 5822. Protokoll BL-Sitzung 5.11.1989.

30 Vgl. zu Wandlitz: Paul Bergner: Die Waldsiedlung. Wohnsitz des Politbüros der SED. Wandlitz 1992.

31 Artur Meier: Abschied von der sozialistischen Ständegesellschaft. In: Aus Politik und Zeitgeschichte B 16-17/1990, S. 3-14.

32 Sigrid Meuschel: Überlegungen zu einer Herrschafts- und Gesellschaftsgeschichte der DDR. In: Geschichte und Gesellschaft, 19 (1993), Heft 1, S. 5-14; hier S. 7-9. Für die Gesamtargumentation vgl. dies.: Legitimation und Parteiherrschaft in der DDR. Zum Paradox von Stabilität und Revolution in der DDR 1945-1989. Frankfurt a.M. 1992.

33 Vgl. den Art. Eingaben im Kleinen politischen Wörterbuch, S. 188 f. Nach Angaben einer Gewährsfrau nahm eine Eingabe, die sie 1982 wegen der Zuweisung einer neuen Wohnung gemacht hatte, folgenden Lauf: Der normale Weg wäre gewesen, sich an den Rat der Stadt, den Rat des Bezirkes und zum Schluß an den Staatsratsvorsitzenden zu wenden. Da in ihrem Fall (Eingabe vom Februar 1982) der Erfurter Oberbürgermeister als Vorsitzender des Rates der Stadt nur ausweichend antwortete (März 1982), wandte sie sich im Mai 1982 direkt an den Staatsratsvorsitzenden („Werter Genosse Honecker! Betr. Eingabe zwecks Klärung meiner Wohnungsangelegenheit"). Daraufhin wurde ihr noch im Mai vom Staatsrat der DDR (Abteilung[!] Eingaben) mitgeteilt, man habe die Angelegenheit an den Ersten Stellvertreter des Vorsitzenden des Rates des Bezirkes Erfurt weitergeleitet. Gleichzeitig wurde sie (was sie freilich gewußt hatte) darauf aufmerksam gemacht, „daß das übergeordnete Organ für den Rat der Stadt Erfurt nicht der Staatsrat, sondern der Rat des Bezirkes Erfurt ist". Die Eingabe hätte jedoch bei einer Bearbeitung durch die unteren Instanzen keinerlei Aussicht auf Erfolg gehabt. Durch den eingeschlagenen Weg erfolgte die Zuteilung einer neuen Wohnung noch im Dezember 1982. Nach Angaben der Gewährsfrau war die einzige Zeit, während der die unteren Stellen „etwas munterer" wurden, die Zeit vor Wahlen. Vgl. auch: Teurer Genosse! Briefe an Erich Honecker. Hrsg. von Monika Deutz-Schroeder und Jochen Staadt. Berlin 1994 (2. Aufl.).

34 Interview Dieter Strödter 17.5.1994. Ein Auszug aus diesem Interview erscheint 1995 in Dornheim/Schnitzler, politische Akteure.

35 Gregor Gysi, Thomas Falkner: Sturm aufs große Haus. Der Untergang der SED. Berlin 1990, S. 24.

36 ThHStA/BPA-SED-Ef/Areg-SED-BL, Nr. 6240.

37 Alle Zahlen nach Jörg Roesler: Der Einfluß der Außenwirtschaftspolitik auf die Beziehungen DDR – Bundesrepublik. Die achtziger Jahre. In: Deutschland Archiv 26 (1993), S. 558-572.

38 Lutz Niethammer, Alexander von Plato, Dorothee Wierling: Die volkseigene Erfahrung. Eine Archäologie des Lebens in der Industrieprovinz der DDR. Berlin 1991, S. 40.

39 ThHStA/BPA-SED-Ef/Areg-SED-BL, Nr. 3919. Abteilung Agitation/Propaganda, Einschätzungen der politischen Lage.

40 ThHStA/BPA-SED-Ef/Areg-SED-BL, Nr. 6823, BL-Sitzung 5.7.1989; hier Schlußwort.

41 ThHStA/BPA-SED-Ef/Areg-SED-BL, Nr. 3919.

42 ThHStA/BPA-SED-Ef/Areg-SED-BL, Nr. 3919, 4669.

43 ThHStA/BPA-SED-Ef/Areg-SED-BL, Nr. 5822. Protokoll BL-Sitzung 5.11.1989; hier Rede Gerhard Müller.

44 ThHStA/BPA-SED-Ef/Areg-SED-BL, Nr. 6823. BL-Sitzung 5.7.1989; hier Schlußwort.

45 Die Arbeiter-und-Bauern-Inspektion der DDR wurde als staatliches und gesellschaftliches Kontrollorgan und Bestandteil der „sozialistischen Demokratie" verstanden. Die Gründung erfolgte 1963 auf Beschluß des ZK der SED und des Ministerrats der DDR. Die Bezirks-, Kreis-, Stadt-, und Stadtbezirkskomitees der ABI waren Organe der jeweils übergeordneten Komitees der ABI. Die oberste Ebene, nur Komitee der ABI genannt, war Organ des ZK der

SED und des Ministerrats der DDR. Der Vorsitzende des Komitees war gleichzeitig Mitglied des Ministerrats. Vgl. Kleines politisches Wörterbuch, Art. Arbeiter-und-Bauern-Inspektion der DDR, S. 66.

46 ThHStA/BPA-SED-Ef/Areg-SED-BL, Nr. 4919. ABI der DDR, Inspektion bei der Reichsbahndirektion Erfurt; Bericht 2.5.1988.

47 ThHStA/BPA-SED-Ef/Areg-SED-BL, Nr. 5822. Protokoll BL-Sitzung 5.11.1989; hier Rede Gerhard Müller.

48 Kroker, Jahrgang 1929, war von 1970 bis 1983 Generaldirektor des Kombinats Umformtechnik „Herbert Warnke" in Erfurt gewesen. Nach einem „großen Knall" in Berlin (Differenzen mit Günter Mittag) folgte die „Verbannung" nach Apolda (Direktor eines Kleinbetriebs für Feuerlöschgeräte), später nach Weimar (Direktor des Landmaschinenwerks). Kroker galt Ende 1989 als „Hoffnungs- und Sympathieträger" der SED. Gespräch mit Hans Capraro 27.10.1994. Vgl. auch: Wer war war – DDR. Ein biographisches Lexikon. Berlin 1992 (2. Aufl.).

49 ThHStA/BPA-SED-Ef/Areg-SED-BL, Nr. 5821. Protokoll BL-Sitzung 11.11.1989; hier Rede Herbert Kroker.

50 Rolf Reißig: Das Scheitern der DDR und des realsozialistischen Systems – Einige Ursachen und Folgen. In: Joas/Kohli, Zusammenbruch, S. 49-69; hier S. 54-57.

51 ThHStA/BPA-SED-Ef/Areg-SED-BL, Nr. 6823. BL-Sitzung 5.7.1989; hier Schlußwort.

52 ThHStA/BPA-SED-Ef/Areg-SED-BL, Nr. 6449. „1. Entwurf Grundkonzeption für die kulturpolitische und kulturell-künstlerische Arbeit des Hauses der Kultur, Erfurt".

53 ThHStA/BPA-SED-Ef/Areg-SED-BL, Nr. 6449. Beschlußvorlage Rat der Stadt Erfurt 1.9.1986; Gegenstand der Vorlage: Umfeldkonzeption Haus der Kultur Erfurt.

54 Mit dem Ausdruck „bring deine Brotlinie in Ordnung" war gemeint, Stelzer solle dafür sorgen, daß in Erfurt so viel Brot gebacken werde, daß sich die Stadt selbst versorgen könne. Vgl. Sitzung der SED-BL Erfurt, 5.7.1989, Schlußwort: „Die Brotlinie in Erfurt sollte in 3 Monaten fertiggestellt werden. Jetzt werden es mindestens 6 1/2 Monate, wo das Brot zum Teil aus Nachbarbezirken herangefahren werden muß." ThHStA/BPA-SED-Ef/Areg-SED-BL, Nr. 6823.

55 ThHStA/BPA-SED-Ef/Areg-SED-BL, Nr. 6449. Sekretariatssitzung 5.4.1989, TOP: Bau Haus der Kultur.

56 ThHStA/BPA-SED-Ef/Areg-SED-BL, Nr. 6440. Brief der Stadtredaktion von „Das Volk" an Herbert Kroker 7.12.1989 mit einer entsprechenden Anfrage. Handschriftlicher Vermerk auf dem Brief: „Staatsanwalt – hat alles aufgenommen – schwebendes Verfahren gegen Gen. Müller".

57 ThHStA/BPA-SED-Ef/Areg-SED-BL, Nr. 6440.

58 ThHStA/BPA-SED-Ef/Areg-SED-BL, Nr. 6444. Bei den Akten folgende handschriftliche Notiz: „Was ist mit den Gerüchten, daß Denkmalpflege und Kirche Einwände hätten?" Für Unmut in Erfurt könnte auch gesorgt haben, daß ein Künstlerkollektiv in Halle mit der Konzeption beauftragt worden war.

59 ThHStA/BPA-SED-Ef/Areg-SED-BL, Nr. 6444. Brief 9.2.1987. Bei den Akten zwei weitere Beschwerdebriefe Sittes 31.3.1986, 20.9.1989.

60 ThHStA/BPA-SED-Ef/Areg-SED-BL, Nr. 6444. Brief Seibert an Müller 17.2.1987. Durch Müller mit einem Fragezeichen versehen wurde der Satz, der Rat der Stadt habe angeboten, „den VEB Mikroelektronik ‚Karl Marx' als Partner für die ständige Betreuung der Entstehung des Denkmals zu gewinnen".
61 ThHStA/BPA-SED-Ef/Areg-SED-BL, Nr. 6444. Briefe 23. und 26.3.1987.
62 ThHStA/BPA-SED-Ef/Areg-SED-BL, Nr. 6444.
63 Gerhard Schade: Historischer Stadtkern – Andreasviertel. In: Erfurter Heimatkalender 1991, S. 62-67; hier S. 65.
64 Hartmann, Eine Hoffnung lernt gehen. Erscheint 1995 in Dornheim/Schnitzler, politische Akteure.
65 StA Erfurt, Ordner Dialog 1989. Rathausgespräch „Bauwesen" 29.10.1989.
66 Jan Wielgohs: Auflösung und Transformation der ostdeutschen Bürgerbewegung. In: Deutschland-Archiv 26 (1993), S. 426-434; hier S. 426 f.
67 Jan Wielgohs/Marianne Schulz: Von der „friedlichen Revolution" in die politische Normalität. Entwicklungsetappen der ostdeutschen Bürgerbewegung. In: Joas/Kohli, Zusammenbruch, S. 222-245; hier S. 223. Bezug zu den osteuropäischen Oppositionsbewegungen u.a. Kritik an der Menschenrechtssituation in der DDR und Einforderung demokratischer Grundrechte. Unterschiede u.a. in der starken Betonung der Frauenemanzipation und dem Fehlen nationaler Emanzipationsansprüche gegenüber der sowjetischen Hegemonie.
68 Wielgohs/Schulz, politische Normalität, S. 224. Vgl. auch Interview Walter Schilling 16.7.1993.
69 Interview Walter Schilling 17.8.1993.
70 Vgl. Armin Mitter, Stefan Wolle (Hrsg.): Ich liebe euch doch alle! Befehle und Lageberichte des MfS Januar-November 1989. Berlin 1990, S. 47.
71 Vgl. Wielgohs/Schulz (politische Normalität, S. 244), die sich auf Delef Pollack beziehen.
72 Hartmann, Eine Hoffnung lernt gehen. Erscheint 1995 in Dornheim/Schnitzler, politische Akteure.
73 Aribert Rothe: Zur Umweltbewegung im Umfeld der evangelischen Kirche. Erscheint 1995 in Dornheim/Schnitzler, politische Akteure.
74 Hartmann, Eine Hoffnung lernt gehen. Erscheint 1995 in Dornheim/Schnitzler, politische Akteure.
75 Vgl. die Darstellung von Angelika Schön bei der Sitzung der Enquete-Kommission „Aufarbeitung von Geschichte und Folgen der SED-Diktatur in Deutschland" des Deutschen Bundestages in Erfurt am 15.12.1993. In Weimar kam es am 4.12.1988 zum ersten Mal in der Geschichte der DDR vor, daß ein Geistlicher, nämlich Superintendent Hans Reder, die Polizei beauftragte, fünf Ausreisewillige in einer Kirche zu verhaften. Vgl. Christoph Victor: Oktoberfrühling. Die Wende in Weimar. Weimar 1992, S. 11-19.
76 Wielgohs, Auflösung und Transformation, S. 426.
77 Wielgohs, Auflösung und Transformation, S. 426.

78 Vgl. die „Dokumente der Opposition" in: Gerhard Rein (Hrsg.): Die Opposition in der DDR. Entwürfe für einen anderen Sozialismus. Berlin 1989.
79 Interview 28.10.1992.
80 Zu Richter vgl. das Interview mit Stephan Schnitzler, das 1995 in Dornheim/Schnitzler, politische Akteure, erscheinen wird. Capraro teilte mir am 15.11.1994 mit, von den Erfurter Theologen habe nur ein Teil „die Teilung Deutschlands als dauernd notwendig für die Erhaltung des Friedens in Europa" angesehen. Diese Gruppe habe die Teilung „im Sinne von Günther Grass als verdiente Strafe für die Kriegsschuld Deutschlands" betrachtet. Capraro (Jahrgang 1924) erläuterte seine eigene Haltung wie folgt: „Ich selbst, im Eichsfeld großgeworden, 12 Jahre als Pfarrer im 500-m-Schutzstreifen tätig, habe immer mit meiner Familie und mit Freunden am Gedanken der Einheit Deutschlands festgehalten. Dies habe ich auch in allen Gesprächen immer wieder betont. Ich hatte ja die Einheit als Kind ganz intensiv erlebt (unsere nächsten Städte waren Göttingen und Kassel und nicht Mühlhausen, Nordhausen und Erfurt), und als Pfarrer im Sperrgebiet habe ich das Elend der Teilung immer und immer wieder hautnah erfahren. Ich habe in diesem Punkt auch immer im Gegensatz zu Dr. Falcke [Propst Falcke] gestanden."
81 BStU, AuSt Erfurt, Ordner Wende 1989. BV Erfurt, Abteilung XX: „Rückflußinformation zu aktuellen Erkenntnissen über die weitere Formierung DDR-weiter oppositioneller Sammlungsbewegungen" vom 22.10.1989; bestätigt vom Leiter der BV, Generalmajor Josef Schwarz (im folgenden zitiert: BV Erfurt, Rückflußinformation 22.10.1989).
82 Vgl. Mitter/Wolle, Ich liebe euch doch alle!, S. 56.
83 Martin und Sylvia Greiffenhagen: Ein schwieriges Vaterland. Zur politischen Kultur im vereinigten Deutschland. München/Leipzig 1993, S. 235.
84 Hans Jochen Genthe: Die evangelische Kirche in Erfurt 1945-1990. In: Ulman Weiß (Hrsg.): Erfurt 742-1992. Stadtgeschichte – Universitätsgeschichte. Weimar 1992, S. 613-634; hier S. 623.
85 Interview Walter Schilling 16.7.1993.
86 Die „andere" Geschichte. Hrsg. Autorenkollektiv (Thomas K. Grund, Uwe K. Kulisch, Katharina Lenski, Uwe Petzold, Walter Schilling, Angelika Schön, Harry K. Zöller). Erfurt 1993, S. 11.
87 Die „andere" Geschichte, S. 11.
88 Interview Walter Schilling 17.8.1993.
89 Interview Walter Schilling 17.8.1993.
90 Vgl. die Fotos zum Thema „Überwachung".
91 Wolfgang Herzberg: Der Gründerkreis des sozialdemokratischen Neubeginns in der DDR 1989: Versuch einer Analyse seiner kollektiven Biographie. In: Wolfgang Herzberg, Patrik von zur Mühlen (Hrsg.): Auf den Anfang kommt es an. Sozialdemokratischer Neubeginn in der DDR 1989. Interviews und Analysen. Bonn 1993, S. 11-37; hier S. 11, 16 f. Vgl. außerdem: Von der Bürgerbewegung zur Partei. Die Gründung der Sozialdemokratie in der DDR. Diskussionsforum im Berliner Reichstag am 7. Oktober 1992. Hrsg. von Dieter Dowe in Zusammenarbeit mit Rainer Eckert. Bonn 1993.

92 Herzberg/von zur Mühlen, Sozialdemokratischer Neubeginn, S. 64 f.
93 Herzberg/von zur Mühlen, Sozialdemokratischer Neubeginn, S. 107.
94 Während die Ergebnisse der ersten Landtagswahlen des Jahres 1946 in der SBZ an die Wahlergebnisse der Weimarer Republik anknüpften, stellte die Wahlforschung nach den Volkskammerwahlen des Jahres 1990 einen „nahezu vollständige[n] Umbruch der politischen Landschaft" fest. Karl Schmitt: Politische Landschaften im Umbruch: Das Gebiet der ehemaligen DDR 1928-1990. In: Oscar W. Gabriel, Klaus G. Troitzsch (Hrsg.): Wahlen in Zeiten des Umbruchs. Frankfurt a.M u.a. 1993, S. 403-441; zit. S. 433. Gegen die undifferenzierte „Legende vom ‚roten, sozialdemokratischen Thüringen'" und insgesamt vom „roten Mitteldeutschland" in der Weimarer Republik wendet sich seit einigen Jahren Franz Walter, der die regional und lokal unterschiedlich starke ‚Treue' zur Sozialdemokratie (gemessen in erster Linie am Wahlverhalten) vor allem auf unterschiedlich starke Herausbildungen eines sozialistischen Milieus zurückführt. Franz Walter: Thüringen – einst Hochburg der sozialistischen Arbeiterbewegung? In: Internationale wissenschaftliche Korrespondenz zur Geschichte der deutschen Arbeiterbewegung 28 (1992), S. 21-39. Ders.: Sachsen – ein Stammland der Sozialdemokratie? In: Politische Vierteljahresschrift 32 (1991), Heft 2, S. 207-231. Ders., Tobias Dürr, Klaus Schmidtke: Die SPD in Sachsen und Thüringen zwischen Hochburg und Diaspora. Bonn 1993. Demnächst auch ders.: Von der roten zur braunen Hochburg. Wahlanalytische Überlegungen zur NSDAP in den beiden thüringischen Industrielandschaften. In: Gunther Mai, Detlev Heiden (Hrsg.): Nationalsozialismus in Thüringen. Köln/Weimar 1995.
95 Die sechs Gründungsmitglieder waren Marilene Bornemann, Winfried Bornemann, Hans Capraro, Andrea Haberland, Irmtraud Herbst, Mathias Herbst.
96 Über die evangelische Kirche in Erfurt bestand die Kommunikationslinie Capraro-Herbst. Vgl. die Darstellung weiter unten.
97 Interview 29.11.1993.
98 Alle Angaben Interview Marilene und Winfried Bornemann 29.11.1993.
99 StA Erfurt, Ordner Dialog 1989. Dialog auf dem Domplatz 2.11.1989.
100 Mitteilung Capraro 15.11.1994.
101 ThHStA/BPA-SED-Ef/Areg-SED-BL, Nr. 6240.
102 Der SPD-Ortsverband Erfurt plant derzeit die Durchführung eines Forschungsprojektes zur Aufarbeitung seiner jüngsten Parteigeschichte. Nach den Privatunterlagen von Harald Klatt, 1995 Ortsvereinsvorsitzender des SPD-Ortsvereins Erfurt-West, waren bei der Gründung der Erfurter SDP am 9.11.1989 folgende 19 Personen anwesend: Andreas Becke, A. Behrmann, Marilene Bornemann, Winfried Bornemann, Hans Capraro, Sebastian Cebe, Volker Fabian, Andrea Haberland, Jürgen Hauck, Mathias Herbst, Jürgen Hoff, Renate Hoff, Harald Klatt, Martina Kraatz, Frank Meyer, B. Reinhart, Peter Renneberg, G. Rothe, Karlheinz Sommer. Der erste provisorische Sprecherrat (Vorstand), der ebenfalls am 9.11. gewählt wurde, bestand aus folgenden Personen: Frank Meyer (1. Sprecher), Sebastian Cebe (2. Sprecher), Martina Kraatz (Kassiererin). In den ersten Tagen und Wochen nach der Gründung war die Fluktuation innerhalb der Erfurter SDP relativ groß; insgesamt wurden in den

ersten zwei bis drei Monaten etwa 700 Parteibücher ausgestellt. Nach der Volkskammerwahl am 18. März 1990 zählte die Partei in Erfurt rund 300 Mitglieder.

103 Zit.n. Sascha Maurice Salzig: Die Oppositionsbewegung 1989 in der Deutschen Demokratischen Republik, aufgezeigt an der Bürgerbewegung „Neues Forum", der „Sozialdemokratischen Partei in der DDR" und der evangelischen Kirche in der DDR. Unveröffentlichte Facharbeit in Sozialkunde. Bischöfliches Willigis-Gymnasium Mainz 1991.

104 Interview Hans Capraro 15.7.1992.

105 Gerhard Besier, Stephan Wolf (Hrsg.): „Pfarrer, Christen und Katholiken". Das Ministerium für Staatssicherheit der ehemaligen DDR und die Kirchen. Neukirchen-Vluyn 1992 (2. Aufl.), S. 42.

106 Detlef Pollack: Religion und gesellschaftlicher Wandel. Zur Rolle der evangelischen Kirche im Prozeß des gesellschaftlichen Umbruchs in der DDR. In: Joas/Kohli, Zusammenbruch, S. 246-261; hier S. 261: „Es war keine protestantische Revolution, wie man behauptet hat; es war der Zusammenbruch eines künstlich aufrechterhaltenen Systems, dem auch der Protestantismus mehr oder weniger hilflos ausgeliefert war." Vgl. auch Pollacks stärker die Kirchengeschichte der DDR berücksichtigenden Beitrag: Der Umbruch in der DDR – eine protestantische Revolution? Der Beitrag der evangelischen Kirchen und der politisch alternativen Gruppen zur Wende 1989. In: Protestantische Revolution? Kirche und Theologie in der DDR: Ekklesiologische Voraussetzungen, politischer Kontext, theologische und historische Kriterien. Hrsg. von Trutz Rendtorff. Göttingen 1993, S. 41-72.

107 Ehrhart Neubert: Eine protestantische Revolution. Osnabrück 1990, S. 6, 49, 51, 54, 83. Vgl. auch ders.: Eine protestantische Revolution. In: Deutschland Archiv 23 (1990), S. 704-713. Ders.: Protestantische Kultur und DDR-Revolution. In: Aus Politik und Zeitgeschichte B 19/1991, S. 21-29. Gerhard Rein: Die protestantische Revolution 1987-1990. Ein deutsches Lesebuch. Berlin 1990.

108 Christoph Kleßmann: Zur Sozialgeschichte des protestantischen Milieus in der DDR. In: Geschichte und Gesellschaft, 19 (1993), Heft 1, S. 29-53; hier S. 30, 51. Zur Bedeutung des evangelischen Pfarrhauses vgl. auch Martin Greiffenhagen (Hrsg.): Das evangelische Pfarrhaus. Eine Kultur- und Sozialgeschichte. Stuttgart 1984.

109 Vgl. auch Dietrich Staritz: Zur Geschichte der DDR. In: Werner Weidenfeld, Hartmut Zimmermann (Hrsg.): Deutschland-Handbuch. Eine doppelte Bilanz 1949-1989. München 1989, S. 69-85; hier S. 74.

110 Klaus Schulze: Der Runde Tisch in Leinefelde. Erscheint 1995 in Dornheim/Schnitzler, politische Akteure.

111 Herzberg in Herzberg/von zur Mühlen, Sozialdemokratischer Neubeginn, S. 30.

112 Eberhard Jüngel: Wege und Aporien der evangelischen Kirche in der DDR, S. 6-9. Vortrag vor der Enquete-Kommission des Deutschen Bundestages zur „Aufarbeitung von Geschichte und Folgen der SED-Diktatur in Deutschland" am 14./15.12.1993 in Erfurt.

113 Kleßmann, protestantisches Milieu, S. 51. Allerdings ging die Evangelische Landeskirche in Thüringen unter ihrem Bischof Moritz Mitzenheim (1891-1977; Ruhestand 1970) einen eige-

nen, den sogenannten „Thüringer Weg", der von einer Öffnung gegenüber Staat und Partei gekennzeichnet war und in der evangelischen Kirche bis heute stark umstritten ist. Die Gegenposition nahm der Berliner Bischof Otto Dibelius ein, der sich weigerte, die Regierung der DDR als Obrigkeit anzuerkennen. Der Stellvertreter Mitzenheims in weltlichen Angelegenheiten, Oberkirchenrat Gerhard Lotz (1911-1981), wurde seit 1955 vom MfS als IM „Karl" geführt. Vgl. hierzu Clemens Vollnhals: Die Stasi-Akte Lotz. Vortrag vor der Enquete-Kommission des Deutschen Bundestages zur „Aufarbeitung von Geschichte und Folgen der SED-Diktatur in Deutschland" am 14./15.12.1993 in Erfurt.

114 Heino Falcke: Die unvollendete Befreiung. Die Kirchen, die Umwälzung in der DDR und die Vereinigung Deutschlands. München 1991, S. 12.

115 Jüngel, Wege und Aporien, S. 9-11.

116 Falcke, unvollendete Befreiung, S. 21.

117 Vgl. zur kirchlichen Jugendarbeit Anfang der 80er Jahre in Thüringen: Die „andere" Geschichte, S. 18: Das „MfS, da[s] ja nun schon längst die Kirchenpolitik machte, [hätte] fast den Bogen überspannt."

118 ThHStA/BPA-SED-Ef/Areg-SED-BL, Nr. 6823. BL-Sitzung 5.7.1989; Schlußwort.

119 Die folgende Typologie geht auf Aribert Rothe zurück, der sie im Interview am 13.7.1993 entwickelte.

120 So z.B. der ehemalige Erfurter Propst Heino Falcke und der Braunsdorfer Pfarrer Walter Schilling.

121 Hierzu sind u.a. Friedrich Schorlemer, Edelbert Richter und Bernd Winkelmann zu zählen.

122 Die Katecheten und Katechetinnen besaßen einen „minderen Status" in der Kirche und bildeten quasi eine „eigene Berufsklasse" mit relativ niedrigem Gehalt. Interview Aribert Rothe 13.7.1993.

123 Vgl. Thüringische Landeszeitung 8.7., 16.9.1994.

124 Bernd Winkelmann: Politische Spiritualität in der Wendezeit der DDR – erlebt im Bezirk Suhl. Unveröffentlichtes Manuskript. Auszüge erscheinen 1995 in Dornheim/Schnitzler, politische Akteure.

125 Schulze, Der Runde Tisch in Leinefelde. Erscheint 1995 in Dornheim/Schnitzler, politische Akteure.

126 Interview 6.9.1993.

127 ThHStA/BPA-SED-Ef/Areg-SED-BL, Nr. 5822. Protokoll BL-Sitzung 5.11.1989; Referat Gerhard Müller.

128 Interview 6.9.1993.

129 BStU, AuSt Erfurt, Ordner Wende 1989. BV Erfurt, Rückflußinformation 22.10.1989.

130 Evangelischer Kirchenkreis Erfurt, Protokoll des Evangelischen Ministeriums 5.10.1989. Das Protokoll gibt stichwortartig einige Probleme, die in diesem Zusammenhang verhandelt wurden, wieder: „[...] Beschluß des Kreiskirchenrates wird als Bitte an die Gemeinden verstanden. Gemeinden, die Gruppen das Gastrecht verweigern, sollten dies dem Kreiskirchenrat begründen[.] Polizeigesetz zur Auflösung dieser Versammlung sollte jeder in die

Hand kriegen. Es liegt im Amt. [...] Was machen wir, wenn Demonstrationen in unseren Räumen vorbereitet werden? [...]". Als „Ergebnis des Gesprächsganges" wurde festgehalten: „Wir müssen den staatlichen Vertretern sagen, den Gruppen Räume zu geben, damit die Kirche keine Räume mehr zu geben braucht. Solidarisierung mit Gruppen ist angesprochen; Solidarisierung mit Menschen, die nachdenken wollen. Gastrecht[.] Was heißt das? Gehören Vervielfältigungsmöglichkeit dazu oder Schaukästen?" Vgl. auch Hartmann, Eine Hoffnung lernt gehen. Erscheint 1995 in Dornheim/Schnitzler, politische Akteure.

131 BStU, AuSt Erfurt, Ordner Wende 1989. „Informationsbericht" IMB „Schubert" 23.10.1989.

132 ThHStA/BPA-SED-Ef/Areg-SED-BL, Nr. 6420. Untersuchungen durch KPKK/SPKK.

133 ThHStA/BPA-SED-Ef/Areg-SED-BL, Nr. 6420.

134 ThHStA/BPA-SED-Ef/Areg-SED-BL, Nr. 6420.

135 ThHStA/BPA-SED-Ef/Areg-SED-SL-Ef, Nr. 362, 376.

136 ThHStA/BPA-SED-Ef/Areg-SED-BL, Nr. 6420.

137 Das offizielle Ergebnis der Wahlen zur Erfurter Stadtbezirksversammlung lautete 99,48% gültige Ja-Stimmen, das zur Stadtverordnetenversammlung 99,75% gültige Ja-Stimmen. Vgl. Thüringer Tageblatt vom 10.5.1989. Die Hochschulparteileitung der Pädagogischen Hochschule „Dr. Theodor Neubauer" Erfurt/Mühlhausen schickte am 24.5.1989 folgenden Bericht an die SED-Bezirksleitung: „Die Kommunalwahlen wurden zu einem eindrucksvollen Bekenntnis für die Kandidaten der Nationalen Front und das durch sie vertretene Wahlprogramm. Alle 1874 wahlberechtigten Studenten der Pädagogischen Hochschule Erfurt sowie alle Mitarbeiter haben ihr demokratisches Wahlrecht wahrgenommen und in überwältigender Mehrheit den Kandidaten der Nationalen Front der DDR ihr Vertrauen gegebene (Anlage). Im Jahr des 20jährigen Jubiläums der Gründung unserer Hochschule und des 40. Jahrestages der Gründung der DDR haben wir bewiesen: Die überwältigende Mehrheit der Mitarbeiter und Studenten der Pädagogischen Hochschule steht fest zur Politik der SED sowie der mit ihr befreundeten Parteien und Massenorganisationen." Nach Darstellung der Anlage gaben 1874 Studierende 1869 gültige Stimmen ab; 5 Stimmen (= 0,3 %) waren ungültig (sowohl bei den Stadtbezirkswahlen als auch auf Stadtebene). Unter den gültigen Stimmen waren 23 (1,0 %) bzw. 26 (1,3 %) Gegenstimmen. Von den Wählern gehörten 858 zu Erfurt WBZ I, 677 zu Erfurt WBZ II und 339 zu Mühlhausen. In Mühlhausen gab es nach Darstellung der HPL keine ungültige Stimme und keine Gegenstimme. ThHStA/BPA-SED-Ef/Areg-SED-BL, Nr. 6314.

138 Reinhold Andert, Wolfgang Herzberg: Der Sturz. Erich Honecker im Kreuzverhör. Berlin/Weimar 1990. S. 83.

139 Vgl. Thomas A. Seidel: Der Arbeitskreis Solidarische Kirche und das Ende der DDR. Erscheint 1995 in Dornheim/Schnitzler, politische Akteure.

140 Johannes Staemmler: Beobachtungen und Erfahrungen mit der Auszählung bei den Kommunalwahlen am 7.5.1989 in Erfurt Stadt (zweiseitige Aufzeichnungen). Unterlagen (Kopien) Helmut Hartmann; die Originale befinden sich derzeit bei der Staatsanwaltschaft Erfurt.

141 Gemeint ist in diesem Fall die Wahl zur Stadtverordnetenversammlung.
142 Genthe, evangelische Kirche in Erfurt, S. 613.
143 Brief an den Nationalrat der Nationalen Front der Deutschen Demokratischen Republik 11.5.1989; alle Zitate ebd. Unterlagen Hartmann.
144 Bei den Akten des Evangelischen Ministeriums im Kreiskirchenamt Erfurt ein vom Evangelischen Ministerium ausgestellter „Ausweis" für Dost und eine Empfangsbestätigung des Abteilungsleiters beim Sekretariat des Nationalrates der Nationalen Front, Günter Döring. Die Bestätigung war notwendig, um den fristgemäßen Einspruch nachweisen zu können.
145 Brief an das Evangelische Ministerium 18.5.1989. Unterlagen Hartmann.
146 Brief des Evangelischen Ministeriums an den Nationalrat der Nationalen Front 30.5.1989. Kanzelabkündigung. Unterlagen Hartmann.
147 Unterlagen Hartmann.
148 Brief 27.7.1989 an das Mitglied des Politbüros des ZK der SED Günter Mittag. Unterlagen Hartmann.
149 StA Erfurt, StVV 1-5/1000-68.
150 Brief an den „Herrn Generalstaatsanwalt Hutt" (Datum unleserlich). Unterlagen Hartmann.
151 Brief Norbert Otto, MdB und Kreisvorsitzender der CDU, an das Evangelische Ministerium 7.2.1992. In dem Brief wird um „entsprechendes Faktenmaterial" gebeten, „um die Wahlfälschung glaubhaft nachzuweisen". Unterlagen Hartmann.
152 Hartmann, Eine Hoffnung lernt gehen. Erscheint 1995 in Dornheim/Schnitzler, politische Akteure.
153 Verhandlungstage 11., 12., 18., 19., 25. und 26.10. sowie 3.11. (Urteil) 1994. Vgl. auch die Berichterstattung in der TA und in der TLZ.
154 Baumgärtels Stellvertreter, Volkhardt Germer, war zu diesem Zeitpunkt politisch bereits ausgeschaltet, da er am 6. Mai entgegen allen Absprachen drei Personen gestattet hatte, die Auszählung der Stimmzettel der Sonderwahllokale zu verfolgen. Im Strafprozeß gegen Gerhard Müller konnte nicht geklärt werden, ob es sich bei diesen Personen um SED-Kritiker aus der Bürgerbewegung gehandelt hatte, oder ob sich Mitarbeiter des MfS in den Raum gedrängt hatten. Fünf Jahre nach diesen Ereignissen, im Frühjahr 1994, wurde Germer zum Oberbürgermeister von Weimar gewählt.
155 Bei der Anzahl der ausgereisten Personen lag Erfurt an 6. Stelle der Bezirksstädte: Im 1. Halbjahr 1989 reisten 2356 Personen aus, im 1. Halbjahr 1988 waren es 415 gewesen (DDR-weit 1. Halbjahr 1989: 36.484; 1. Halbjahr 1988: 8387). Bei der Zahl der Anträge nahm Erfurt den 7. Platz ein: 1. Halbjahr 1988: 4128 Anträge (DDR-weit 1. Halbjahr 1989: 72.066). Vgl. Mitter/Wolle, Ich liebe euch doch alle!, S. 91.
156 Hartmann, Eine Hoffnung lernt gehen. Erscheint 1995 in Dornheim/Schnitzler, politische Akteure.
157 Interview Ilse Neumeister 28.10.1992. Vgl. auch Petrus Köst, Franz Domaschke, Adrian Kunert: Aus dem Leben der Kirche. Vor Gott um Frieden ringen. Aspekte des Erfurter Friedensgebetes. In: Zeitschrift für christliche Spiritualität 63 (1990), S. 118-123.

158 Interview Ilse Neumeister 28.10.1992.

159 Köst u.a., Aus dem Leben der Kirche, S. 120.

160 Hloucal, Demonstrationen. In: Geheimdienste – Nein danke!

161 Köst u.a., Aus dem Leben der Kirche, S. 120.

162 Edelbert Richter: Erlangte Einheit – Verfehlte Identität. Auf der Suche nach den Grundlagen für eine neue deutsche Politik. Berlin 1991, S. 21 f. Vgl. auch Evangelisches Ministerium, Sitzung vom 21.9.1989, auf der Richter einen „Bericht von den aktuellen Dingen im Lande" gab. Er stellte sieben neue Initiativen vor (Vereinigte Linke, Initiative zur Gründung einer SDP, Aufbruch '89 Neues Forum, Demokratischer Aufbruch – ökologisch und sozial, Demokratie jetzt, Liste zwei [Sachsen], Demokratische Union [Leipzig]) und vertrat die Meinung, eine „SPD in unserem Raum würde natürlich die SED brüskieren". Richter kündigte außerdem an, am „Dienstag, dem 26.9.89 um 20.00 Uhr[,] findet im Kapitelsaal des Augustinerklosters eine Information über die aktuelle Situation der Initiativgruppen statt".

163 BStU, AuSt Erfurt, Ordner Allgemeines. BV Erfurt, Leiter 27.9.1989. „Rückflußinformation zur politisch-operativen Lage unter feindlich-negativen Kräften im Verantwortungsbereich der BV Erfurt im Zusammenhang mit den gegenwärtig republikweit durchgeführten feindlich-negativen Aktivitäten zu[r] Schaffung sogenannter Sammlungsbewegungen politisch-oppositionell eingestellter Personen"; hier S. 2, 6-10, 16 f. (im folgenden zitiert: BV Erfurt, Rückflußinformation 27.9.1989).

164 Richter, Erlangte Einheit, S. 23.

165 Richter, Erlangte Einheit, S. 30.

166 BStU, AuSt Erfurt, Ordner Wende 1989. „Information über Aktivitäten feindlich-negativer Kräfte des Bezirkes Erfurt sowie über die Aufklärung von Vorkommnissen im Zusammenhang mit mündlicher und schriftlicher Hetze". Unterzeichnet von Generalmajor Schwarz, 5.10.1989. (im folgenden zitiert: BV Erfurt, Information 5.10.1989).

167 BUSt, AuSt Erfurt, Ordner Wende 1989.

168 BStU, AuSt Erfurt, Ordner Wende 1989. BV Erfurt, Information 5.10.1989.

169 BStU, AuSt Erfurt, Ordner Wende 1989. BV Erfurt „Information über Vorkommnisse und Aktivitäten feindlich-negativer Kräfte im Bezirk Erfurt zum 40. Jahrestag der Gründung der DDR" (im folgenden zitiert: BV Erfurt, Information zum 40. Jahrestag).

170 Hartmann, Eine Hoffnung lernt gehen. Erscheint 1995 in Dornheim/Schnitzler, politische Akteure.

171 BStU, AuSt Erfurt, Ordner Wende 1989. BV Erfurt, Information zum 40. Jahrestag. Vgl. auch das Sitzungsprotokoll des Evangelischen Ministeriums vom 21.9.1989, in dem es heißt: „Der Gottesdienst anläßlich des 7. Oktobers findet um 18.00 Uhr in der Kaufmannskirche statt. Frau Sydow berichtet dazu aus der Vorbereitungsgruppe. Vorläufiger Ablauf: Begrüßung[,] Geschichtlicher Rückblick[,] Klageteil[,] Schuldeingeständnis[,] Ansprache (Dr. Genthe)[,] Protestsätze[,] Vaterunser[,] Segen[,] Öffentliches Gespräch (Herr Wild)".

172 Gespräch Helmut Hartmann 21.9.1994.

173 Hartmann, Eine Hoffnung lernt gehen. Erscheint 1995 in Dornheim/Schnitzler, politische Akteure.
174 BStU, AuSt Erfurt, Ordner Wende 1989. BV Erfurt, Information zum 40. Jahrestag.
175 Karl Wilhelm Fricke: Das Ende der DDR-Staatssicherheit? Vom MfS zum Amt für Nationale Sicherheit. In: Deutschland Archiv 22 (1989), S. 1340-1344; hier S. 1341.
176 Abschrift der Anmeldung BStU, AuSt Erfurt, Ordner Wende 1989.
177 BStU, AuSt Erfurt, Ordner Allgemeines. BV Erfurt, Rückflußinformation 27.9.1989, S. 14.
178 Abschrift der Anmeldung BStU, AuSt Erfurt, Ordner Wende 1989.
179 BStU, AuSt Erfurt, Ordner Wende 1989.
180 BStU, AuSt Erfurt, Ordner Wende 1989. BV Erfurt, Rückflußinformation 22.10.1989.
181 BStU, AuSt Erfurt, Ordner Allgemeines. BV Erfurt, Rückflußinformation 27.9.1989, S. 21-23.
182 BStU, AuSt Erfurt, Ordner Wende 1989. Brief vom 12.10.1989. Zum Hintergrund vgl. Bürgerdialog Thüringenhalle 28.10.1989, wo Büchner von einem „offenen Dialogbeitrag" spricht, „den ich am 12.10.1989 der Thüringischen Landeszeitung und dem Präsidium der LDPD zur Verfügung gestellt habe, den ich später im offenen Dialog im Rathaus am Dienstag letzte Woche der Oberbürgermeisterin zur Verfügung gestellt habe und auf den bisher immer noch keine Resonanz gefolgt [sic!] ist". StA Erfurt, Ordner Dialog 1989.
183 BStU, AuSt Erfurt, Ordner Wende 1989. BV Erfurt, Rückflußinformation 22.10.1989.
184 Richter, Erlangte Einheit, S. 21.
185 Der Sprecher des Demokratischen Aufbruch am 2.11. auf dem Erfurter Domplatz, Jürgen Döller, der die Ziele vorstellte, äußerte sich nicht zur Einheit Deutschlands. Indirekt kann man schlußfolgern, daß er damals von einer Zweistaatlichkeit ausging. Er sagte u.a.: Wir fordern eine „öffentliche Diskussion zur Überarbeitung der Verfassung der DDR" und eine „gesamtgesellschaftliche Diskussion über Grundwerte und Ziele eines wirklich demokratischen Sozialismus". StA Erfurt, Ordner Dialog 1989.
186 Richter, Erlangte Einheit, S. 22. Hervorhebung im Original.
187 BStU, AuSt Erfurt, Ordner Allgemeines. BV Erfurt, Rückflußinformation 27.9.1989, S. 8 f.
188 BStU, AuSt Erfurt, Ordner Wende 1989. BV Erfurt, Rückflußinformation 22.10.1989.
189 BStU, AuSt Erfurt, Ordner Wende 1989. BV Erfurt, Rückflußinformation 22.10.1989.
190 Die Strategien des MfS im Herbst 1989 sind insgesamt noch relativ wenig erforscht. Das liegt zum einen daran, daß die Quellenlage für die ‚heiße' Phase des Umbruchs ausgesprochen lückenhaft ist, da das MfS/AfNS Akten vernichtet hat. Das hängt zum anderen damit zusammen, daß sich die meisten Autoren zunächst darauf konzentriert haben, Struktur und zahlenmäßige Stärke des MfS und seiner Inoffiziellen Mitarbeiter zu erforschen. Vor diesem Hintergrund ist darauf hinzuweisen, daß zur Zeit alle Ausführungen über Strategien des MfS allenfalls ein Mosaikstein eines Gesamtbildes sein können, das noch zu zeichnen sein wird. Die hier geschilderten Maßnahmen der Bezirksverwaltung Erfurt waren, so meine Einschätzung, mit der Zentrale in Berlin abgestimmt. Dafür sprechen der streng hierarchische Aufbau des MfS und die Tatsache, daß in dem Papier mehrmals auf die Hauptabteilung XX der Zentrale verwiesen wird.

191 BStU, AuSt Erfurt, Ordner Allgemeines. BV Erfurt, Rückflußinformation 27.9.1989, S. 19-24.

192 BStU, AuSt Erfurt, Ordner Allgemeines. BV Erfurt, Rückflußinformation 27.9.1989, S. 24-26.

193 Genannt wurden: „ausgeprägtes Selbstbewußtsein und Selbstsicherheit im Auftreten", „hohes fachliches Wissen und Allgemeinwissen sowie Rechtskenntnisse, entsprechend der konkreten thematischen Ausrichtung der Arbeitsgruppen", „rhetorische Fähigkeiten, Ausstrahlungskraft und Fähigkeiten, andere zu überzeugen", „Fähigkeiten zur Durchsetzung von eigenen Zielstellungen/Vorstellungen und Konsequenz im Auftreten". Das MfS wollte „keine Mitglieder der SED", und die IM sollten „keine Funktion/Tätigkeit in staatlichen und gesellschaftlichen Bereichen, mit der sie im Blickpunkt der territorialen Partei- und Staatsführung bzw. der Öffentlichkeit stehen", ausüben.

194 BStU, AuSt Erfurt, Ordner Wende 1989. „Anlage zum Maßnahmeplan; Auftragsstruktur/Instruktionslinie für IM, die zur Durchdringung der Arbeitsgruppen oppositioneller Sammlungsbewegungen eingesetzt werden" (ohne Datum; wahrscheinlich Ende Oktober 1989).

195 Joachim Gauck: Die Stasi-Akten. Das unheimliche Erbe der DDR. Bearbeitet von Margarethe Steinhausen und Hubertus Knabe. Reinbek bei Hamburg 1991, S. 64 f. Vgl. auch David Gill, Ulrich Schröter: Das Ministerium für Staatssicherheit. Anatomie des Mielke-Imperiums. Reinbek bei Hamburg 1993, S. 102-104.

196 Vgl. BStU, AuSt Erfurt, Ordner Allgemeines. Einschätzung der Wirksamkeit der Arbeit mit IMB vom 13.9.1989. Am 1.11.1987 hatte der IMB-Bestand im Bezirk Erfurt 185 betragen, am 31.10.1988 159. Von diesem Rückgang waren am stärksten die KD Worbis (von 7 auf 2 IMB), Arnstadt (11 auf 7), Weimar (14 auf 9) und Heiligenstadt (10 auf 4) betroffen. Die BV Erfurt folgerte daraus: „Erhöhte Anstrengungen zur Erweiterung des IMB-Bestandes unter Beachtung der Kriterien der Richtlinie 1/79 sind vor allem in den Abteilungen XVIII [Sicherung der Volkswirtschaft] und XIX [Sicherung Post, Verkehrs- und Fernmeldewesen; vorbeugende Terrorabwehr in der Luftfahrt; Absicherung von Militärtransporten] sowie in den Kreisdienststellen Weimar, Apolda, Arnstadt, Heiligenstadt, Sondershausen und Worbis erforderlich." Die „Einsatzrichtungen der IMB" konzentrierten sich auf folgende „politisch-operative Bereiche": ca. 30% „zur politisch-operativen Sicherung der PUT/Kirche (in der Abteilung XX sind es ca. 60% des IM-Bestandes)", ca. 22% „zur politisch-operativen Sicherung der wirtschaftlichen, kommerziellen und wissenschaftlich-technischen Zusammenarbeit mit dem NSW (Verhandlungskader, Reise- und Auslandskader, westliche Firmenvertreter, GüV u.a.)", ca. 20% zur „komplexen Spionageabwehr (IMB der Abteilung II, IMB zur Sicherung militärischer Objekte)", ca. 8% zur „politisch-operativen Sicherung von Antragstellern auf ständige Ausreise", ca. 20% in anderen Einrichtungen („politisch-operative Sicherung der Volkswirtschaft, negativ-dekadente jugendliche Gruppierungen, operativ-bedeutsame Verbindungen in das Operationsgebiet u.a."). Insgesamt ist der Bericht von dem (aufschlußreichen!) Appell geprägt, weniger auf die Quantität und mehr auf die Qualität der IMB-Arbeit zu achten.

197 Hansjörg Geiger: Die Inoffiziellen Mitarbeiter. Stand der gegenwärtigen Erkenntnisse [Redigierte Abschrift des Vortrages vom 25. März 1993 in Berlin], S. 31.

198 BStU, AuSt Erfurt, Ordner Wende 1989. KD Erfurt, „Maßnahmeplan zur operativen Durchdringung und Bearbeitung der sog. Bürgerinitiative ‚Neues Forum' der Stadt Erfurt" 17.10.1989; bestätigt vom Leiter der Bezirksverwaltung, Generalmajor Schwarz.
199 Der Versuch, von der ‚anderen Seite' eine Darstellung zu erhalten, scheiterte, da Matthias Büchner auf entsprechende Anfragen nicht reagierte.
200 BStU, AuSt Erfurt, Ordner Allgemeines. BV Erfurt, Rückflußinformation 27.9.1989, S. 11 f.
201 BStU, AuSt Erfurt, Ordner Wende 1989. KD Erfurt 19.10.1989; übergeben: IMB „Schubert", übernommen: Major Ludwig; handschriftlicher Zusatz: „unbedingter Quellenschutz".
202 BStU, AuSt Erfurt, Ordner Wende 1989. KD Erfurt Referat 5, 23.10.1989; Tonbandabschrift IMB „Schubert": „Informationsbericht zur kurzfristig einberufenen Strukturgruppe der Bürgerinitiative ‚Neues Forum' unter Leitung von M. Büchner".
203 BStU, AuSt Erfurt, Ordner Wende 1989. „Ergänzung zur Tonbandabschrift zu Aussagen der Person Büchner, Matthias (‚Neues Forum', Erfurt) über die Dialogbereitschaft mit staatlichen Vertretern". KD Erfurt, 24.10.1989; Unterschrift Oberst Schneeberg.
204 BStU, AuSt Erfurt, Ordner Allgemeines. BV Erfurt, Rückflußinformation 27.9.1989, S. 17.
205 Deutlich gezeigt werden kann dies am OV „Reaktionär", durch den der Braunsdorfer Pfarrer Walter Schilling operativ bearbeitet wurde. Vgl.: Die „andere" Geschichte, S. 28-93.
206 Interview Hans Donat 6.9.1993.
207 Hloucal, Demonstrationen. In: Geheimdienste – Nein danke!
208 Vgl. StA Erfurt, Ordner Dialog 1989. Dialog auf dem Domplatz 2.11.1989.
209 ThHStA/BPA-SED-Ef/Areg-SED-SL-Ef, Nr. 377.
210 ThHStA/BPA-SED-Ef/Areg-SED-BL, Nr. 5822. Protokoll BL-Sitzung 5.11.1989; Referat Gerhard Müller: In der „Zeitung stand mehrere 10.000, wir sagen sicherlich richtig 30-40.000".
211 DDR-Almanach, S. 301.
212 Zur Entwicklung der Demonstrationen insgesamt und nach der Volkskammerwahl vgl. Hloucal, Demonstrationen. In: Geheimdienste – Nein danke!
213 Vgl. das Protokoll des Evangelischen Ministeriums vom 4.1.1990: „Pfarrer Hartmann informiert über den Beschluß der Koordinierungsgruppe, die Demonstrationen auszusetzen. Laut Presseaufruf vom 4.1.1990 übernehmen die Organisation der Demonstrationen die neuen Parteien und Basisgruppen."
214 Zit.n. Uwe Thaysen: Der Runde Tisch. Oder: Wo blieb das Volk? Der Weg der DDR in die Demokratie. Opladen 1990, S. 24.
215 ThHStA/BPA-SED-Ef/Areg-SED-BL, Nr. 5822. Protokoll BL-Sitzung 5.11.1989; Referat Gerhard Müller.
216 BStU, AuSt Erfurt, Ordner Wende 1989. BV Erfurt, 1. Stellvertreter des Leiters der BV; „Protokoll über die Beratung beim Leiter der BV am 12.11.1989, 18.00 Uhr, zur Inbetriebnahme 4 zusätzlicher GÜST im VAB und zur Vorbereitung der Aufnahme von Rückkehrern aus der BRD". Viele MfS-Mitarbeiter wurden an den Grenzübergangsstellen eingesetzt. Beispielsweise heißt es im genannten Protokoll: Heute „04.00 Uhr sind 156 Genossen der BV

Erfurt als Paßkontrolleure zusätzlich zum Einsatz gekommen; Zusammensetzung besteht aus operativen Mitarbeitern bis zu WSP".

217 Hubertus Knabe: Die geheimen Lager der Stasi. In: Aus Politik und Zeitgeschichte, B4/93, S. 23-34; zit. S. 24 f., 34.
218 Interview Almut Falcke 16.9.1993.
219 Manfred Schell, Werner Kalinka: Stasi und kein Ende. Die Personen und Fakten. Frankfurt a.M. u.a. 1991 (3. Aufl.), S. 316 f. Vgl. auch die minutiöse Schilderung der Vorgänge am 9. Oktober von Hartmut Zwahr: Ende einer Selbstzerstörung. Leipzig und die Revolution in der DDR. Göttingen 1993, S. 79-102.
220 ThHStA/BPA-SED-Ef/Areg-SED-BL, Nr. 5822. Protokoll BL-Sitzung 5.11.1989; Referat Gerhard Müller: „Und ich darf ja hier sagen, außer dem Einsatz von Sicherheitskräften am 7. Oktober in Arnstadt gab es im Bezirk Erfurt seitdem keinen Einsatz von Sicherheitskräften gegen irgendwelche Demonstrationen, weder in der Bezirksstadt noch in den Kreisstädten noch anderswo."
221 Günter Siegel: Die Kreisdienststelle Mühlhausen des Ministeriums für Staatssicherheit der DDR im Herbst 1989. In: Josef Lütke Aldenhövel, Heinz Mestrup, Dietmar Remy (Hrsg.): Mühlhausen 1989/90. Die Wende in einer thüringischen Kreisstadt. Münster 1993 (2. Aufl.), S. 197-228; hier S. 211-215.
222 Mitglieder der BEL waren: 1. Sekretär der BL der SED als Vorsitzender; 2. Sekretär der BL der SED als Vertreter des Vorsitzenden im Amt; Chef des Wehrbezirkskommandos der NVA als Stellvertreter; Leiter der Bezirksverwaltung für Staatssicherheit; Leiter der Bezirksbehörde der DVP; Vorsitzender des Rates des Bezirkes und Leiter der Zivilverteidigung; Leiter der Abteilung Sicherheitsfragen der BL der SED. Die KEL waren analog zusammengesetzt. Vgl. Knabe, Die geheimen Lager, Anm. 31.
223 BStU, AuSt Erfurt, ungeordnetes Material.
224 Interview Dieter Strödter 17.5.1994. Ein Auszug aus diesem Interview erscheint 1995 in Dornheim/Schnitzler, politische Akteure.
225 Vgl. Karl Wilhelm Fricke: Das Ende der DDR-Staatssicherheit? Vom MfS zum Amt für Nationale Sicherheit. In: Deutschland Archiv 22 (1989), S. 1340-1344.
226 Vgl. für die KD Mühlhausen Siegel, S. 221.
227 BStU, AuSt Erfurt, GVS Eft o005 – 200/83. „Plan der Verteidigung des Dienstobjektes – Variante II – der Bezirksverwaltung Erfurt" vom 27.7.1983. Bezirksverwaltung für Staatssicherheit AG des Leiters der BV (Leiter der Arbeitsgruppe: Oberstleutnant Greiner); bestätigt vom Leiter der Bezirksverwaltung, Generalmajor Schwarz.
228 Die offizielle Bezeichnung lautete seit der Gründung des AfNS: Bezirksamt für Nationale Sicherheit.
229 Interview Almut Falcke 16.9.1993.
230 Interview Ulrich Scheidt 22.3.1993.
231 Interview Almut Falcke 16.9.1993.
232 Interview Ulrich Scheidt 22.3.1993.

233 Dies wird jetzt auch in dem von Stephan Schnitzler mit Matthias Büchner geführten Interview bestätigt, das 1995 erscheinen wird in Dornheim/Schnitzler, politische Akteure.
234 Vgl. StA Erfurt, Ordner Dialog 1989. Rede Rosemarie Seibert am 2.11.1989 auf dem Domplatz: „Wir schlagen Ihnen heute vor (Ruf: ‚Rosi weg!') [,] im Ergebnis von gemeinsamen Beratungen eine parantätische [sic!] Kommission in unserer Stadt zu bilden, wo wir alle Gedanken, Vorschläge, Forderungen, auch wie sie heute hier geäußert wurden, gemeinsam aufnehmen und einer Antwort zuführen."
235 So eine Auskunft von Pfarrer Helmut Hartmann. Laut einem Kalendereintrag von Hartmann nahmen an dieser ersten Sitzung der Paritätischen Kommission folgende Personen bzw. Vertreter von Institutionen teil (so weit Namen bekannt sind, werden sie hier genannt): als Vorsitzender Karl-Heinz Scheder (1. Stellvertreter des Oberbürgermeisters), Dr. Heinz Steinbach (Sekretär des Rates der Stadt), Vertreter der Parteien SED (Siegfried Hirschfeld), CDU (Norbert Knobloch), DBD, LDPD, NDPD, der Stadtrat für Kultur, je ein Vertreter des Verbandes Bildender Künstler, des Schriftstellerverbandes, des Theaters und der Ärzte, Kerstin Schön für die „Frauen für Veränderung", Manfred O. Ruge für das Neue Forum, ein Vertreter der Sozialdemokraten, Pfarrer Helmut Hartmann und Pfarrer Hans-Jörg Dost.
236 Laut Kalender von Helmut Hartmann waren als weitere Themen vorgesehen: Enteignung der SED (durchgestrichen), Absetzung des OB. Nicht erinnern konnte sich Hartmann daran, ob eine dritte Sitzung der Paritätischen Kommission zustandekam.
237 Vgl. Redebeitrag Kerstin Schön vor der StVV 27.11.1989: „Ich schließe mich allerdings der Auffassung von Herrn Döller an, daß zur Überbrückung die Kompetenzen der paritätischen Kommission geklärt werden müßten, die nicht nur beratenden Charakter haben können." StA Erfurt, StVV 1-5/1000-68.
238 Hartmann, Eine Hoffnung lernt gehen. Erscheint 1995 in Dornheim/Schnitzler, politische Akteure.
239 Vgl. das Interview mit Bernd Löffler 14.4.1994, das in Auszügen 1995 in Dornheim/Schnitzler, politische Akteure, erscheinen wird.
240 ThHStA/BPA-SED-Ef/Areg-SED-SL-Ef, Nr. 363. Sitzung 8.12.1989.
241 Barbara Weisshuhn: Bildung des Bürgerkomitees. In: Geheimdienste – Nein danke! Vgl. auch Geschäftsordnung Bürgerkomitee Erfurt vom 20.1.1990. Unterlagen Ulrich Scheidt. Zur Entscheidungsfindung im Evangelischen Ministerium vgl. das Protokoll vom 21.12.1989: „Die SED-Mitglieder im Bürgerkomitee haben z[.]Zt[.] noch kein Stimmrecht. [S]oll das so bleiben? Die Pfarrerschaft stimmte ab: 10 für SED mit Stimme[,] 0 für SED ganz raus[,] 13 für SED[-]Beobachter ohne Stimme".
242 Weisshuhn, Bildung des Bürgerkomitees. In: Geheimdienste – Nein danke!
243 ThHStA/BPA-SED-Ef/Areg-SED-SL-Ef, Nr. 363. Sitzung 8.12.1989; Redebeitrag Mühle.
244 Barbara Weisshuhn, Bildung des Bürgerkomitees. In: Geheimdienste – Nein danke!
245 Vgl. das Protokoll des Evangelischen Ministeriums vom 21.12.1989: „Evtl. soll BK die Stadtverordnetenversammlung übergangsweise ersetzen."

246 Ausführlicher dazu das 1995 in Dornheim/Schnitzler, politische Akteure, erscheinende Interview von Stephan Schnitzler mit Matthias Büchner.
247 Redebeitrag Matthias Büchner in der Sitzung der StVV 7.2.1990. StA Erfurt, StVV 1-5/1000-69.
248 Interview Stephan Schnitzler mit Matthias Büchner. Erscheint 1995 in Dornheim/Schnitzler, politische Akteure.
249 Interview Ulrich Scheidt 22.3.1993.
250 Christian Petzold, Klaus-Alfred Vockeroth: Arbeit der Regierungskommission bis Februar 1990. In: Geheimdienste – Nein danke!
251 Dirk Adams: Bürgerwache. In: Geheimdienste – Nein danke!
252 Weissuhn, Bildung des Bürgerkomitees. In: Geheimdienste – Nein danke!
253 Karl-Heinz Arnold: Die ersten hundert Tage des Hans Modrow. Berlin 1990, S. 7 f.
254 Petzold/Vockeroth, Arbeit der Regierungskommission. In: Geheimdienste – Nein danke!
255 Petzoldt/Vockeroth, Arbeit der Regierungskommission. In: Geheimdienste – Nein danke!
256 Vgl. Karl Wilhelm Fricke: Zur Abschaffung des Amtes für Nationale Sicherheit. In: Deutschland Archiv 23 (1990), S. 59-62. Gill/Schröter, Ministerium für Staatssicherheit, S. 177-252.
257 Petzoldt/Vockeroth, Arbeit der Regierungskommission. In: Geheimdienste – Nein danke!
258 StA Erfurt, StVV 1-5/1000-68; Beschluß Nr. 22.
259 StA Erfurt, StVV 1-5/1000-68; Beschluß Nr. 23.
260 StA Erfurt, StVV 1-5/1000-68. Vgl. insbesondere folgende Redebeiträge: Veit Voigt schlägt vor, einen „Wettbewerb für das Amt des Oberbürgermeisters auszuschreiben, an dem sich alle politischen Kräfte beteiligen können". Kerstin Schön: „Deshalb nochmals hier der Antrag. Beziehen Sie Vertreter der Initiativgruppen mit in die Entscheidung auf kommunalpolitischer Ebene ein." Herr Becher (Demokratischer Aufbruch): „Ich bin enttäuscht und entsetzt, daß die Demokratie in diesem Haus immer noch mit Füßen getreten wird. Diese StVV hat in Sachen Demokratie noch nichts dazu gelernt. Es gehört zur Demokratie, daß auch über Kaderfragen diskutiert wird. Was ist das für eine Wahl des Obm., wenn nur wieder die Wahl zwischen Ja und Nein da ist, und nicht die Wahl zwischen Personen und Programmen."
261 Die Erfurter StVV hatte 250 Abgeordnete. 45 Abgeordnete hätten 18 % entsprochen.
262 StA Erfurt, StVV 1-5/1000-69.
263 StA Erfurt, StVV 1-5/1000-69. Das Protokoll vermerkt: „Die Abberufung des 1. Stellvertreters des Oberbürgermeisters als Ratsmitglied wurde mit 82 Stimmen bei 51 Gegenstimmen und 14 Stimmenthaltungen beschlossen."
264 StA Erfurt, StVV 1-5/1000-69.
265 StA Erfurt, StVV 1-5/1000-69. Redebeitrag Eisenberg.
266 StA Erfurt, StVV 1-5/1000-69. Der Beschluß trägt das Datum vom 31.1.1990. Unterzeichnet wurde er durch „Vertreter der CDU, der Bürgerinneninitiative [„Frauen für Veränderung"] des Demokratischen Aufbruchs, des DBD, der Grünen Partei, der LDPD, der NDPD, des Neuen Forums, der SPD und der Vereinigten Linken".

267 StA Erfurt, StVV 1-5/1000-69. Beschluß Nr. 13/1990 der StVV Erfurt.
268 StA Erfurt, StVV 1-5/1000-70. Die Angaben zur Zahl der Mitglieder schwanken von Sitzung zu Sitzung.
269 21.2., 7.3., 21.3., 4.4., 18.4., 23.4. 1990.
270 Weisshuhn, Bildung des Bürgerkomitees. In: Geheimdienste – Nein danke!
271 StA Erfurt, StVV 1-5/1000-70.
272 Kommunalwahlen in der DDR am 6. Mai 1990. Endgültiges Ergebnis. Wahlen zu den Kreistagen des Bezirkes Erfurt und zu den Stadtverordnetenversammlungen Erfurt und Weimar. Erarbeitet vom Statistischen Bezirksamt Erfurt im Auftrag der Wahlkommissionen des Bezirkes Erfurt. Zur Stadt Erfurt siehe S. 5 (Wahlberechtigte: 162.564; Wahlbeteiligung 68,75 %; davon gültige Stimmen: 97,80 %).

Abkürzungsverzeichnis

ABI	Arbeiter-und-Bauern-Inspektion
ADN	Allgemeiner Deutscher Nachrichtendienst
AfNS	Amt für Nationale Sicherheit
AG	Arbeitsgruppe
Areg	Altregistratur
AuSt	Außenstelle
BRD	Bundesrepublik Deutschland
BFD	Bund Freier Demokraten B.F.D. – Die Liberalen
BK	Bürgerkomitee
BND	Bundesnachrichtendienst
BEL	Bezirkseinsatzleitung
BL	Bezirksleitung
BPA	Bezirksparteiarchiv
BStU	Der Bundesbeauftrage für die Unterlagen des Staatssicherheitsdienstes der ehemaligen DDR
BV(fS)	Bezirksverwaltung (für Staatssicherheit)
CDU	Christlich Demokratische Union (Deutschlands)
DA	Demokratischer Aufbruch (– sozial + ökologisch)
DBD	Demokratische Bauernpartei Deutschlands
DDR	Deutsche Demokratische Republik
DFD	Demokratischer Frauenbund Deutschlands
DGB	Deutscher Gewerkschaftsbund
DM	Deutsche Mark
DSU	Deutsche Soziale Union
DV	Das Volk
DVP	Deutsche Volkspolizei
Ef	Erfurt
EKD	Evangelische Kirche in Deutschland
EV	Ermittlungsverfahren
FDGB	Freier Deutscher Gewerkschaftsbund
FDJ	Freie Deutsche Jugend
FDP	Freie Demokratische Partei (Deutschlands)
Gen.	Genosse
Genn.	Genossin
GÜST	Grenzübergangsstelle

GVS	Geheime Verschlußsache
HPL	Hochschulparteileitung
IM	Inoffizieller Mitarbeiter
IMB	Inoffizieller Mitarbeiter zur Bearbeitung im Verdacht der Feindtätigkeit stehender Personen
IVL	Initiative für eine Vereinigte Linke
KB	Kulturbund der DDR
KD	Kreisdienststelle
KEL	Kreiseinsatzleitung
KL	Kreisleitung
KPČ	Kommunistische Partei der Tschechoslowakei
KPKK	Kreisparteikontrollkommission
KSZE	Konferenz über Sicherheit und Zusammenarbeit in Europa
LDPD	Liberal-Demokratische Partei Deutschlands
LPG	Landwirtschaftliche Produktionsgenossenschaft
MdI	Ministerium des Innern
MdB	Mitglied des Bundestags
MDR	Mitteldeutscher Rundfunk
MfS	Ministerium für Staatssicherheit
MP	Maschinenpistole
Mrd.	Milliarde(n)
NDPD	National-Demokratische Partei Deutschlands
NF	Neues Forum
NVA	Nationale Volksarmee
OB	Oberbürgermeister
OPK	Operative Personenkontrolle
OV	Operativer Vorgang
PHEM	Pädagogische Hochschule Erfurt/Mühlhausen
POZW	Politisch-operatives Zusammenwirken
RIAS	Rundfunksender im amerikanischen Sektor (in Berlin)
SDP	Sozialdemokratische Partei (in der DDR)
SMA	Sowjetische Militäradministration
PDS	Partei des Demokratischen Sozialismus
SBZ	Sowjetische Besatzungszone
SED	Sozialistische Einheitspartei Deutschlands
SL	Stadtleitung
SPD	Sozialdemokratische Partei Deutschlands

SPKK	Stadtparteikontrollkommission
StA	Stadtarchiv
StGB	Strafgesetzbuch
StVV	Stadtverordnetenversammlung
SU	Sowjetunion
TA	Thüringer Allgemeine
TLZ	Thüringische Landeszeitung
ThHStA	Thüringisches Hauptstaatsarchiv Weimar
VdgB	Vereinigung der gegenseitigen Bauernhilfe
VAB	Verantwortungsbereich
VEB	Volkseigener Betrieb
VM	Valutamark
VP	Volkspolizei
VR	Volksrepublik
ZK	Zentralkomitee
ZPKK	Zentrale Parteikontrollkommission

Abbildungsnachweis

Bundesbeauftragter für die Unterlagen des Staatssicherheitsdienstes der ehemaligen DDR, Außenstelle Erfurt: Seite 98, 99, 100, 101, 102, 103, 104, 105, 106, 107, 108, 109, 110, 111, 112.
Dieter Demme, Erfurt: Seite 86.
Deutsche Presse-Agentur: Seite 167.
Horst Feiler, Erfurt: Seite 94, 95, 129, 134, 135, 163, 164, 172, 173, 174.
Sascha Fromm, Thüringer Allgemeine: Seite 126, 139.
Wolfgang Hase, Thüringische Landeszeitung: Seite 147, 148, 149, 150, 151, 152, 153.
Angelika Januszewski, Fotoatelier am Markt Erfurt: Seite 128, 137.
Wolfgang Kiesel, Thüringer Allgemeine: Seite 125, 144, 145.
Roland Obst, Thüringer Allgemeine: Seite 117, 121, 122, 123, 141, 142, 175.
Christine Riesterer, Stadtarchiv Erfurt – Bildabteilung: Seite 87, 88, 89, 90, 91, 96, 115, 120, 133, 140, 156, 159, 160, 161, 162, 165, 171, 176.
Andrea Schicker, efa erfurter foto agentur: Seite 116, 127, 136, 154, 155, 157 unten, 169.
Joachim Schlaack, Erfurt: Seite 177.
Manfred Steinig, Thüringer Allgemeine: Seite 143.
Thüringisches Hauptstaatsarchiv Weimar: Seite 92, 93.
Axel Usko, efa erfurter foto agentur: Seite 118, 119, 157 oben, 166, 168, 170.
Sabine Vogler, Stadtarchiv Erfurt – Bildabteilung: Seite 114, 130, 131, 132.

Personenregister

Adams, Dirk 157, 204
Albrecht, Ernst 184
Albrecht, Hans 211 (Anm. 2)
Almeydo, Clodomiro 180
Appl, Ekkehard 48-50
Axen, Hermann 179
Babenko, Viktor Stepanowitsch 93
Bahr, Egon 201
Barth, Karl 39
Baumgärtel, Gerhard 49 f., 222 (Anm. 154)
Bebel, August 25
Becher [Vertreter des Demokratischen Aufbruch in Erfurt] 229 (Anm. 260)
Bechthum, Horst 158
Becke, Andreas, 218 (Anm. 102)
Behrmann, A. 218 (Anm. 102)
Berghofer, Wolfgang 194
Bertele, Franz 180, 191
Beuthe, Helmuth 47, 56, 78, 182, 185, 199
Biermann, Wolf 201
Böhme, Ibrahim 203, 204
Börner [Sprecher des Neuen Forum in Erfurt] 63
Bonhoeffer, Dietrich 39
Bornemann, Marilene 33 f., 218 (Anm. 95, 102)
Bornemann, Winfried 33-36, 218 (Anm. 95, 102)
Bräunig, Klaus 75, 182, 212 (Anm. 10)
Bräutigam, Veronika 50
Brandt, Otto 188
Brandt, Willy 166, 201
Braune, Sven 157, 204
Brunnengräber, Werner 57, 62 f.
Büchner, Matthias 53, 55, 57-59, 62-64, 80, 196, 199, 202, 224 (Anm. 182), 226 (Anm. 199, 202, 203), 228 (Anm. 233), 229 (Anm. 247)
Büchner, Tely 73
Capraro, Hans 30, 34-36, 200, 217 (Anm. 80), 218 (Anm. 95, 102)
Caroli, Achim 181

Cebe, Sebastian, 218 (Anm. 102)
Damaschke, Peter 49 f.
Deng Xiaoping 191, 192
Dibelius, Otto 220 (Anm. 113)
Diestel, Peter-Michael 206, 208
Döller, Jürgen 224 (Anm. 185), 228 (Anm. 237)
Döring, Günter 222 (Anm. 144)
Donat, Hans 40 f., 65-67
Dost, Hans-Jörg 47, 222 (Anm. 144), 228 (Anm. 235)
Duchat, Josef 207-209
Dutschke, Rudi 31
Eisenberg [Mitglied des Erfurter Bürgerkomitees] 229 (Anm. 265)
Elmer, Käte 35
Elmer, Konrad 35
Engels, Friedrich 25
Engholm, Björn 180
Erl, Josef 76
Fabian, Volker 218 (Anm. 102)
Falcke, Almut 72 f., 146
Falcke, Heino 29, 38, 54, 72, 213 (Anm. 26), 217 (Anm. 80), 220 (Anm. 120)
Fischer, Oskar 182, 190, 192
Frank, Günter 64 f., 75
Fröbel, Jens 64, 198
Fuchs, Dieter 198
Gaudian, Christian 181
Genscher, Hans-Dietrich 170, 203
Genthe, Hans Jochen 56, 223 (Anm. 171)
Gerling, Hans 76
Germer, Volkhardt 50, 222 (Anm. 154)
Gienke, Horst 188
Gorbatschow, Michail 24, 43, 48, 55 f., 185 f., 193, 196, 202 f., 207
Gräser, Leo 64
Greiner [Oberstleutnant der BV Erfurt des MfS] 227 (Anm. 227)
Gresser, Heinz 78
Gromyko, Andrej 187
Gueffroy, Chris 181
Gutzeit, Martin 32

Gysi, Gregor 21, 199
Haberland, Andrea 218 (95, 102)
Habsburg, Otto von 189
Hartmann, Helmut 16, 26, 28, 48, 55 f., 66, 75, 226 (Anm. 213), 228 (Anm. 235, 236)
Hartmann, Rainer 35
Hase, Wolfgang 203
Hauck, Jürgen 218 (Anm. 102)
Havel, Vaclav 181 f., 200
Heinrich, Wolfgang 75
Herbst, Irmtraud 218 (Anm. 95)
Herbst, Mathias 35, 218 (Anm. 95, 102)
Herrmann, Joachim 179
Hirschfeld, Siegfried 76, 78 f., 198, 228 (Anm. 235)
Hitler, Adolf 113
Hoff, Renate 218 (Anm. 102)
Honecker, Erich 19, 21, 44, 46, 49, 52, 56, 68 f., 179-181, 184-194
Honecker, Margot 52, 183, 186, 196, 198
Horn, Gyula 189, 190
Horrmann, Horst 43
Hutt [Generalstaatsanwalt], 222 (Anm. 150)
Hu Yaobang 183
IMB „Andre Wagner" 62
IMB „M. [?] Schmidt" 62
IMB „Schubert" 62-64, 221 (Anm. 131), 226 (Anm. 201, 202)
IMB „Stephan" 62
Kachold, Gabriele 97
Kádár, János 184, 187
Kennedy, John F. 33
Keßler, Heinz 20
Keßler, Manfred 20 f., 71
Kindervater, Karl-Heinz 82, 207
Klatt, Harald 218 (Anm. 102)
Kleiber, Günther 179
Knobloch, Norbert 78 f., 81, 201, 228 (Anm. 235)
Kohl, Helmut 168, 183, 194, 198, 200, 202 f., 206-209
Kolditz, Lothar 179
Kraatz, Martina 218 (Anm. 102)

Krenz, Egon 16, 49, 124, 179 f., 192, 194-196
Kroker, Herbert 17, 23, 197, 215 (Anm. 48, 49, 56)
Krolikowski, Werner 179
Küster, Jürgen 198
Ladstätter, Mathias 64
Lafontaine, Oskar 183
Lambsdorff, Otto Graf 183
Lange, Bernd-Lutz 195
Lange, Ingeburg 179
Leich, Werner 54, 184, 195
Lenin, Wladimir Iljitisch 18, 25
Liebknecht, Karl 179
Liebknecht, Wilhelm 25
Ligatschow, Jegor 191
Löffler, Kurt 180
Lotz, Gerhard 220 (Anm. 113)
Ludwig [Major der KD Erfurt des MfS] 226 (Anm. 201)
Luxemburg, Rosa 179
Maizière, Lothar de 205-209
Maleuda, Günther 197
Marx, Jenny 25
Marx, Karl 25
Masur, Kurt 195
Mazowiecki, Tadeusz 189
Meckel, Markus 32, 34 f.
Meisner, Joachim 181
Meyer, Frank 200, 218 (Anm. 102)
Meyer, Kurt 195
Meyer, Wolfgang 195
Mielke, Erich 69, 146
Mittag, Günter 23, 179, 183, 187, 192, 198, 222 (Anm. 148)
Mitzenheim, Moritz 219 (Anm. 113)
Modrow, Hans 77, 192, 197, 200-203
Momper, Walter 187, 205
Mühle, Wolfgang 75, 228 (Anm. 243)
Müller, Gerhard 15-17, 23-26, 43, 45, 48-51, 67, 69 f., 93, 124, 179, 181, 196 f., 211 (Anm. 2), 212 (Anm. 18), 214 (Anm. 43), 215 (Anm. 47, 56), 216 (Anm. 60), 220 (Anm. 127), 222 (Anm. 154), 226 (Anm. 210, 215), 227 (Anm. 220)

Müller, Manuela 138
Müller, Margarete 179
Musigmann, Wolfgang 31, 56
Neubauer, Horst 193
Neubauer, Theodor 25
Neumeister, Ilse 29, 52
Nüsslein, Michael 64
Operativer Kontakt „Carsten" 62
Otto, Norbert 78, 222 (Anm. 151)
Pabel, Sigrun 65
Petzold, Christian 203
Pflugbeil, Sebastian 205
Pforte, Wolfgang 15, 35, 196, 211 (Anm. 2)
Pieck, Wilhelm 25
Pommert, Jochen 195
Poser, Magnus 25
Rakowski, Miectyslaw 188
Rau, Johannes 182
Reder, Hans 216 (Anm. 75)
Reichelt, Hans 44
Reinhart, B. 218 (Anm. 102)
Renneberg, Peter 218 (Anm. 102)
Richter, Edelbert 30, 53 f., 59 f., 220 (Anm. 121), 223 (Anm. 162)
Ritter [Sprecher des Neuen Forum in Erfurt] 63
Romberg, Walter 206
Rothe, Aribert 28, 46 f., 54, 220 (Anm. 119)
Rothe, G. 218 (Anm. 102)
Ruge, Manfred O. 82, 158, 198, 206-208, 228 (Anm. 235)
Schabowski, Günter 67, 179, 197
Scheder, Karl-Heinz 78-80, 85, 199, 228 (Anm. 235)
Scheidt, Ulrich 72 f., 76
Schenk, B. 77, 199, 203
Schilling, Walter 31 f., 220 (Anm. 120), 226 (Anm. 205)
Schneeberg [Leiter der KD Erfurt des MfS] 64, 212 (Anm. 8), 226 (Anm. 203)
Schnitzler, Karl-Eduard von 186
Schnur, Wolfgang 204
Schön, Angelika 216 (Anm. 75)

Schön, Kerstin 63, 72-74, 228 (Anm. 235, 237), 229 (Anm. 260)
Schorlemer, Friedrich 220 (Anm. 121)
Schürer, Gerhard 179
Schulze, Klaus 40
Schumacher, Dietmar 82, 206
Schwarz, Josef 68-70, 73 f., 146, 204, 217 (Anm. 81), 223 (Anm. 166), 226 (Anm. 198), 227 (Anm. 227)
Seibert, Rosemarie 15, 17, 26, 35, 77, 88, 182, 195-198, 211 (Anm. 5), 212 (Anm. 15), 224 (Anm. 182), 228 (Anm. 234)
Seiters, Rudolf 187, 193
Sengewald, Katrin 27
Siegel, Günter 69 f.
Sitte, Willi 26, 215 (Anm. 59)
Sommer, Karlheinz 218 (Anm. 102)
Späth, Lothar 181, 192
Staemmler, Johannes 56, 221 (Anm. 140)
Steinbach, Heinz 182, 228 (Anm. 235)
Stelzer, Lutz 17, 24, 198, 215 (Anm. 54)
Stihl, Hans Peter 187
Stoph, Willi 45, 179, 197
Straube, Dieter 192
Strauß, Franz-Josef 21
Strödter, Dieter 20, 71
Sudhoff, Jürgen 189
Swatek, Arthur 49, 184
Sydow, Susanne 223 (Anm. 171)
Thälmann, Ernst 25
Tisch, Harry 179, 188, 196
Tübke, Werner 180
Ulbricht, Walter 19
Vehres, Gerd 189
Vogel, Hans-Jochen 185
Voigt, Klaus 157, 202, 204
Voigt, Veit 229 (Anm. 260)
Voscherau, Henning 181
Waigel, Theo 206
Wanke, Joachim 42, 66, 191, 209

Weyel, Hermann-Hartmut 207 f.
Wild, Artur 56, 223 (Anm. 171)
Winkelmann, Bernd 40, 220 (Anm. 122)
Wötzel, Roland 195
Wokittel, Franz-Josef 75
Wolff, Wilhelm 25
Wünschmann 64
Ziegenhahn, Herbert 211 (Anm. 2)
Ziegner, Heinz 211 (Anm. 2)
Zimmer, Gabriele 211 (Anm. 2)
Zimmermann, Peter 195

Eva Jantzen / Merith Niehuss (Hg.)

DAS KLASSENBUCH

Chronik einer Frauengeneration 1932-1976

(Damit es nicht verlorengeht..., Bd. 29)
1994. 300 S. 20 s/w Abb. Gb. ISBN 3-412-12093-6

Nach Art eines Tagebuchs schreiben fünfzehn Erfurter Abiturientinnen von 1932 bis 1976 reihum und regelmäßig Beiträge in ihr „Klassenbuch". Die einzelnen Eintragungen führen den Leser anfangs durch die Ausbildungsjahre der jungen Mädchen und in ihre ersten Ehejahre. In sehr anschaulichen Berichten über die Nöte der Familien in der Kriegszeit schildern die Frauen ihre Sorgen um die an der Front stehenden Männer und schließlich den Zusammenbruch Deutschlands im Bombenhagel der Städte. In den Nachkriegsjahren wandert das Klassenbuch zwischen den beiden Teilen Deutschlands hin und her. Eine Einleitung führt in das Zeitgeschehen und das Typische dieser Kriegs- und Nachkriegsschicksale ein und vermittelt auch, was ‚zwischen den Zeilen' zu lesen ist.

Erika Sophie Schwarz

ERFURTER TOTENTANZ

1995. Etwa 200 Seiten. Etwa 40 s/w-und 16 farbige Abbildungen. Broschur.
ISBN 3-412-11894-X

Der Totentanz war als Gegenstand der Malerei seit dem 15. Jahrhundert in ganz Europa verbreitet. Er wurde in Kapellen, Friedhofsgebäuden und Kreuzgängen meist direkt auf die Wand gemalt und zeigte Personen aller Stände und Berufe, die von einem als Skelett dargestellten Tod angeführt werden. Diese Gemälde entstanden unter dem Eindruck der großen Pestepidemien des Mittelalters, als der „schwarze Tod" oft in kurzer Zeit Tausende von Menschen dahinraffte.
Der 1735 begonnene und 1795 vollendete „Erfurter Totentanz" wurde von dem Erfurter Maler Jakob Samuel Beck und acht weiteren Malern für den Festsaal des Evangelischen Waisenhauses im Augustinerkloster zu Erfurt geschaffen.

BÖHLAU VERLAG WEIMAR KÖLN WIEN
Puschkinstr. 1, 99423 Weimar

BÖHLAU

Jürgen John (Hg.)

KLEINSTAATEN UND KULTUR IN THÜRINGEN VOM 16. BIS 20. JAHRHUNDERT

1994. LXII, 630 S., 14 s/w Abb. Gb. ISBN 3-412-04492-X

Die thüringischen Kleinstaaten gehören zu den besonders umstrittenen historischen Phänomenen der deutschen Geschichte. Im Urteil der Zeitgenossen haben sie die Kontrasturteile in besonderem Maße auf sich gezogen. Im Pro und Contra der historiographischen Nationalstaats-, Föderalismus-, Erbe - und Sonderwegdebatten schwankte ihr Charakterbild zwischen machtstaatlichen Verdikten und dem "Lob der Kleinstaaten" als Gegengewichten zu den Gefahren der Großstaaten und der Moderne. Hierbei ist die Geschichtsforschung bis zum heutigen Tag eine überzeugende Erklärung schuldig geblieben, warum der machtpolitische Abstieg Thüringens seit der Leipziger Teilung mit einem zeitweise glanzvollen kulturellen und wirtschaftlichen Aufstieg einherging.

Es wird meist übersehen, daß sich der Glanz der Reformation, Aufklärung, Klassik, Romantik, Nachklassik und Moderne keineswegs von sonstiger Tristesse, Provinzialität und allgemeinem Mittelmaß abhob, sondern vielmehr in den spezifischen Bedingungen der Region und ihrer Staatenwelt wurzelte. Thüringen erwies sich als ausgesprochen innovativ, übernahm in vieler Hinsicht - namentlich in der politischen Kultur und im Frühkonstitutionalismus - eine Vorreiterrolle und überschritt die Schwelle zum 20. Jahrhundert als eine moderne und leistungsfähige, von den Deformationen anderer Industrialisierungszentren weitgehend verschonte Region. Vor diesem Gesamthintergrund scheint es durchaus gerechtfertigt, die Leistungskraft der thüringischen Kleinstaatenwelt nicht als Kompensation und Ersatz fehlender, sondern als Ausdruck wirklicher Größe zu werten und im eigenwilligen thüringischen Weg in die Moderne keineswegs einen Irr- und Seitenweg zu sehen.

In 34 Beiträgen werden drei Themenkreise behandelt: Zwischen Reformation und Aufklärung - die klassische Periode, die Umbruchszeit um 1800 und die politische Kultur der Kleinstaaten - Industriekultur, nachklassische Kultur und Kultur der Moderne.

BÖHLAU VERLAG WEIMAR KÖLN WIEN
Puschkinstr. 1, 99423 Weimar

BÖHLAU

Mitteldeutsches Jahrbuch für Kultur und Geschichte

Herausgegeben von der Stiftung Mitteldeutscher Kulturrat
durch Christof Römer

1994. Band 1. 376 Seiten. 71 s/w-Abbildungen.
Gebunden. ISSN 0946-3119

Das „Mitteldeutsche Jahrbuch" veröffentlicht im Auftrag der Stiftung Mitteldeutscher Kulturrat Beiträge zur Tradition und Gegenwart Mitteldeutschlands aus den Bereichen Kunst, Literatur, Musik, Mentalitäten und Geistesgeschichte. Im Sinne der 1955 gegründeten Stiftung am Sitz der Bundesregierung bringt das „Mitteldeutsche Jahrbuch" Reflexionen und generalisierende Berichte zu wichtigen kulturellen Phänomenen aus der Geschichte Mitteldeutschlands. Berücksichtigt werden insbesondere politisch-kulturelle Strömungen wie Humanismus und Reformation, Pietismus und Aufklärung, Romantik und Industrialisierung, Arbeiterbewegung und Neue Sachlichkeit.
Der Teil Gedenktage führt eine Tradition der Stiftung Mitteldeutscher Kulturrat fort.

Beate Häupel

Die Gründung des Landes Thüringen

(Demokratische Bewegungen in Mitteldeutschland, Band 2)

1995. Etwa 200 Seiten. Broschur. ISBN 3-412-12594-6

Die Thüringer Region als Ausgangspunkt demokratischer Bewegungen in Deutschland stand bisher im Schatten einer „preußischen" Historiographie. In diesem Gebiet vollzog sich zwischen 1918 und 1923 ein außergewöhnlicher Wandel von anachronistisch anmutenden Minifürstentümern über eigenständige Freistaaten zum vereinigten Land Thüringen. Darüber hinaus stellte die Sozialdemokratie fast zeitgleich zu Sachsen für zwei Jahre die Landesregierung.
Die Studie leistet nicht nur einen Beitrag zur Aufhellung folgenreicher Kristallisationspunkte Thüringer Regionalgeschichte, sondern versucht auch, einer „mitteldeutschen Perspektive" zu ihrem Recht zu verhelfen. Damit verknüpft sich aufs engste die wissenschaftliche Aufarbeitung bislang unerforschter demokratischer Traditionen und Potentiale unter den Eigenarten kleinstaatlicher Vergangenheit.

BÖHLAU VERLAG WEIMAR KÖLN WIEN
Puschkinstr. 1, 99423 Weimar

BÖHLAU